법복은
유니폼이
아니다

많은 명저(名著)의 제호(題號)를 지으셨던

경희대학교 이동규 교수님께서

의미 있는 귀한 제호(題號)를 헌정(獻呈)하여 주심에

그 감사함을 여기에 표시합니다.

차례

006 프롤로그

::01 표현의 자유가 신음하는 나라

013 법치주의에 대한 오해
023 국민주권을 지켜라
033 국민의 눈높이는 새로운 관습법
036 적법절차라는 아름다운 법원칙의 갈증
043 민주주의의 적에게 민주주의를 허락할 수 없다!
048 표현의 자유가 신음하는 현실-대북전단금지법, 5·18역사왜곡금지법 등
071 대학 내 대자보 '건조물 침입죄'로 처벌하겠다

::02 영장 자동발매기

079 영장주의를 맘대로 한다
085 구속 기준
094 법정구속, 언제나 안타까워
101 직권남용죄를 남용하는 현실
111 피의사실 공표죄
117 사람따라 그어지는 포토라인
121 특별검사제도, 특별히 불필요한 제도
130 공수처 신설, 누구를 위해?

∷ 03 한반도와 그 주변 그리고 법

139   북한이탈 국민의 부당한 추방
154   북한 헌법, 그것도 법이냐
167   인민재판, 한반도에서는 현재 진행형
173   독도, 사수도 그리고 함박도
178   징용배상판결, 법원칙을 버렸다
206   미중 갈등, 남중국해에 관한 국제중개재판소 판결
216   내정불간섭과 인권
223   흔들리지 않는 '대한민국의 주권'

∷ 04 당신이 인권변호사라고?

231   법규정에도 없는 '농단'과 '적폐'의 잣대
238   촛불 부대 vs 태극기 부대
243   인권변호사, 그 어색한 용어의 불편함

∷ 05 판결문에 낙서하지 마라

249   '양심 없는 법관'이 되어야 한다
258   '판새'라는 빈정거림에 반박할 말이 없다
261   법관이면 세상 이치가 저절로 오나
262   최악의 사법파동
274   전국법관대표회의와 국제인권법연구회 해산
286   사법행정위원회 등 정권의 법관 통제기관들

289 촛불정신을 받들라는 대통령의 사법부 70주년 기념사
294 판사들, 과거에는 강압적인 분위기, 지금은 자유로운 분위기에서 재판
298 재판거래
310 청와대 청원으로 사법부 흔들기
319 법원의 모든 것을 집어삼킨 대법원장의 거짓

∷ 06 적폐청산의 원동력, 촛불시위와 대통령 탄핵

333 아! 촛불시위
336 촛불시위로 잉태된 인적 청산
339 대통령의 하야와 탄핵 중 어느 것을 선택해야 했나
341 재판 기간을 정해둔 재판의 공정성에 대한 회의
344 대통령 권한대행이 포기한 직무
348 헌법재판소장 권한대행의 헤어롤
354 죄를 물을 것인가, 사람을 잡을 것인가
363 박근혜 대통령에 대한 탄핵 결정문에서 느껴지는 언론의 영향력
370 언론과 여론이 허물을 왕에게 돌린다

375 에필로그
381 주요 참고문헌

프롤로그

 많은 사람이 법치를 말한다. 그리고 또 많은 사람이 자유와 민주주의를 이야기 한다. 국민주권, 인권의 존엄, 인권 등의 단어들도 많이 들을 수 있다. 모두 듣기에 좋은 단어들이다. 특히 법과대학에 입학하고 나서 30년 이상을 늘상 이런 단어만 듣고 말해온 법조인의 위치에서 이런 표현들은 이제 거의 하나의 신앙이 되고, 삶을 이어가는 주문이 되어 있는 정도이다.

 이처럼 아름다운 말들이기에 많은 사람들이 언급하고 그것을 위해 노력해 간다. 그러한 모습을 바라보는 것은 이 사회를 살아가는 한 명의 시민으로서 그리고 한 명의 법조인으로서 너무 반갑고 고마운 일이라 마음속으로 자주 환호하게 된다.

 그런 탓인지, 이처럼 신앙이 되어 버린 자유, 민주, 평등, 정의, 법치 등의 단어들이 오용되거나 남용되면 안타깝다. 어떤 사람들은 이러한 소중한 가치들을 내세우면서, 그것을 핑계로 온갖 위선 가득한 말과 행동으로 정작 이 가치들을 왜곡한다.

 법의 체계를 무시하고, 법의 내부에 흐르는 기본원리를 무시하고, 그저 아무 법이나 끌어다 쓰기만 하면 그게 법치주의라고 생각하는 사람들이 있다. 광장에 많은 사람이 모이기만 하면 그것이 민주주의라고 하며 따라야 한다고 말한다. 수(數) 대결을 해서 수(數)만 많으면 그 내용이 무엇이라도 상관하지 않고 정당하다고 여긴다. 국민의 뜻이라고 우기면서, 그것에 반하는 그 어떤 것도 국민주권에 반한다고 말한다. 인권을 말하는데 정작 인권이 가장 절실한 부분에서는 무슨 영문인지 외면한다. 그리고 이러한 현상은 비단 일반 시민에 그치지 않고, 사회 지도층의 행태에서도 쉽게 찾아볼 수 있다. 심지어 법조인조차도 자신들이 편한 대로 이러한 용어들을 함부로 사용한다.

각자마다 이렇게 소중한 가치를 담은 용어들을 함부로 사용하는 데에는 다 나름의 이유가 있다. 용어에 대한 잘못된 학습과 오해에서 기인할 수 있고, 자신의 이익을 위해 의도적으로 잘못 사용할 수 있다. 또 자신의 이념적 지향성을 고려하여 그리할 수도 있다.

추상적인 용어들이고 또 다의적으로 해석될 수 있는 것인데, 개인마다 평가가 다른 것이 뭐가 문제이냐, 그냥 그대로 두라고 말하면 일단 그 대의에는 동의한다. 용어의 일의적(一義的) 해석만을 고집하여 다른 해석은 모두 부정하고, 하나만을 강요한다면 그것은 당연히 교조적 접근이라 수용하기 어렵다. 다양한 토론과 해석이 이루어지고 그 속에서 진정 그 용어가 주는 의미를 찾아가고 실천할 수 있어야 한다.

문제는 용어를 교묘히 조작하고 왜곡하고 그것에 정치적인 힘을 얹어서 궁극에는 그 용어들이 주는 가치를 파괴하는 것을 경계할 필요가 있다고 말하고 싶다. 나치가 수권법(授權法)이라는 형식적 합법성과 허구의 민주적 절차를 통해 정권을 장악하고 궁극에는 법치주의와 민주주의를 파괴한 역사적 과오(過誤)가 오늘이라고 해서 반복되지 않는 것이 아니다.

'붕어빵에 붕어가 없다.'라는 농(弄)처럼 요설로 민주주의를 논하지만 결국 민주주의를 파괴하고, 법치주의를 실천한다지만 결국 독재자의 자의가 작동하는 현실이 생겨날 우려를 항상 긴장도를 높여서 살펴보아야 한다. 이것은 어찌 보면 민주시민의 소명이고 의무라 할 수 있다.

민주, 정의, 평등, 인권, 국민주권 등의 말이 최근 몇 년보다 더 풍성하게 사람들의 인구(人口)에 회자(膾炙)된 적이 없다고 느낄 정도로 지금 우리 사회에는 이러한 말 잔치의 최고조에 달해 있다. 그런데 정작 법조인으로서 체감하는 현실의 민주주의, 사회적 정의, 평등, 인권, 국민주권, 법치주의, 자유주의 등은 전혀 그렇게 달아오르지 못하고 오히려 더 식어간 느낌이다. 그래서 긴장이 되고 걱정되는 것이다. 사람 마음을 헤집어 놓는 것은 말 풍년 속에 정작 이 용어들이 주는 의미는 더 퇴색하고 있다는 진단이다. 그 진단이 틀리기를 원하지만, 나타나는 하나하나의 사회적 사건들과 현상을 통해서 보면 그런 진단이 맞을 수 있겠다는 확신이 든다.

몹시 걱정되었다. 비록 직접 처절하게 겪지는 않았지만 어렵고 힘든 역사를 보내며 세워진 대한민국이다. 건국하고 얼마 지나지 않아 참혹한 전쟁을 겪으면서 버텨냈다. 굶주림을 끊겠다고 온몸이 헤어지도록 노력하고, 미국, 일본, 중동, 베트남 등 온 세상을 떠돌며 살아남고자 노력하였다. 그렇게 애쓴 선대들이 있었다.

역사가 시작한 이래로 개개인이 자유롭던 시대는 그리 길지 않았다. 자유주의, 개인주의, 시장주의가 어느 한순간 문득 인류 역사에 등장한 것은 아니다. 상징적 사건을 기준으로 보면 미국 독립선언이 있던 1776년, 프랑스 대혁명이 있던 1789년 그리고 '보이지 않는 손'

을 설파한 아담 스미스의 『국부론』이 출간된 1776년 정도가 대표적이라 할 수 있다. 그중에서 정치적으로는 최초 자유주의 국가의 독립을, 경제적으로는 시장에서의 자유경쟁을 소개한 1776년을 자유주의의 시작점으로 상정해 보자. 그리고 그 시점으로부터 현재까지 계산해보면 약 250년 정도의 세월이 흘렀다.

인류가 지구에 온 수백만 년 전을 기준으로 보면 불과 만분의 1의 시간에도 미치지 못하고, 인간의 역사가 시작한 수천 년을 기준으로 보아도 참 미미한 시간이다. 그리고 그렇게 약 250년 전에 처음 시작한 개인 자유의 시대는 그나마 서구의 일부 국가에서 향유되는 정도에 그쳤다. 우리 역사로 들어오면 그 기간은 더 줄어들어 자유대한민국이 건국된 1948년을 기준으로 불과 70여 년의 시간이 지나는데 그쳤고, 그 역시도 한반도의 절반에서 구현되는데 불과하다.

항상 누리고 살고 또 누구라도 언제까지라도 누려야 할, 너무나 당연해서 별것 아닌 것 같은 자유가 때론 무겁게 느껴지는 것은 이런 상상을 할 때이다. 시간과 공간을 통틀어 개인의 자유라는 것이 존재하지 않는 암흑 같은 망망대해에 조그만 모래섬 위에 서 있는 듯한 기이한 경험을 하고 있다는 감상에 사로 잡힌다. 언제 파도가 넘칠지, 태풍이 몰아치지 않을지, 모래가 모두 쓸려나가 버리지 않을지를 항상 걱정하면서 그 섬 위에서 불안하지만 큰 다행으로 여기며 살아가는 느낌이다. 그러니 그렇게 개인에게 주어지는 자유를 지키기 위해 어떻게든 노력하여야 하는 것이 그 위에 살아가는 사람들의 숙명과 같은 것이고, 또 의무라고 생각한다. 정말 인간에게는 허락될 것 같지 않던 개인의 자유라는 경험을 하는 행운에 감사하면서 그것을 위협하는 그 어떤 것과도 단호히 타협하지 않아야 하는 이유를 여기에서 찾는 것이다.

자유, 민주, 법치, 국민주권, 인권 등의 가치를 지켜야 한다는 것에 대한 각성을 높이고 다잡는 이유다. 그리고 그러한 것들을 제대로 구현해 내는 자유민주주의 정치 질서에 대한 신뢰는 이미 성스러운 경지에 있는지도 모르겠다. 그래서 이러한 가치에 대한 도전에 민감하다. 물리력으로 억압하는 것을 거부하여야 하고, 사술로 기망하여 그러한 가치들을 훼손하는 것을 세상에 드러내어 알려야 한다. 이러한 가치가 침해되고 있다는 의심이 드는 것이라면 어디든 찾아 그 부당함을 지적하고 바른길에 대하여 목소리를 내는 것이 맞다.

그래서 작금에 일어나고 있는 다양한 사회적 사건이나 현상 중에서 자유민주주의 정치질서와 법치주의에 도전이 될 우려가 있는 것들을 찬찬히 살펴보고자 하였다. 그리고 그곳에 숨은 잘못이 없는지, 국민을 기망하는 것은 없는지 살펴보고 그것을 드러내어 사람들의 잘못이 반복되지 않기를 바랐다.

이후에 다양한 제목으로 담는 글들은 걱정스럽게 바라보았던 사건들의 잘못되거나 우려스러운 점들이 바로 자리 잡아가는 데에 조금의 도움이라도 되고자 하는 생각에서 쓴 글들이다.

01

표현의 자유가
신음하는 나라

법치주의에 대한 오해

법과대학에 다닐 때 마음씨 좋으신 민사소송법 교수님이 계셨는데, 이분의 수업 첫 시작은 이렇게 했던 기억이 있다. 그날 증거재판주의를 배우는 날이면 교수님께서 먼저 "증거재판주의가 무엇입니까?"라고 질문하신다. 학생들이 대단한 답변을 구상하면서 언뜻 답을 하지 못하고 있으면, 교수님께서는 스스로 이렇게 답하신다. "증거로 재판하는 이념이지요." 학생들이 동어반복에 살짝 당혹해하는 사이에 온화한 미소를 지으시면서 본 강의로 들어가신다.

법치주의는 말 그대로 법으로 다스리는 이념이다. 이렇게만 표현하면 참 편하다. 어려울 것이 없다.

국가가 들어서면 으레 법을 제정하고 그에 따라 통치하는 것은 인간의 오랜 역사이다. 고대 바빌로니아 왕국은 기원전 1750년경에 이미 『함무라비 법전』을 두었고, 고조선도 『8조 금법(禁法)』을 두어 '피치자(被治者, 국가의 통치를 받는 사람)'들을 다스리는 데 사용하였다. 이렇게 오래전부터 인간들은 법을 만들고 그것으로 통치의 기준으로 삼아왔다.

현대 국가 중에 법을 두지 않고 통치하는 나라는 없다. 법은 굳이 국가의 영역에 한정되지 않는다. 민간에서 어떤 사회단체를 만들거나, 하다못해 동창회를 조직해도 우선 법부터 만들고 보는 것이 사람들이다. 글에도 문법이 있고, 음악에도 화성법이 있다. 자연에도 자연의 법칙이 있다. 세상만사에 법이 없는 곳이 없다.

그러니 통치행위를 위해 법을 만들고 그 법으로 국가가 통치의 기준으로 삼아 사람들에게 시행한다는 것은 새로울 것 없이 당연하다. 그래서 법이란 그렇게 흔하고 자연스러우니 그냥 대충 만들어 통치만 잘하면 되지 않는가라고 생각할 수 있다. 그렇지만 정작 법학에서 논의되는 법치주의를 그렇게 간단하게 정리하기는 어렵다.

법치주의를 구현하기 위하여 인간들은 긴 역사를 통하여 투쟁해 왔고, 지금도 투쟁해 가고 있다. 학술적으로는 그 주제 하나로 두꺼운 책 한 권을 다 써도 못 담을 내용을 포함하고 있다. 여기서는 현재의 우리에게 구현되고 있는 법치주의의 실상에 대한 우려와 가벼운 단상 정도만을 정리한다.

덕치주의와 인치에 대한 우려

법치주의를 드러내 보이기 위해서 자주 언급되는 것 중 하나가 인치주의(人治主義)이다. 이 역시도 말 그대로 사람이 다스린다는 의미이다. 다스리는 주체가 대개 전제군주나 독재자로 상정될 수 있어 인치주의라 하면 썩 좋은 이미지를 가지고 있지 않다.

그렇지만 다스리는 사람이 덕으로 통치한다고 하면 조금 경계심을 누그러뜨린다. 대체로 조선시대의 통치이념은 덕치주의로 이해된다. 물론 법이 없지는 않았지만, 법을 바라보는 시각이 예주법종(禮主法從)의 태도이다. 예(禮)가 주된 통치수단이 되고 법(法)은 덕치의 보조관념으로 이해된다. 종종 사람들이 "사람이 인정이 있어야 한다. 법 앞세우는 것 아니다.", "법보다는 인정이다."라고 표현하는 것은 이러한 덕치의 원리와 맞닿아 있다고 볼 수 있다.

덕치(德治)라는 말이 군자(君子)의 정치, 현자(賢者)의 통치, 철인(哲人) 정치 등과 통할 수 있어서 정치학이나 칠학 그 밖에 일반인들의 인식에서는 긍정적으로 인식될 수도 있다. 그러나 법학자들은 대체로 덕치의 근본은 인치에 있다고 보기 때문에, 덕치라는 표현에 그리 매력을 느끼지 못하고 오히려 경계하는 것이 일반적이다. '권력은 부패한다, 절대 권력은 절대 부패한다.'라는 법언(法諺)과 같이 권력에 대한 불신을 법 제도와 원리의 출발점으로 인식하는 자유주의적 법학의 관점에서 출발하는 우리 헌법 체제 아래에서 '덕치'라는 표현은 전제군주정으로 통치되던 우리 역사 속 왕조의 군왕들을 평가하는 데는 의미가 있어도, 현대 법학과 법 제도의 관점에서는 전혀 높게 평가하기 어렵다.

오히려 21세기를 살아가는 대한민국에서 정권을 담당한 대통령이 덕치를 하겠다고 나온다면 대단히 위험한 발상으로 받아들이고 그 저의를 의심하거나 거부해야 한다.

여담으로 예전에 어느 지방자치단체에 근무하는 고위직 공무원과 대화 중에 이런 말을 들은 적이 있다. '시민들이 관청에 찾아와서 뭘 항의를 하더라도 그냥 어리석은 백성이라고 이해하고, 넓은 마음으로 받아들여야지 않겠느냐'라고 말하는 것이다. 민원을 제기하는 시민들에 대하여 큰 이해심을 가져야 한다는 취지는 알아듣겠는데, 그 표현 속에 녹아있는 '시민을 어리석은 백성으로' 이해하는 접근법은 수용되지 않았다. 고위 공무원의 위치에서 아마 자신에 대한 자리매김은 덕치를 행하는 봉건시대의 양반 관료의 이미지에 머물러 있었을 것이다.

사람 중심의 세계관과 인치의 위험

인치주의의 위험은 그대로 내포하고 있으면서도 감성적으로는 더 호소력 있게 다가오는 표현은 '사람 중심'이라는 표현이다. 사람 사이의 정이 최고의 가치로 비추어지고, 헌법보다는 국민정서법이라는 정체불명의 감성을 최고의 국가 지도원리인 것처럼 종종 언급하는 사회 풍토에서 법을 내세우면 '인정머리 없는 모진 인간'으로 취급된다. 왠지 법대로 하면 나쁜 사람으로 취급될 듯한 사회분위기에서 '사람 중심'이라거나 '사람이 먼저다'라는 표현은 상당한 공감을 일으킬 수 있다. 법을 내세우기보다는 따뜻하게 손을 내밀어줄 것 같은 그 이미지에 사람들은 마음의 문을 활짝 열지도 모르겠다.

그러나 이 역시도 인치주의에 대한 위험에 쉽게 노출될 수 있다. 북한 헌법 제3조에서 '공화국은 사람중심의 세계관이며, … 주체사상, 선군사상을 자기 활동의 지도적 지침으로 삼는다'라는 표현이 나오고, 제8조에서는 '사회의 모든 것이 근로 인민대중을 위하여 복무하는 사람중심의 사회제도'라는 표현이 나온다. 법이 무너진 위에 '사람 중심'을 아무리 강조해도 그것은 그 어느 누군가에 의한 자의적 통치를 묵인하는 것에 지나지 않는다.

사람을 강조하면서 법을 비난하는 것은 위험한 발상이다. 악마가 달콤한 유혹으로 상대를 현혹시켜 파멸에 이르게 하듯이 독재이든 전체주의 체제이든 그렇게 달콤하고 따뜻하게 시작하는 것이다. 그래서 국가지도자는 "그놈의 헌법 때문에…"라는 식의 표현을 함부로 써서는 안 된다.

법이 형식논리에 얽매여 인간사를 제대로 재단하지 못할 위험도 있지만, 그러한 위험을 과장하여 법을 무시하고 그 앞에 인간의 통치를 두려는 시도는 어떠한 수려한 표현을 들고 오더라도 배척하여야 한다.

사회주의적 가치관과 법치의 위험

법치주의에 대하여 부정적이고 비판적인 태도를 취하는 대표적인 사상은 마르크스주의에서 찾아볼 수 있다. 마르크스의 이론을 상세하게 소개하는 번거로움은 피하기로 하고, 모두가 알고 있는 그 기본적인 내용만 소개하면 대강 이런 정도로 정리된다.

'정치권력이라는 것은 한 계급이 다른 계급을 억압하기 위한 조직화된 폭력인데, 국가는 그 지배계급이 그들의 지배를 위해 만든 도구라고 본다. 그리고 법은 국가의 통치를 정당화시켜 주고 그 정책을 실현하는 지배계급의 지배수단으로 사용된다고 본다. 그래서 부르조아 계급의 극복을 목적으로 하는 이념으로서 법은 타도의 대상물로 이해될 수 있고, 그 연장선상에서 법치주의에 대해서도 비판적으로 접근을 한다.'

오랜 이념논쟁을 통해 개인의 자유의지에 기초한 자유민주주의 체제의 우위가 확인되고, 1990년대 초반부터 전 세계에서 사회주의 체제가 몰락한 사정 등을 고려하면 법치주의에 위협이 될 수 있는 사회주의 사상을 비판하기 위하여 많은 지면을 할애하는 것은 큰 의미가 없다. 다만, 그럼에도 불구하고 사회주의에 대한 언급을 통해 경각심을 환기하려는 것은 우리 사회 일부에서 일어나고 있는 사회주의적 행태에 대한 우려 때문이다.

민주주의와 법치주의, 그 갈등

민주주의를 수(數)의 논리로만 이해하고 그래서 다수가 통치하는 것이 민주주의라고 이해하면 법치주의는 설 땅이 없다. 국가 통치의 모든 합법성과 정당성이 다수의 의사에서 나오기 때문에, 법의 잣대를 이유로 다수의 의사를 제약하려고 들면 그것은 법의 저항이고 법의 불복종으로 이해된다. 정치인 중에서 민주적 정당성이 없는 법원이 국민의 뜻을 대변하는 국회의 의중을 무시하고 판결을 했다고 말하는 경우를 보는데, 아마 그의 의식 속에는 민주주의를 절대적인 원리로 상정하고 법치주의를 민주주의와 갈등관계에 있는 것으로 파악하는 듯이 보인다.

그러나 민주주의와 법치주의는 그리 이해할 일은 아니다. 그 두 원리는 애초 논의의 평면을 달리 하는 것으로 볼 수 있고, 또 민주주의 없이 법치주의가 성립하기 어렵고, 법치주의 없이 민주주의가 제 기능을 하기 어려워, 상호 보완적인 것으로 이해할 수 있다.

민주주의는 국민을 주권의 주체로 두고 그들의 의사에 기초한 통치를 보장하는 원리이고, 법치주의는 그러한 국민의 자유, 평등 그리고 그들을 위한 정의를 법의 우위를 통하여 구현하고자 하는 원리이므로 서로 논의의 평면이 다르다.

민주주의의 원리는 정권의 교체를 가져오는데 작동하므로 그 형태가 역동적이고 불안정적인 것으로 이해될 수 있는 반면에, 법치주의는 법 우선의 원칙에 따라 이러한 불안정적인 상태를 완화시키고 안정을 도모하는 측면이 있다. 이렇게 이 둘은 서로 의존하고 보완하는 관계인 것이다.

형식적 법치주의의 극복

법치주의라고 해서 그 의미가 애초 글을 시작하면서 언급한 바와 같이 법으로만 통치한다고 해서 되는 것이 아니다. 국가의 행정작용이나 재판이 법률에 맞추어 이루어지기만 하면 그것이 어떠한 내용을 담고 있든지 문제 삼지 않겠다는 태도는 그저 법치주의의 외피(外皮)만을 쓴 형식적인 법치주의에 지나지 않는다. 이것은 법치주의라는 표현 대신에 법률주의(法律主義)라 표현될 수도 있다.

대통령이 의회를 위협하고 억압해서 법률을 만들거나, 의회를 무시하고 대통령령 등의 형식만을 갖춘 채 사실상 법률로 사용한다고 해서 법치주의를 실천한다고 할 수 없다. 또 국회 다수당이 수(數)의 논리만 내세우면서 다수당의 정치적 이해에만 충실한, 그래서 국민의 권리를 억압하는 법률을 만든다면 그것도 역시 법치주의라고 할 수는 없다.

그래서 법치주의는 법의 외피만으로 충분한 것이 아니라 그 외피를 통해 보호하고자 하는 것이 있어야 한다. 즉 국민의 자유와 평등 그리고 법의 정의를 보호하고 구현하기 위해 법 우선의 원칙을 실천하여야 한다. 그렇게 함으로써 국민이 인간의 존엄성을 유지하면서 인간답게 살 수 있게 되는 것이다. 단지 합법성(合法性)에서 나아가 국민의 자유와 평등 그리고 정의라는 정당성(正當性)까지 확보되어야 실질적인 법치주의가 구현되었다고 말할 수 있다.

법만 만들면 될 듯한 법치주의가 실제 실천하려고 들면 쉽지 않다. "덕으로 다스리겠다"라든가 또는 "법보다는 사람이 먼저다"라고 하면서 사람들을 현혹시켜서 법도 없이 통치할까 걱정이 되고, "법이라는 것은 지배계급이 피지배계급을 착취하기 위한 도구에 불과하다"라고 하면서 법을 무시할까 걱정이 된다. "민주주의 국가에서 다수가 결정하면 되지 법 따위는 필요 없다"라고 답답한 소리를 한다. 그리고 광장으로 달려 나가 자신들의 세(勢)가 크다는 것을 보여주면서 그것에서 모든 정당성을 찾으려고 한다. "법만 있으면 되지 그곳에 무엇을 담든 그것은 상관이 없다"라고 말한다. 그리고 마치 그것이 지상 최고의 가치인 가치 상대주의를 구현해주는 것처럼 포장한다. 또 아니면 법의 외피만 있으면 그 내용이 무엇이든 통치하는 데 어려움을 느끼지 않는다는 식의 법기술자의 태도만을 보인다. 그러는 과정에서 자유와 평등, 정의는 모두 우리 손에서 빠져나가는 것이다.

매년 신규 법조인이 1,500명 이상 배출되고, 전체 법조인의 숫자가 3만 명에 이르며, 국회나 사회 각 분야의 요직에 법조인들이 포진해 법조인 대통령을 두 명이나 배출하였다. 그런 나라에서 법치주의는 여전히 요원하게 느껴진다.

법조인이 대통령이나 고위 공무원, 국회의원과 같이 권력자가 되면 오히려 법치주의를 더 무시하고 유린(蹂躪)한다. 또 많은 사람은 자신들에게 유리하면 '법대로 하라'라고 하고, 자신에게 불리하면 '세상에 그런 법이 어디에 있느냐'고 언성을 높인다.

참 달성하기 어려운 목표일 수 있다. 사람들이 생각하는 것도 서로 다르다 보니 '법치주의가 무엇이냐'고 개념을 정리하는데도 쉽사리 통일을 보지 못한다. 그러나 이런 정도의 중요 요소는 잡아낼 수 있지 않을까 생각한다.

'법(法)의 우위(優位)'가 자유의지를 가진 개인들의 총합인 국가공동체 내에서 공감대를 가지며 받아들여지고, 그러한 법의 우위가 모든 국가의 작용에 일관되게 적용되고 유지되며, 그를 통해 국민의 자유와 평등 그리고 법의 정의를 구현해 내는 것, 그것이 법치주의라고 이해된다.

그리고 그러한 법치주의는 민주사회를 구성하는 개개인의 법치에 대한 높은 각성을 통하여 제대로 발현될 수 있다. 법치를 배우고 법치를 알아야 법치를 활용하여 그것이 주는 혜택을 누릴 수 있는 것이다.

국민주권을 지켜라

'대한민국 헌법 제1조 제2항 – 대한민국의 주권은 국민에게 있고, 모든 권력은 국민으로부터 나온다.'

어떤 영화의 대사로 쓰이고 또 어떤 개그맨이 이 문구를 인용하면서 대중의 머릿속에 많이 각인된 헌법 조항 중의 하나이다. 이 헌법 조문을 들으면서 어떤 사람들은 격하게 감동하고 가슴이 뜨거워졌는지도 모르겠다. 그렇지만 주권이 국민에게 있다는 말에 너무 그리 감동을 실어 반응할 필요는 없다.

주권이 국민에게 있다는 국민주권의 원리는 나라마다 차이가 있지만 이미 오래전에 성립된 원칙이고, 현재 지구상에 있는 국가 중에서 계급 주권을 주장하는 몇몇 나라를 제외하고는 대부분의 나라가 채택하고 있는 당연한 법원칙이다.

우리나라도 건국과 함께 국민주권의 원칙을 채택하였고, 국가의 모든 법질서와 사회의 운용이 그 원리 위에 이루어져 오늘에 이르고 있다. 공기(空氣)처럼 없으면 안 되지만 항상 우리 주변을 채우고 있어 특별할 것이 없다. 매 순간 뜨거운 감정으로 감사하면 참으로 좋기는 한데, 현시대에 절대 얻을 수 없는 것을 손에 넣은 것처럼 과장할 필요는 없다.

군주에 대한 저항의 시기에 투쟁적 이념으로 국민주권을 내세우고, 결국 투쟁을 통하여 주권을 모든 국민에게 귀속시켰을 때에는 그 지난(至難)한 투쟁 후 승리감에 감격하였을 것임이 분명하다. 하지만 시민들의 승리를 통해 얻은 국민주권의 원리는 그 후 오랜 기간을 거치면서 다른 국가원리나 제도, 국가권력 등을 통하여 구체화되는 과정을 겪었다. 이제는 단지 하나의 정치적 승리물의 의미보다는 다른 국가원리, 국가제도, 국가권력의 지도적 원리나 정당화 원리로 자리를 잡는 단계에 있다. 국민주권의 원리가 투쟁적 이데올로기에 머무르는 단계를 훌쩍 넘어서 지배적 이데올로기로 올라선 것이다.

굳이 이를 강조하는 이유는 아직 많은 사람의 머릿속 이미지에 1789년 프랑스 대혁명 당시 루이 16세를 권좌에서 끌어내리고 자유, 평등, 박애를 상징하는 프랑스 삼색기를 피 묻은 손으로 하늘 높이 치켜들면서 승리를 환호하는 장면을 국민주권의 원리가 실천되는 모습으로 이해하고 있는 것이 아닐까 하는 노파심이다. 이러한 이미지가 역사학의 영역에서는 아직 수긍될 수 있을지 모르겠다. 하지만 적어도 법학의 영역에서 국민주권의 원리는 너무나 당연해서 이제는 공리(公理)의 수준에 이른다.

법의 영역에서는 국민주권의 원리는 이제 헌법의 중요한 근본이념으로 파악된다. 그래서 그것을 실현하기 위하여 자유민주주의 원리, '통치권의 기본권 기속(統治權의 基本權 羈束, 통치권은 기본권에 매여서 기본권을 존중하는 방향으로 행사되어야 한다는 원리)의 원리', 법치주의 원리 등을 어떻게 활용하고, 권력분립제도, 선거제도, 정당제도 등을 어떻게 운용하며, 각 국가기관이 국가권력을 어떻게 사용하여야 하는가를 알려주는 지남철(指南鐵)이나 방향타의 역할을 하는 것으로 이해하여야 한다. 그래서 뜨거운 감성에 매몰되어 광장에 구호로 사용되기보다는 국가 운용의 중요한 법이념과 법원리로 접근되어야 한다.

  주권이 어디에서 유래하였는가와 관련해서, 그 개념의 씨앗을 중세 신학자들 사이에서 논의되던 '신의 주권(Sovereignty of God)'에서 찾는 경향이 있다.

  그러나 대체적으로 법학에서는 주권 개념의 출발점을 보댕(Jean Bodin)에게서 찾는다. 다만 그가 주권이라는 개념을 정립할 당시에 생각한 주권의 담당자는 군주이었다. 교황의 지배나 간섭에서 벗어나 독립된 절대군주정을 확립하기 위한 이론적 근거를 제공하려는 필요에서 주권이라는 개념을 내세운 것이다.

  군주의 지배를 정당화시키기 위해서 등장한 개념이므로 주권이 참 나쁜 개념이라고 생각할 필요는 없다. 신앙의 초월적 힘과 종교적 권위에 의존하여 이루어지던 중세의 지배방식이 한계에 이르러 모순이 깊어지면서 이를 극복하기 위하여 등장한 정치체제가 절대군주정이다. 이를 지지하기 위하여 나타난 개념이 주권이라고 이해하면, 이 개념이 그 당시의 시대 상황에서 나름의 역할은 다한 셈이라고 이해할 수 있다.

절대군주정에서 주권을 이해하면 주권이 한 국가의 최고의 독립된 권리이고, 불가분적이고 불가양적(不可讓的)이라는 것이 쉽게 이해가 된다. 국가의 인적 구성은 치자(治者)인 군주와 피치자(被治者)인 신민으로 구성되어 있으니 치자가 주권이라는 최고의 권력을 통하여 피치자를 통치하면 적어도 논리적 모순이나 혼동은 일어나지 않는다.

그러나 국민이 주권의 주체가 되면서, 주권을 행사하는 자는 국민인데 그 주권의 지배를 받는 것도 국민이 되는 혼동(混同)이 일어난다. 이러한 사정으로 국민주권의 원리에서는 군주주권의 원리에서 군주를 이해하는 것과 같은 방식으로 국민을 이해할 수 없다.

군주주권이 무너지면서 다양한 형태의 주권에 대한 논의가 있었고, 또 국민주권 이외에 의회주권, 국가주권, 법주권 등의 다양한 이론도 있었다. 하지만 이러한 이론들은 그냥 미루어 두고, 치자와 피치자가 동일하다고 파악하는 통치형태인 '동일성 이론'에 대하여 간단히 살펴보고자 한다. 루소(Rousseau)가 말하는 '총의(總意)'나 '일반의지(一般意志)'라는 개념을 토대로 해서 국민주권을 설명하는 이론이다.

한 명의 자연인인 군주가 하나의 정치적 의사로 통치를 하듯이, 동일성 이론에서는 국민 전체가 '통일된 하나의 전체'로 이해되고, 그것이 가지는 '유일한 정치적 의사'로서 통치가 이루어진다고 보는 것이다. 국민 전체의 유일한 정치의사로 통치하므로 온전한 국민주권이 실천된 것으로 볼 수 있다.

국민 전체가 통치한다고 하니, 참 설득력 있는 접근으로 보이는

데 함정이 있다. 국민 전체가 하나의 정치적 의사를 가지기 때문에 권력을 분립할 필요가 없다. 국민 전체의 일치된 정치적 의사가 있으면 굳이 법을 내세우면서 법치주의를 강조할 필요가 없다. 유일한 정치적 의사에 대한 국민 전체의 합의가 있다면 번거롭게 다수결 원칙으로 의사를 결정할 필요도 없다. 그리고 국가의 입장에서는 하나의 정치의사를 만들기 위해 노력하는 것이 오히려 바람직한 역할의 수행일 수 있다. 개개인의 다양한 이해관계나 관심이 표면에 드러나면 이것은 단일한 정치의사 형성에 오히려 방해된다. 즉 다양성에 대한 주장이나 소수의 보호를 억누르는 태도를 취하게 된다. 하나의 정치적 의사가 필요하고 다양성이 오히려 주권의 행사에 방해가 되므로 복수의 정당이 필요 없다. 하나의 정당이면 충분하다. 그리고 그 정당이 국민 전체의 의사를 담고 있다면, 국가기관은 그 정당의 하부기구로 국민 전체의 의사를 실현하기 위한 도구로 사용되면 충분하다.

대충 이 정도 언급이 되면 이렇게 해서 만들어지는 정치체제가 전체주의 체제라는 것을 쉽게 감지할 수 있다. '국민 전체의 하나의 정치적 의사'가 현실에서 구현되는 모습은 결국 한 명의 독재자나 하나의 독재정당이 될 것이다. 그리고 그 독재자나 정당은 모든 국민이 하나의 정치적 의사를 가지도록 유도하려고 할 것이다. 그렇게 해서 동원되는 방식이 선전과 선동이고, 사상학습이다. 박수민주주의나 인민민주주의는 이러한 사상적 배경 위에서 만들어졌다고 볼 수 있다.

가끔 주변 법조인들에게 "국민이 원하면 모든 것이 정당하고 그래서 무엇이라도 해도 되느냐"고 하면 "그렇다"는 대답을 듣는 경우가 있다. 그러면 다시 묻는다. "국민이 원하면 권력분립도 법치주의도 모두 필요 없고, 공산주의를 해도 되고, 주체사상을 도입해도 되며, 세습독재를 해도 되고, 일당독재를 해도 되냐"고 말이다. 가끔 용감한 사람 중에는 그러한 질문에 대해서도 "예"라는 답을 한다. 그즈음 되면 입을 닫게 되는데, 그는 결국 이러한 동일성 이론의 함정에 빠져있다는 것을 스스로 각성하지 못하고 있는 것이다.

동일성 이론을 소개한 이유는 국민주권 이론을 국민이 직접 통치하거나, 직접민주주의만이 민주주의라고 오해하지 말기를 바라는 마음에서다. 정확히 말하면 국민주권의 원리는 주권은 국민에게 귀속되고, 주권 이외에 국가를 통치하기 위하여 필요한 모든 국가권력은 이러한 국민주권으로부터 유래한다는 의미이다. 국민이라는 생명체 유사의 어떤 존재가 있어서 그것이 직접 권력을 행사하여야 한다는 의미가 아니다. 국민 전체가 직접 법을 만들고, 정책을 집행하며, 재판도 직접 하는 것이 아니다. 물리적으로 가능하지도 않고, 바람직하다고 보기도 어렵다.

대한민국 헌법 제1조 제2항이 말하는 국민주권은 모든 국가권력의 정당성은 국민에게 있고, 모든 국가권력은 그러한 국민의 주권으로부터 유래한다는 의미이다. 국민이 직접 통치권을 들고 그 권력을 행사한다는 의미가 아니다.

이러한 의미는 우리 헌법 규정의 표현을 살펴보아도 알 수 있다. '대한민국의 주권은 국민에게 있다'고 한 다음에 그 문장 후단에서 '모든 권력은 국민으로부터 나온다'고 규정하고 있다. 만약 국민이 통치에 필요한 모든 국가권력을 직접 행사하여야 한다면, '모든 권력은 국민으로부터 나온다.'는 표현보다 '모든 권력은 국민이 (직접) 행사한다.'라고 표현하는 것이 더 정확하다.

사람의 본성이 무엇이든 간접보다는 직접하고 싶은 욕구가 있다. 그렇지만 국민주권의 원칙이 그러한 사람의 욕구를 충족시켜 주기 위해서 존재하는 규정은 아니다. 국민주권의 원칙은 주권을 가진 국민이 모든 '국가권력의 샘'으로서 국가가 행사하는 모든 권력이 그곳에서 연원(淵源)하도록 하여 그것에 정당성을 부여하는 것이다. 그래서 국가권력의 행사는 국민주권의 원칙에 맞도록 행사하라는 책무를 부과하는 것이다. 국민주권의 원칙을 광장정치의 구호로만 이해하는 것은 국가권력의 정당성에 관한 헌법상의 대원칙이 가지는 지위를 현저히 격하시키는 우(愚)를 범하는 것이다.

직접민주주의의 실현에 대한 막연한 갈증, 광장정치의 물리력 등이 대중이 휘두르는 사실상의 권력이라고 여기는 잘못된 인식, 여론에서 주도권을 가지면 모든 국가제도와 국가권력을 무시하여도 정당하다고 보는 잘못된 시각, 이러한 것들이 뒤엉키면, 현실의 모습은 아름다운 국민주권의 원칙이 실천되는 것이 아니라 그냥 '혼란'이다. 국민주권의 이념을 제대로 실현하기 위하여 필요한 것은 오히려 대의제의 원리, 법치주의, 권력분립, 복수정당제도, 소수자 보호의 원칙 등 다양한 헌법상의 원리와 제도들이 정상적으로 작동하는 것이다.

광장이 민주주의의 장이라고 생각하고 그 광장에서 수가 많으면 정당하다고 생각해서는 안 된다. 숫자로 그 정당성을 평가하고자 한다면 광장에 적어도 대한민국 국민 절반 이상이 나와서 하나의 목소리를 내야 한다. 그것이 가능하지도 않고, 바람직한지도 의문이다. 광장에 엄청난 숫자의 사람이 나와 그 위세가 대단한 듯해도 그 숫자가 대한민국 전체 국민에서 차지하는 비중은 그리 크지 않다. 그 목소리가 대한민국 전체 국민의 의지를 대신한다고 보기도 어렵다.

국민주권이 실천되는 정당성의 근거를 광장에 모인 사람들의 규모에서 찾는다면, 그리고 그것이 정권을 바꾸거나 법제도를 만드는 유일한 방안이라면, 그 후에 그와 반대되는 의견을 가진 사람들이 종전보다 더 많은 세를 과시하면 종전에 주도권을 가졌던 무리는 스스로 물러나야 하고 그들이 한 결정은 모두 폐기하여야 한다. 그런데 광장의 정당성을 주장하면서 자신들이 많이 모여서 무조건 옳았다고 주장하는 무리가 나중에 그 무리에 반대하는 세력이 광장에 더 많이 모였다고 해서 스스로 물러났다는 말은 들어보지 못했다. 정부가 교체되고, 제도가 바뀌며, 국가기관이 새로 만들어지는 등의 현상은 광장의 힘이 아니라 헌법상의 원리와 제도가 작동하였기 때문에 가능했다.

광장에 퍼지는 시민의 소리를 마냥 폄훼하고자 하는 것이 아니다. 우리 헌법이 집회 및 시위의 자유를 기본권으로 보장하고 있고(헌법 제21조 제1항), 국민이 헌법질서 내에서 저항권을 행사하는 것은 헌법이론으로 인정되고 있다. 이러한 것들을 통해 헌법은 헌법이 추구하는 원래의 가치로 더 가까워질 수 있다. 헌법과 법률이 허용하는 범위 내에서 합법적으로 이루어지는 집회와 시위는 바람직한 헌법원리의 작동을 위해 오히려 필요한 부분이다. 저항권의 행사도 헌법 질서의 범위 내에서 이루어지고 비판적인 복종의 자세를 유지하는 한에서 수용되어야 한다.

그렇지만 단순한 정치적 물리력의 폭발은 경계되어야 하고, 그것이 헌법질서를 벗어나 이루어진다면 그것은 반헌법적이고 반국가적인 폭도에 지나지 않는다. 그 어떤 정권도 자신의 정당성의 근거를 광장에서 찾는 것은 위험하다. 어떤 정권이 대한민국의 통치권을 부여받는 것은 국민들이 선거를 통해 자신들의 주권에 포함된 통치권을 내어 주었기 때문이지, 광장의 물리력에 의해 주어진 것이 아니다. 만약 그러하다면 더 큰 물리적 에너지를 모아온 세력에게 군말 없이 그 통치권을 반납하고 정권을 넘겨주어야 한다. 쉬운 예로 촛불 집회로 정권이 섰다가 나중에 태극기 집회가 세를 확장하면, 집회 참가자의 숫자를 헤아려보고 그것이 촛불 집회의 숫자보다 많으면 태극기 집회가 지지하는 정치세력에게 정권을 내어 주어야 한다는 것이다. 그런 방식으로 정권을 변경하는 것이 가능하다고 생각하는 사람은 없을 것이다.

광장의 에너지에 기대어 함부로 혁명이라는 용어를 사용하는 것도 바람직하지 않다. 혁명이라는 표현은 정상적으로 작동하는 대한민국 헌법을 파괴하고 새로운 질서를 만든 것으로 이해될 수 있어 국가의 체제나 이념을 모두 갈아치운 것으로 볼 수 있다. 혁명이라는 표현이 주는 격한 떨림이 정치인들이 사용하기에 좋은 재료로 느껴질지는 모르겠으나 그러한 감성적인 접근은 전체적으로 국가의 법인식의 수준만을 떨어뜨릴 뿐이다. 그래서 대통령이나 정권의 주요인사가 촛불혁명이라는 표현을 지나치게 많이 사용하는 것도 바람직한 현상이라고 보기 어렵다.

　대한민국 국민은 선거권을 가지고 있고, 본인의 의지에 따라 공직을 담당하고 싶으면 피선자격을 가질 수 있으며, 국가의 중요정책에 관하여 국민투표가 이루어질 경우 투표할 권리도 가진다. 또 언론·출판·집회·결사의 자유를 가지고 있다. 이러한 다양한 장치들을 통해 자신의 권리를 행사하고, 국민주권에서 연원하는 각 국가기관의 권력을 통제하고 감독한다. 이러한 복합적인 권리행사 수단에 관한 관심은 등한히 하고, 오로지 광장에서의 시위나 SNS에 집적되는 댓글을 통해서 이루어진 공감대만을 유일한 정치적 행위로 국한하여 이해하며, 그것을 극대화하기 위하여 온갖 정성을 다 기울이는 것은 잘못이다.

　그리고 그렇게 하여 자신이 지지하는 정당이나 정치세력이 승리하면 마치 자신이 세상을 직접 지배하고 있다는 묘한 승리감을 느끼고, 그 밖의 모든 국가기관의 작용, 즉 국회의 대의정치, 정부의 전문관료에 의한 정책시행, 법원의 법률적인 판단을 모두 거추장스럽게 여긴다. 자신들이 추구하는 때론 편향되고 왜곡된 의지를 항상 국가기관들의 정상적인 권력행사에 앞두려고 하고, 이것이 관철되지 않으면 화를 낸다. 이러한 현상은 정상적이라 평가하기 어렵다.

　국민주권이 광장에만 살아있다는 신념은 극복되어야 한다. 국민주권의 원리는 광장이라는 한정된 공간이나 SNS라는 온라인 세상에만 있는 것이 아니다. 대한민국의 모든 곳을 품고, 모든 분야에서 관철되는 중대한 헌법상의 이념이다.

국민의 눈높이는 새로운 관습법

　사회적으로 민감한 사안을 법원이 판결하면 당연히 많은 논평과 비판이 뒤따른다. 대개는 어떤 구체적인 근거를 가지고 있다기보다는 개인적인 감정이나 느낌으로 비난을 하는 경우들이 대부분이다. 정권의 실세라서 봐주었느냐, 재벌 총수라 봐주었느냐, 정치적 함의가 무엇이냐 등등이다. 판결한 판사의 내심을 모두 들여다볼 수는 없으니 당연히 함부로 말하기 어렵다. 이러한 현상을 보면서 가지게 되는 생각은 이렇게 비판하는 사람들 모두 자신들이 원하는 판결 결과를 기대하고 있다가 그 결과가 기대와 다르면 나름의 이유를 붙여 그 판결의 내용을 비판한다는 것이다.

　이러한 비판 중에서 참 듣기에 불편하고 무책임하다고 느끼는 비판은 판결이 '국민의 눈높이'에 맞지 않는다고 말하는 것이다. 판사가 권력이나 금권에 굴복하지는 않았는지 몰라도 국민의 눈높이를 몰라 잘못 재판했다는 취지로 들린다. 언젠가부터 자주 개별 판결의 내용을 두고 아주 상투적으로 이런 표현을 쓰는데 참 위험하다.

헌법 제103조는 '법관은 헌법과 법률에 의하여 그 양심에 따라 독립하여 심판한다.'라고 규정한다. 다 아는 내용인데 여기에 관습헌법으로 '국민의 눈높이'가 추가된 느낌이다. 언뜻 보면 주권자인 국민의 눈높이이니 특별히 문제될 것이 없어 보이고 그 표현도 꽤 문학적이고 수려하여 설득력이 있다. 그러나 한꺼풀만 벗기고 들어가면 그 표현은 지극히 비논리적이거나 아무런 내용이 없는 허상에 지나지 않는다.

혼자서도 여러 개의 의견을 가지고 조변석개(朝變夕改)하는 것이 사람인데 그러한 개인들의 무한한 의견을 하나로 정리해 내는 것이 물리적으로 불가능하고 또 그것이 가능하다고 하더라도 언론이나 세간에서 떠도는 부정확한 정보의 조각들로 잉태된 것들인 경우가 많아서 반드시 옳다고 보기 힘들다. 이처럼 실체도 불분명하고 옳다는 보장도 없는 기준을 내세우는 의미를 굳이 이해해 보면 여론을 고려한 재판을 하라는 의미 정도로 읽힌다.

그러나 여론을 고려하여 재판하면 재판은 그 본성을 잃어버리게 된다. 우리가 역사에서 나타난 마녀사냥이나 인민재판을 경계하는 이유가 여기에 있다. 재판에 여론이 덧칠해지면 대중은 환호할지 모르나 진실은 고통받고 억압된다. 헌법과 법률은 명분꺼리가 되고, 증거는 과장 왜곡 조작되며, 법관의 양심은 그때그때 여론에 편승한 기회주의적 속성으로 물들어가게 된다.

그렇기에 재판은 때로는 거대한 여론의 압력이라도 의연하고 당당하게 맞서야 하는 것이다. 그리고 그리할 명분과 필요성, 힘은 헌법과 법률 그리고 법관의 법률적 양심에서 나오는 것이다. 재판은 국민의 눈높이로 절대 할 수 없고, 국민도 그렇게 하기를 강요해서 안 된다.

대한민국의 정치인들, 주요 유력인사들이 수시로 그 의견 중에 국민의 눈높이를 고려한 재판을 주문한다. 심지어 법률가들조차도 별생각 없이 이러한 표현을 하는 경우를 많이 보는데, 참 위험하고 사려 깊지 못한 표현이라고 생각한다.

적법절차라는 아름다운 법원칙의 갈증

미국 수정헌법 제5조와 제14조에는 'due process of law'라는 표현이 나온다. 우리 헌법은 제12조에서 '적법한 절차'라는 표현을 통해서 같은 개념을 두고 있다. 국가가 적법한 절차를 통하지 않고는 개인의 생명, 자유, 재산을 침해하지 못하도록 하는 것이 적법절차의 원칙이다. 개인적으로 법률용어 중에서 가장 좋아하고, 대한민국의 법문화에서 가장 아쉬운 부분이라고 생각하는 법원칙이다.

대개 '재판을 통해 진실을 발견한다'고 한다. 언뜻 맞는 말이기는 하나 희망사항이고 이상이다. 법조인의 입에서 나올 말이 아니라 여길 수 있지만, 소송당사자들이 제시하는 제한된 증거를 통한 정보와 인간이 가지는 오감이라는 한정된 인식능력을 가지고 온전한 진실을 발견한다는 것은 물리적으로 가능하지 않다. 전지전능한 절대자가 아니고서야 이미 흘러간 역사 속에 소송당사자들이 경험한 그 역사적 사실을 정확히 재현해서 인식하기가 어렵다. 혹여 그것이 가능하다고 하더라도, 하나의 진실도 보는 입장에 따라서 밝게 보이기도

하고 어둡게 보이기도 하여 그리 간단한 문제가 아니다.

　이처럼 정보의 물리적 한계와 판단자의 존재적 한계를 인정할 수밖에 없다. 이것을 솔직히 인정하지 않고 무리하게 그 무언가 모를 진실을 완전히 알 수 있다고 생각하면 정말 엉뚱한 결과가 나올 수도 있다. 무리해서 신과 같은 전지적 입장에서 '명경(明鏡)과 같은 진실'을 밝혀내고 싶다는 인간적 욕구가 지나치면 고문을 하고 협박을 해서라도 그 무언가를 알고 싶어 하게 된다. 실없는 소리지만 궁예의 관심법(觀心法)도 알고 보면 그러한 한계를 초월했다고 인식하는 권력자의 절대존재 흉내내기이다.

　고문을 하면 어느 정도는 조사자나 재판관이 모르는 사실을 새로이 들을 기회를 가질 수 있어서, 진실을 구한다고 하는 명분에 다소 부합할 가능성이 있기는 하다. 그러나 고문이 결국에는 사실을 왜곡하고 인간성을 파괴한다는 것은 우리가 역사적 경험을 통하여 확인하였기 때문에 그 방법을 버리고 증거를 통하여 수사와 재판을 하는 방법을 채택하였고, 또 그러한 증거를 통해서도 진실이 불투명할 경우에는 입증책임이라는 것을 통해 입증하는데 성공하지 못한 쪽에 부담을 지우는 방법을 채택한 것이다.

　고문과 같은 잘못된 증거조사 방법을 방지하고, 그러한 위법한 방법을 통해서 얻어진 증거를 배척함으로써, 재판을 포함한 모든 사법절차가 정당하게 이루어지도록 적법절차라는 안정장치를 덧붙여 놓은 것이다. '적법절차의 원칙'은 적법한 절차를 통해서 증거를 얻고, 증거를 조사하고, 정당한 판단을 하도록 함으로써 진실하기만 하면 모두 다 옳다는 오류에 빠져들지 않도록 한다. 이런 멋진 적법절차의 원칙을 모든 법조인이 잘 지키면 되는데, 그게 말처럼 쉽지 않다. 개인적인 생각이지만 판사들의 상당수도 이 부분에 매우 둔감하다.

적법절차와 관련하여 많이 얘기되는 것이 이른바 미란다의 원칙(Miranda Rights)이라는 것이다. 우리나라에서도 비교적 잘 지켜지고 있는 원칙인데 경찰 등 수사관이 범죄혐의자를 체포하는 과정에서 "피의자는 변호인을 선임할 권리가 있고, 묵비권을 행사할 수 있으며…"라고 하는 말이 그 원칙에서 나온 것이다. 그런데 이 원칙이 미란다라는 이름도 멋진 사람이 만든 원칙이 아니다. 미란다는 강간 등의 범행을 저지른 범죄자인데, 혐의도 자백하고 피해자들도 범인으로 지목하여 하급심에서 유죄 판결을 받았고 애리조나 주 대법원도 유죄의 판결을 유지하였다. 그러나 1966년 미국 연방대법원이 체포한 경찰관이 미란다에게 진술거부권 등을 고지하지 않았다는 이유를 들어 주 대법원이 판결을 파기한 것이다.

유죄라는 것이 번연히 보이고 증거도 충분히 있는데, 그런 피고인에 대하여 이루어진 주 대법원의 판결을 파기하는 대범한 짓을 미국 연방대법원이 한 것이다. 재판의 요체가 진실을 발견하는 데 있다면 미국 연방대법원의 이러한 재판은 재판의 본성을 저버린 최악의 재판이 되어야 한다. 그런데 모든 법조인이 가장 긍정적인 평가를 하는 판결 중의 하나이다.

죄를 인정하고 증거도 있는데 무죄를 선고하라고 하면 보통 사람의 입장에서는 선뜻 수긍하기 힘들 것인데, 그러한 심리(心理)는 판사라고 해도 크게 다르지 않다. 따라야 할 미란다의 원칙을 배웠으니 그것대로 하긴 하겠다마는 그 범죄자가 아무런 처벌도 받지 않고 다시 사회로 돌아가는 그 자체가 정의감에 현저히 위배 된다는 생각, 또 범죄전력이 많은 피고인의 경우에는 그 피고인을 풀어줌으로써 또 다른 잠재적인 피해자를 양산할 위험을 노출시켰다는 불안감 등이 재판관을 불편하게 만드는 것이다. 그래서 그 원칙을 비틀어 보고 싶은 생각은 판사들이라고 해도 여전히 가진다.

이처럼 유혹이 많고 지키기가 쉽지 않은 법원칙이다 보니 더 매력적으로 보이는지도 모르겠다. 아무리 진실이 밝혀지더라도 이 원칙을 깨고 밝혀진 것이라면 그 판단자는 부끄러워할 줄 알아야 한다. 그리고 사실을 밝혀내겠다는 유혹에 앞서 적법절차를 지켜내겠다는 대범함을 가져야 한다.

적법절차의 원칙은 재판의 결과에 대한 수용력을 높인다

형식논리로만 따져도 재판 결과에 대하여 만족하는 당사자는 50%밖에 되지 않는다. 이긴 자가 있으면 진 자가 있을 것이라서 소송에 관여한 사람 중에서 절반은 이기고 절반은 질 수밖에 없다. 재판에서 진 50%의 사람에게 판결의 결과를 수용하느냐고 물으면 수긍하는 사람은 거의 없다. 그나마 실제 송사에서는 일부 승소하거나 재판상 화해 등으로 분쟁이 해결되는 회색 영역이 있어서 그들 중 상당수도 법원의 판단에 불만을 가질 수 있다. 법원이라는 존재가 그 생래적 본성으로 인해 애초 일반 시민들로부터 보편적인 호평을 받기는 결코 쉽지 않은 조직이다. 그럼에도 불구하고 수긍하고 굴복하는 것은 사법권이라는 국가권력이 강제하기 때문이다. 이처럼 강제되는 권력이기 때문에 그것을 받아들이도록 하기 위해서는 그 공정성이 절체절명의 요소가 되어야 한다. 공정성이 담보되지 않는 재판은 불편한 수용에서 더 나아가 반항심이 깃드는 굴종으로 이어진다. 그리고 이러한 굴종을 통해 자신의 존재가 부정당한 시민은 결국 그 불만의 에너지를 차곡차곡 쌓아 두었다가 법원과 국가시스템의 판단에 저항할 것이다. 법원이 단지 공정성을 담보하는 데서 그치지 않고 공정성을 실천하고 있다는 외관까지도 신경을 써야 하는 이유가 여기에 있다.

그리고 그러한 공정성은 적법한 절차를 통해 상당 부분 담보된다. 이를 간과하고 판사가 '나는 진실을 밝히는 사람이다'라는 개인적인 정의감을 앞세우기 시작하면 그 자신만의 정의감에 갇히기 쉽고, 결국 공정성을 상실한 자신만의 진실에 만족하여 시민들의 불만을 외면할 가능성이 커진다. 또 자신이 만든 정의 체계에 진실이라는 적당한 겉포장을 둘러 자신이 세상의 모든 정의를 다 소유한 양 자만할 가능성이 커진다.

앞서도 언급하였듯이 판사가 지나치게 물리적으로 확인하기 어려운 진실 하나에만 매달리거나 자신의 정의감에만 충실하면, 절차를 위반한 증거에 대한 유혹을 뿌리치기가 대단히 어렵다. 여기에 자신의 정치적 성향까지 정의로 포장하고 판단에 있어서 고려할 요소로 도입하면, 적법절차는 전혀 고려할 필요가 없어지게 된다.

사회가 정치적으로 민감도가 극에 달했을 때 경험한 일이기는 하지만, 박근혜 대통령에 대한 탄핵 심판이 이루어지고, 박근혜 대통령에 대한 형사재판이 진행될 때, 주위에서 박근혜 대통령의 변호인들이 참고인 진술조서의 증거능력을 부인하면 어쩌나 걱정하는 판사들을 종종 보았다. 그들은 이 증거들의 증거능력이 부정되어 박근혜 대통령이 혹시 무죄가 되면 어쩌나 걱정하였던 것이다. 증거가 증거능력이 없고, 그런 증거능력 없는 증거밖에 없어서 무죄를 선고할 수밖에 없으면 그리하면 되는 것이다. 그런데 유죄인지 무죄인지도 모르는 상황에서 피고인이 무죄가 될 것을 걱정하여 증거능력이 부인되는 것을 방지할 궁리를 하는 것은 판사라는 사람이 할 일이 아니다. 아마 정치적인 사건이다 보니 판사가 자신의 정치적 성향에 갇혀 객관적으로 사안을 바라볼 수 있는 판단력이 흐려졌을 것이다.

김학의 전 법무부 차관의 국외 출국을 금지하는 과정에서 검사가 관련 공문서를 허위로 기재하였다는 의혹이 불거졌다. 이 사건을 두고 범죄자가 국외로 출국한다는 상황에서 그 정도의 위법은 허용되어야 한다는 주장이 나온다. 심지어 법조인 중에도 그런 말을 하는 사람이 있다. 아연실색할 일이다. "나쁜 놈 잡는데 그깟 서류나 영장이 뭔 대수냐, 고문이라도 못할까!"라고 말하는 사람이 있다면 그것은 그냥 야만 속에서 살겠다는 자백이다. 김학의 차관은 당시로서는 범죄자라는, 특히 성범죄로 처벌할 수 있다는 보장도 없는 상황이었다. 혹여 그 사람이 그러한 위법을 저지른 것이 사실이라 하더라도 허위의 공문서를 만들어 출국을 저지할 일은 아니다. 그 사람이 도망을 가더라도 도리 없다. 그 사람이 고단하게 국외에서 생활하는 것을 위안으로 삼아야 하고, 평생을 국외를 떠돌 수 없으니 그가 다시 국내로 입국하면 그때 신병을 확보하여 사법처리하면 된다.

그가 국외에 체류하는 동안 우리 형사소송법은 공소시효도 중지시켜 놓는다. 그 사람의 사법처리를 수사기관이 위법과 적법절차를 위반하여 가면서까지 반드시 그때 하여야 할 이유가 없다.

1966년에 미국의 판사들이 미란다 원칙을 통해 실천한 적법절차의 원리가 현재의 대한민국 판사들이나 검사들에게는 여전히 받아들이기가 쉽지 않은 것이다.

민주주의의 적에게 민주주의를 허락할 수 없다!

'방어적 민주주의(민주주의의 적에게 민주주의를 허락할 수 없다)'는 헌법적으로 굉장히 중요한 개념임에도 불구하고 일반에 크게 알려져 있지 않거나, 법률가들도 크게 눈을 두지 않는다. 어떤 법률가는 그 참된 의미를 애써 무시하거나 외면한다.

그 용어가 주는 의미대로, 방어적 민주주의는 자유민주주의 체제를 수호하기 위하여 이에 도전하는 민주주의의 적으로부터 핵심적인 헌법적 가치들을 방어해 내는 것을 말한다.

그래도 언뜻 개념이 잡히지 않으면, 2014년에 있었던 헌법재판소의 통합진보당 해산 결정이 방어적 민주주의의 원칙에 따른 위헌정당해산제도가 작동하여 이루어진 것이라고 소개하면 좀 더 쉬울지 모르겠다.

전체주의, 공산주의, 인종주의, 종족주의 등과 같이 단일 가치만을 추구하는 이념이 배척되어야 하는 것은 당연한데, 반면에 어떠한 가치도 존중되어야 한다는 가치 상대주의에 지나치게 매몰되어 버리면 전체주의 등을 추구하는 가치조차도 존중하여야 한다는 논리적 모순에 빠져 결국 민주주의를 파괴되는 데에 무기력하게 된다.

그래서 다양한 가치는 존중하되, 인류 보편의 원리로 수용할 수 있는 자유민주주의라는 최소한의 가치만은 양보 없이 보호되고 존중되어야 한다는 태도로 제한된 범위에서 가치 구속적인 민주주의를 추구하는 것이다. 민주주의라는 것이 참으로 관대하기는 하지만 민주주의의 적에게는 민주주의를 허락할 수 없다는 최소한의 방어막이라고 이해할 수 있다.

독일(특히 서독) 법학 역사에서 유래한 법원칙이다. 선거라는 민주주의의 지순한 제도를 통하여 합법적으로 권력을 취득하고, 국민의 대의기관이라는 의회를 통해 수권법(授權法)을 만들어 국가의 모든 권력을 독점한 다음, 전체주의와 인종주의로 나아갔던 나치의 지배라는 깊고 아픈 경험을 통해 민주주의는 최소한의 방어를 해냄으로써 확보된다는 교훈을 얻었다.

방어적 민주주의를 실현하는 구체적인 방안으로 주로 제시되는 것은 위헌 정당의 해산과 기본권의 실효이다. 자유민주적 기본질서를 침해하는 정당에 대해서는 그 정당을 해산하고, 마찬가지로 자유민주적 기본질서를 파괴하는 활동을 하기 위해서 언론의 자유나, 집회결사의 자유 등을 악용하는 개인에 대하여 그 기본권을 실효하는 것을 말한다.

대한민국 헌법 제8조 제4항은 '정당의 목적이나 활동이 민주적 기본질서에 위배될 때에는 정부는 헌법재판소에 그 해산을 제소할 수 있고, 정당은 헌법재판소의 심판에 의하여 해산된다'라고 규정하여 위헌정당의 해산제도를 채택하고 있고, 앞서 언급한 바와 같이 실제로 통합진보당이 위 조항에 의하여 위헌 정당으로 해산되었다. 독일에서는 서독 연방헌법재판소가 독일공산당(KPD)과 사회주의제국당(SRP)에 대하여 정당의 해산을 결정한 사례가 있다.

　방어적 민주주의를 통해 지켜져야 할 핵심 가치는 우리 헌법 전문에서 천명하고 있는 자유민주적 기본질서이고, 우리 헌법재판소도 이러한 입장을 채택하고 있다.

　헌법재판소는 통합진보당에 대한 해산 결정에서 보호하고자 하는 가치에 대하여 언급하면서, "정당해산 심판제도가 수호하고자 하는 민주적 기본질서는 우리가 오늘날의 입헌적 민주주의 체제를 구성하고 운영하는 데에 필요한 가장 핵심적인 내용이나 요소를 의미하는 것으로서, 민주적이고 자율적인 정치적 절차를 통해 국민적 의사를 형성 실현하기 위한 요소, 즉 민주주의 원리에 입각한 요소들과 이러한 정치적 절차를 운영하고 보호하는데 필요한 기본적인 요소, 즉 법치주의 원리에 입각한 요소들 중에서 필요불가결한 부분이 중심이 되어야 한다. 이는 이것이 보장되지 않으면 우리의 입헌적 민주주의 체제가 유지될 수가 없다고 평가되는 최소한의 내용이라 하겠다."라고 판시하였다.

　방어적 민주주의에 대하여 경계하는 태도도 없지 않다. 민주주의를 방어한다는 명분을 내세우면서 오히려 다양한 가치를 공격하는 도구로 활용되지 않을까 의심하는 것이다. 자유민주적 기본가치라는 핵심가치로 한정하기는 하지만 가치에 구속되다 보니 그러한 의심이 전혀 근거가 없지 않다.

그러나 가치의 다양성을 원칙으로 두면서, 단지 공산주의, 전체주의, 나치즘, 파시즘, 마오이즘 등과 같은 분명한 민주주의의 적만을 대상을 하는 법원칙이므로, 막연한 의심에 터 잡아 이 원리의 존재 자체를 부정하는 것은 옳지 않다고 생각된다.

헌법은 많은 자체의 정화장치를 통해 정상적으로 작동하도록 되어 있고, 따라서 그러한 정상적인 헌법적 장치들에 의하여 사실상 민주주의는 방어되고 있다.

언론, 출판, 집회, 결사 등의 자유를 보장함으로써 '사상의 자유시장'이 정상적으로 작동하도록 하고, 이러한 사상의 자유시장에서 인류 보편의 가치가 자연스럽게 구현되는 것은 민주주의의 중요한 방어가 이루어지는 모습이다.

사람을 앞세우는 인치주의를 배제한 법치주의, 보통, 평등, 직접, 비밀의 공정한 선거제도, 견제와 균형이 이루어지는 권력분립, 포퓰리즘에 흔들리지 않는 견실한 대의민주주의 등의 다양한 헌법 원칙과 제도들이 정상적으로 작동되도록 하는 것 역시 민주주의를 방어하는 중요한 방법이다. 또 많은 국가가 안보를 보장하기 위한 국가보안법, 방첩법 등의 입법을 통하여 외적으로부터 이루어지는 헌법에 대한 공격도 방어한다.

그러니 헌법에 따라 국가기능이 정상적으로 작동하면 방어적 민주주의라는 명제를 높이 치켜 내세울 일이 그리 많지는 않다.

다만 이처럼 굳이 크게 내세우지 않다 보니 그에 대한 각성이 미미하고 안이해질 위험이 있다. 민주주의가 과거의 나치즘, 파시즘, 스탈리니즘, 마오이즘 등의 위협으로부터 멀어졌다고 해서, 그 모든 적의 위협으로부터 안전하게 되었다고 할 수 없다.

주체사상과 세습이라는 마치 사교체제와 같은 독특한 정치형태를 유지하면서 지속적으로 대한민국의 자유민주주의에 위협이 되는 반국가단체가 여전히 존재한다. 심지어 대한민국 안에서도 이러한 사교체제를 신봉하거나 그에 대하여 동조하는 세력들이 있다. 세계적으로는 종교적, 이념적, 사적 테러의 위협 수준이 상당히 높아진 상태이다. 또 여러 나라에서 포퓰리즘 정치의 발호로 정상적인 대의민주적 권력구조를 무시하고 파괴하려는 시도가 빈번해지고 있다.

민주주의라는 것이 장롱 속 보석과 같이 한 번 얻어 놓으면 그냥 가만히 있어도 언제든지 누릴 수 있는 것이 아니다. 민주주의에 대한 도전은 끊임없이 지속되고, 사이비 민주주의에 의한 민주주의의 파괴 시도는 현대사회의 복잡성이 심화되면서 더해 가는지도 모르겠다.

이런 즈음에 방어적 민주주의가 주는 의미에 주목하고, 벌어지는 사태에 대한 경각심을 높이며, 소중하게 얻은 민주주의를 지켜나가는 일을 소홀히 하지 말아야 한다.

표현의 자유가 신음하는 현실
– 대북전단금지법, 5·18역사왜곡금지법 등

사상의 자유시장, 그 멋진 표현에 관하여

'사상의 자유시장'이라는 것이 있다. 미국 연방대법원의 1919년 Abrams v. U.S., 250 U.S. 616, 630 사건에서 홈즈(Oliver Wendel Holmes Jr.) 대법관이 반대의견으로 밝힌 논거이다. '진리에 대한 최상의 검증은 시장에서의 경쟁을 통하여 사상이 스스로 수용될 수 있는 그것의 힘에 있다(the best test of truth is the power of the thought to get itself accepted in the competition of the market)'라고 표현된다. 그는 사상의 자유로운 소통(free trade in ideas)을 진실을 찾기 위한 최선의 도구로 보았다. 즉 다양한 사상은 사상의 자유시장에서 다른 사상들과 경쟁하여 그 지배력을 높이는 것으로 이해하고, 이러한 소중한 기능이 사상의 자유시장에서 제대로 구현되기 위해서는 혐오스럽거나 극도로 불편한 것으로 여겨지는 의견조차도 함부로 제한해서 안 된다고 보았다. 이러한 입장은 대한민국 대법원이나 헌법재판소도 수용하고 있다.

우리 대법원은 2019년 11월 21일 선고한 2015두49474 사건에서 "다양한 견해가 '사상의 자유시장'에서 경쟁할 때 비로소 올바른 여론이 형성될 수 있고, 사회는 자율적인 규제와 정화작용을 통하여 국가의 발전과 공공복리에 기여할 수 있으므로 국가는 방송내용에 대한 개입을 최대한 자제함으로써 방송의 본질적 역할을 부당하게 위축시켜서는 아니 된다."고 판시하여 사상의 자유시장의 원리를 당연한 법원칙으로 받아들이고 있다.

헌법재판소도 2002년 6월 27일 선고한 99헌마480호 사건에서 '대저 전체주의 사회와 달리 국가의 무류성(無謬性)을 믿지 않으며, 다원성과 가치상대주의를 이념적 기초로 하는 민주주의 사회에서 '공공의 안녕질서'나 '미풍양속'과 같은 상대적이고 가변적인 개념을 잣대로 표현의 허용 여부를 국가가 재단하게 되면 '언론과 사상의 자유시장'이 왜곡되고, 정치적, 이데올로기적으로 악용될 우려가 있다. 더욱이 집권자에 대한 비판적 표현은 '공공의 안녕질서'를 해하는 것으로 쉽게 규제될 소지도 있다. 우리 재판소는 민주주의에서 어떤 표현이나 정보의 가치 유무, 해악성 유무를 국가가 1차적으로 재단하여서는 아니되고 시민사회의 자기교정기능, 사상과 의견의 경쟁 메커니즘에 맡겨야 한다고 확인한 바 있음을(헌재 1998. 4. 30. 95헌가16, 판례집 10-1, 327, 339-340) 환기하여 둔다.'라고 판시하였다.

말은 복잡하고 다소 어려울 수 있으나, 원리는 간단하다. 어떤 물건을 시장에 내놓으면 흠이 있는지 없는지, 값이 나가는지 아닌지 단박에 안다. 그냥 공짜로 줄 때야 다소 흠이 있어도 받지만, 시장에서 값을 치르고 물건을 살 때는 아무리 사소한 흠이라도 허투루 두지 않는다. 흠이 있으면 그만큼 값이라도 깎는다. 아무리 좋은 물건이라고 말해도 값을 치르는 사람이 물건을 보고 결정하지, 말만 믿고 결정하지 않는다. 이런 자연스러운 시장의 원리가 사상에도 당연히 적용되는 것이다. 다양한 의견과 사상이 토론과 비판의 시장으로 들어오면 숨어 있던 오류들이 드러나고, 터무니없는 주장은 바로 사람들의 비난과 외면으로 도태된다. 이러한 이성의 자정작용을 믿고, 사상의 자유시장에 국가가 함부로 개입하는 것을 차단하는 것이다. 따라서 표현의 자유가 왜 중요한가를 밝혀주는 중요한 근거가 된다. '사상의 자유시장'이라는 표현을 정말 좋아하는 것은 이 표현이 주는 선명함과 그 작동원리의 합리성에 매료되기 때문이다.

'표현의 자유' 우월적 지위와 그 보호를 위해 켜켜이 쌓은 방어막

표현의 자유는 자유민주적 정치체제를 유지하는데 절대적으로 중요한 기본권이다. 인간의 모든 정신적인 작용 즉 사상, 이념, 양심, 종교, 학문, 예술 이러한 것들은 표현의 자유가 보장되지 않으면 그저 일개인의 관념 속에만 머물게 되고 아무런 의미가 없다. 언론을 통해 확산되고, 출판을 통해 기록되며, 집회와 시위를 통해 주장된

다. 표현의 자유가 없는 정치체제는 그 이름을 무엇으로 붙이든 그저 전체주의 국가일 뿐이다. 헌법재판소가 표현의 자유가 없는 사회를 전체주의 사회로 표현하는 것은 당연한 확인이다.

미국연방 수정헌법은 제1조에서 제일 먼저 표현의 자유를 규정하고 있는데, 이러한 규정 방식을 통해 자유민주주의 체제를 유지하는 데 표현의 자유가 얼마나 소중한지를 드러냈다고 이해할 수도 있다. 조문의 내용을 보면 다음과 같다.

미국연방 수정헌법 제1조 '연방의회는 국교를 수립하거나 또는 자유로운 신앙행위를 금지하는 법률을 제정할 수 없다. 또한 연방의회는 언론·출판의 자유나 평온하게 집회할 권리 및 고충의 구제를 위하여 정부에게 청원할 수 있는 권리를 제한하는 법률을 제정할 수 없다(Congress shall make no law respecting an establishment of religion, or prohibiting the free exercise thereof; or abridging the freedom of speech, or of the press, or the right of the people peaceably to assemble, and to petition the Government for a redress of grievances)'

이처럼 중요한 기본권이 대한민국 헌법에서 누락되어 있을 리가 없다. 우리 헌법 제21조 제1항은 '모든 국민은 언론·출판의 자유와 집회·결사의 자유를 가진다.', 동조 제2항은 '언론·출판에 대한 허가나 검열과 집회·결사에 대한 허가는 인정되지 아니한다.'고 규정하고 있다.

물론, 표현의 자유가 언론·출판 및 집회·결사의 자유에 한정되는 것은 아니다. 이것들이 표현의 자유에서 중요한 내용이라고 할 수 있지만, 그 밖에도 인터넷, 영화, 연극, 사진, 미술작품 등 다양한 수단을 통한 표현도 표현의 자유에 포함된다. 표현의 자유라는 것이 애초 정신활동의 자유로 정의되고, 따라서 인간의 정신활동의 모든 결과를 다양한 매체를 통해 표현하는 자유를 말한다고 이해할 수 있기 때문이다.

표현의 자유라는 것이 이렇듯 인간의 정신활동을 밖으로 드러내는 자유이고, 자유민주주의 국가에서 정부의 독재와 독선을 견제하고 다양한 의견이 표출되어 민주주의가 정상적으로 작동하도록 하는 기능을 하므로 표현의 자유의 중요성은 아무리 강조해도 지나치지 않다.

물론, 이러한 표현의 자유라고 하더라도 그 기본권이 절대권이 될 수는 없으므로 일정한 경우에 법률로 제한을 가할 수는 있다. 하지만 이러한 제한을 가할 경우에도 표현의 자유가 가지는 우월한 지위 때문에, 그 규제가 헌법에 합치하는가를 판단함에 있어서 다른 자유권에 대한 제한보다 훨씬 엄격한 기준의 적용을 받는다. 즉 표현의 자유를 법률로 제한하고자 할 때는 그 앞에 많은 방어막을 설치하여 그 방어막을 모두 극복하고도 표현의 자유를 제한할 만하다면 그때 제한하라는 것이다. 그 기준들을 간략히 소개하면 다음과 같다.

첫째, 사전억제(事前抑制) 금지의 원칙이 있다. 언론의 보도나 출판물의 출판에 대하여 사전에 검열을 못하게 하고, 집회나 결사를 함에 있어서 사전에 허가를 받는 것을 금하는 것이다. 이러한 이유에서 전염병의 방역 등을 이유로 집회나 시위를 사실상 사전에 국가기관의 허가를 받도록 법을 운용하는 것은 표현의 자유에 대한 중대한 침해가 될 수 있다.

둘째, 명확성의 이론으로 '막연하기 때문에 무효의 이론'이라고도 표현된다. 표현의 자유는 우월한 지위를 가지기 때문에 그것을 침해하는 법률은 일단 합헌이라고 추정하지 말라는 것이다. 즉 표현의 자유를 제한하는 법률이 명확하지 않고 막연하다면 그 법률은 무효로 평가되어야 한다는 이론이다. 법에 모호한 개념을 도입해서 이것을 핑계로 표현의 자유를 침해하는 것을 막자는 취지이다.

셋째, 명백하고 현존하는 위험의 원칙으로, 이것은 앞에서 보았던 미국 연방대법원의 홈즈 대법관에 의하여 주장되었다. 즉 이 원칙은 표현의 자유를 사후에 제약하는 경우에도 명백하고 현존하는 위험(clear and present danger)이 있지 않으면 제한하지 말라는 원칙이다. 표현의 자유는 사전에 억제할 수 없지만, 사후에라도 명백하고 현존하는 위험이 없으면 제한되어서는 안 되는 것이다.

넷째, 필요최소한 제한(必要最小限 制限, 꼭 필요한 최소한도에서만 제한하라)의 원칙은 표현의 자유가 가지는 우월한 지위를 고려하여 덜 제한적인 선택 가능한 수단(less restrictive alternative)을 도입하여야 한다는 원칙이다.

이밖에 표현의 자유로 얻어지는 가치와 표현의 자유를 제한함으로써 달성되는 가치를 비교형량하여 판단하라는 원칙, 같은 자유권적 기본권이라고 하더라도 정신적 자유권인 표현의 자유를 경제적 자유권들보다 우월하게 보장하라는 이중기준의 원칙들이 있다.

사상의 자유시장에 대한 소개나 표현의 자유의 우월적 지위, 또 그것을 제한할 때의 어려운 기준 등에 관한 내용은 실은 대단한 내용이 아니고 헌법교과서나 판례 몇 건만 뒤적이면 바로 찾아지는 내용이다. 그럼에도 장황하게 소개한 이유는 구차하게 짧은 필력으로 표현의 자유가 얼마나 중요한 기본권인가를 강변하는 것보다 표현의 자유가 천명된 좌표들만 살펴도 이 기본권이 가지는 위상을 바로 알 수 있기 때문이다.

이처럼 표현의 자유가 소중한 것이라는 것을 뇌리에 각인 시키고 난 다음에 우리 사회에서 표현의 자유가 취급당하는 현실을 바라보면, 그 현실에 대한 실망감은 자못 작지 않다. 표현의 자유를 너무 쉽고 가볍게 여기는 모습을 보는 것이다.

대북전단 금지법

가장 퍼뜩 머리에 떠오르는 사안은 대북인권단체들이 북한으로 전단을 풍선에 실어 날려 보낸 것을 처벌하겠다는 이른바 대북전단금지법이다. 2020년 12월 29일 신설된 조항인 남북관계발전에 관한 법률 제24조(남북합의서 위반행위의 금지) 제1항은 '누구든지 다음 각 호에 해당하는 행위를 하여 국민의 생명, 신체에 위해를 끼치거나 심각한 위험을 발생시켜서는 아니 된다.'고 규정하면서, 그 해당하는 행위로 '1. 군사분계선 일대에서의 북한에 대한 확성기 방송, 2. 군사분계선 일대에서의 북한에 대한 시각매개물(게시물) 게시, 3. 전단 등 살포'를 들고 있다. 그리고 같은 법률 제25조에 벌칙 조항을 신설하여 그 위반행위에 대하여는 3년 이하의 징역이나 3천만 원 이하의 벌금에 처할 수 있으며, 미수범도 처벌할 수 있게 규정하였다. 즉 대북전단금지법이라는 별도의 법률이 있는 것이 아니고, 남북관계발전에 관한 법률 제24조와 제25조 등 대북전단 금지와 관련하여 추가된 조항을 합쳐서 언론 등에서 편의상 그리 부르는 것이다.

북한에 대하여 저자세로 일관하던 정부의 입장에서 북한으로 전단을 실어 나르는 것이 북한 위정자들의 역정을 불러일으키고 이것이 결국 정권에게 부담이 되자 이러한 법률을 만든 것인데, 그 내용을 놓고 보면 국민의 기본권에 대한 심대한 침해가 있다.

애초 대북전단지를 살포하는 것을 못마땅해 하던 정부는 대북인권 시민단체들의 이러한 행위를 제약하고 싶었지만, 이들에 대하여 표현의 자유 등 헌법상의 기본권을 침해하면서까지 살포를 금지하기가 어려웠고, 무엇보다도 표현의 자유로 인해 이들 대북인권 시민단체의 행위를 제약하는 법률이 존재하지 않았다.

그래서 궁여지책으로 정부는 남북교류협력에 관한 법률 제13조 제1항의 '물품 등을 반출하거나 반입하려는 자는 대통령령으로 정하는 바에 따라 그 물품 등의 품목, 거래형태 및 대금결제방법 등에 관하여 통일부 장관의 승인을 받아야 한다'라고 규정을 억지 해석하여 북한으로 전단을 살포하는 보수시민운동가들을 처벌하고자 하였다.

그러나 이 법률의 제1조의 목적 조항에서 보듯이 애초 이 법률은 '군사분계선 이남 지역과 그 이북 지역 간의 상호 교류와 협력을 촉진하기 위하여 필요한 사항을 규정'하려고 만들어진 법률로서 남북한의 경제 등의 교류를 전제로 한 것으로 세상과 단절되고 폐쇄된 북한 지역에 대하여 바른 소식을 전하기 위하여 이루어지는 전단지를 보내는 행위는 애초에 이 법이 예정하고 있던 범위에 포섭되지 않는다는 비판이 있었다. 이러한 비판과 근거의 부족을 해소하고자 국회에서의 압도적 다수의 힘으로 아예 남북관계발전에 관한 법률을 개정하여 위 제24조와 제25조 등의 규정을 추가해 버린 것이다.

대한민국의 주권이 미치지만 통치권이 제대로 미치지 못하고, 표현의 자유가 현실적으로 제약을 받고 있는 지역에 대하여 유일하게 사용가능한 표현수단인 전단을 날려 보내는 행위를 두고 범죄행위로 만들어 버린 것이다.

이러한 대북전단금지법에 대하여 미국 의회가 우리나라에 대하여 인권청문회를 열려고 하고, 벨기에에서 활동 중인 인권단체 '국경없는 인권', 독일인권단체 '사람' 등 유럽의 인권단체가 그 반인권적 요소를 지적하고, 캐나다 정부, 영국의 정치권, 유엔 내 기구까지 문제점을 지적하고 나섰다. 미국의 인권청문회는 북한, 중국, 시리아와 같은 그야말로 인권에서는 수준을 따지기 힘든 나라들에 대하여 이루어져 왔다. 그런 대열에 대한민국이 들어간 것은 그만큼 사안이 중대하고 그 법률 자체가 말이 되지 않는다는 것을 보여주는 증좌(證佐)이다. 미국이 가장 중요한 동맹국 중의 하나인 한국의 국격을 깎아내리는 일을 쉽게 하기 어렵다. 인류 보편의 가치에 배치되고, 정상적인 인권 감수성을 가진 나라라면 도저히 만들 수 없는 법률을 만들어 놓았으니, 동맹국의 심기를 건드릴 줄 알면서도 그와 같은 태도를 보이는 것이다. 국제사회에서 이 법률에 대하여 비판적인 태도를 보이는 것은 당연하다.

여기에 대하여 우리 정부나 여당이 대응하는 모습 중에 하나는 내정간섭이라는 것이다. 그러면서 "남북관계의 특수성을 전혀 이해하지 못한 지적"이라는 주장이다. 그 모습을 보면 미국이 자유화 운동을 탄압하는 중국 및 홍콩 정부의 처사에 대하여 중국기업을 압박하고 유학생의 비자를 제한하는 등의 제재를 취하자, 중국이 이것을 두고 내정간섭이라고 항변하는 모습과 그 태도가 겹쳐 보인다.

뭔가 주장이 궁색할 때 상황의 특수성을 자주 내세운다. 만약 남북관계의 특수성을 내세울 요량이면 오히려 현 정부 들어서 느슨해진 대북 태도부터 다잡아 안보를 튼튼히 하는 것이 마땅하다. 북한으로부터 초래되는 위협은 전혀 없는 것처럼, 북한은 다분히 정상적인 국가인 것처럼 그리 인식하도록 국민을 유도하고, 대북 전단지를 띄우는 문제에서 만큼만 북한의 위협이 두려운 것처럼 수선을 떨면 국민이 그것을 납득하기 어렵다. 북한의 안보상 위협을 강조하면 "북풍을 조장한다"고 소리 높이던 것이 현 집권당의 과거 모습이다. 그 집권당이 남북관계의 특수성이라는 표현을 사용하는 것은 설득력이 없다. 적당한 명분으로 국민의 기본권을 침해할 수는 없다.

인류 역사에서 어떠한 독재자도, 어떠한 악법도 나름의 대의명분 없이 만들어지지 않은 것이 없다. 대북전단금지법을 만든 사람들의 진정한 목적이 우리 국민의 생명의 안전인지, 북한 전체주의 위정자들의 심기인지 국민이 헷갈리게 하면 안 된다.

인권침해를 지적하는 것을 두고 내정간섭이라고 주장하는 것은 부끄러운 일이다. 국제법적으로도 국제사회가 심대한 인권침해에 대하여 내정간섭을 이유로 관여할 수 없다는 것은 더 이상 받아들여

지지 않는다. 뒤에서 살피겠지만, 국제법에서 일반적으로 받아들여지는 기준은 '조직적이고, 대규모이며, 명백한 인권침해'에 대하여는 내정간섭금지의 원칙을 포기한다는 것이다. 물론 우리 국내에서 조직적이고, 대규모이며, 명백한 인권침해가 일어나는 것은 아니다. 그렇지만 북한에서 분명히 이러한 인권침해가 일어나고 있고, 그 정권은 이러한 인권침해에 대하여 전혀 개선할 의지가 없는데, 이것을 저지하고자 하는 민간단체가 대북전단을 살포하는 것을 두고 처벌하고, 오히려 그 폭압적인 전체주의 정권의 행위를 방관하는 것은 보편적 가치인 인권, 더욱이 같은 동포의 인권에 대한 정면의 배신으로 이해될 수 있다. 나라가 자신의 정책에 대한 국제사회의 비판에 대하여 내정간섭금지라는 논리를 내세울 정도면 이미 합리적인 논거는 바닥이 난 것이다.

정부는 표현의 자유를 제한하기 위한 변명으로, "표현의 자유는 중요한 인권이지만 절대적인 것이 아니다. 국가의 안전보장, 질서유지, 공공복리를 위해 필요한 경우에 법률로 제한할 수 있다"는 주장을 한다. 강경화 전 외교부 장관도 CNN과의 인터뷰에서 이러한 내용으로 진술하였다. 일단 이 주장은 맞다. 다만 일부분만 맞는 말이다.

대한민국 헌법 제37조 제2항은 '국민의 모든 자유와 권리는 국가안전보장, 질서유지 또는 공공복리를 위하여 필요한 경우에 한하여 법률로서 제한할 수 있으며…'라고 규정하고 있다. 이 규정을 근거로 이렇게 변명하는 것이다. 그런데 이 규정은 법률의 형식으로 하면 어떤 국민의 기본권도 제한할 수 있다는 것을 선언한 것이 아니다. 국민의 기본권을 원칙적으로 모두 보장하고, 굳이 그것을 제한할 필요가 있을 때는 반드시 법률의 형식을 빌려 하라는 의미로 이해하여야 한다. 그리고 무엇보다 중요한 것은 같은 조항의 후단으로 "제한하는 경우에도 자유와 권리의 본질적인 내용을 침해할 수는 없다."고 규정하고 있는 부분이다. 그런데 놓친 것인지 의도한 것인지 모르지만 이 중요한 부분을 언급하지 않는다.

헌법의 기본권 조항은 천부인권인 국민의 자유와 권리를 국가권력으로 보호하려는데 그 근본 취지가 있다는 점을 고려하면, 그 조항들은 '국민의 자유와 권리는 의회가 만든 법률이 아니면 함부로 제한하지 말고, 또 법률로 어쩔 수 없이 제한할 경우에도 본질적인 내용은 제한하지 말아야 한다'고 읽어야 한다. 그런데 이것을 '국민의 자유와 권리는 법률의 형식으로 제한하면 된다'는 식으로만 읽으면 오독이고, 이것이 형식적 법치주의, 법률주의이다. 만약 그리 이해하고 싶으면 헌법 조항은 '모든 국민은 법률로 정하는 범위 안에서 자유와 권리를 가진다'라고 규정되어 있어야 한다.

'국가사회주의 독일 노동자당' 이른바 '나치'도 1933년 3월 총선거에서 제1당이 되고, 1933년 3월 24일 의회에서 압도적인 표 차이로 수권법(정식명칭 '민족과 국가의 위난을 제거하기 위한 법률')을 통과시킨 다음에 전체주의 독재의 길로 나갔다. 그리고 그 전에 존재하던 당시 모범적인 민주헌법이던 '독일 바이마르 헌법'을 사문화시켰다. 의회에서 통과되고 형식만 맞다고 해서 그것이 아무런 문제가 없다는 인식은 지극히 위험한 접근이다.

기본권을 침해하거나 제한하는 것을 막기 위한 방패는 헌법의 명문 조항에 한정되지 않는다. 비록 헌법의 조문에는 표시되지 않았지만, 국가가 법률로 국민의 기본권을 제약하기 위해서는 추가적인 방벽을 넘어야 한다. 제정되는 법률의 입법목적이 정당하여야 하고, 그러한 입법목적을 달성하려는 방법이 적정하여야 하며, 침해되는 기본권의 피해가 최소가 되도록 하여야 한다. 또 입법을 통해 구현하려는 공공의 필요와 침해되는 기본권 사이에 균형성도 갖추어야 한다. 이러한 합목적성(合目的性), 방법 및 수단의 적정성, 피해의 최소성, 이익 균형의 원칙은 모두 헌법재판소의 결정을 통해 위헌성 판단기준으로 자리 잡은 것이다.

대북전단금지법의 신설된 조항이 '누구든지 다음 각 호에 해당하는 행위를 하여 국민의 생명, 신체에 위해를 끼치거나 심각한 위험을 발생시켜서는 아니 된다'고 규정하고 있는 태도로 보아 국경지대에 거주하는 우리 국민의 생명신체에 위협이 된다는 것을 입법의 목적으로 삼았다고 볼 수 있다. 그러면서 북한의 김여정이 대북전단 살포를 문제 삼고, 또 이와 관련해서 북한이 남북연락사무소를 파괴하는 등의 행위를 하는 것을 이유로 하여 국민의 생명과 신체에 위협이 있다고 본 것이다.

이러한 접근 자체가 참 한심하게 느껴진다. 자국민의 생명과 신체가 위협이 된다면 국방을 튼튼하고 도발하는 세력에 대하여 단호하게 대응하여 애초에 그러한 엄두를 내지 못하도록 하는 것이 정상적인 국가가 생각할 수 있는 대처 방법인데, 도발자들의 심기를 건드리지 말아서 우리 국민의 생명과 신체를 보전하자는 인식이니 한심하다고 하지 않을 수 없다. 도발자의 오만함이 도를 점차 더해가면 그때마다 우리 국민의 기본권을 제한하는 방식으로 대응할 요량이라 의심하지 않을 수 없다. 도대체 이 조항을 신설한 입법목적의 정당성을 찾아볼 수 없다.

해당 조항의 법문도 말이 되지 않는다. '누구든지 다음 각 호에 해당하는 행위를 하여 국민의 생명, 신체에 위해를 끼치거나 심각한 위험을 발생시켜서는 아니 된다'고 규정하는데, 국민의 생명과 신체에 위해를 끼치는 심각한 위험은 북한 위정자들이 야기하는 것이다. 그리고 그러한 북한 위정자들이 우리 국민의 생명과 신체에 위해를 끼치는 행위를 하는 동기가 될 만한 사정은 무한하다. 국제정세가 불리해 이를 타개하기 위한 명분으로, 국내정치적 불안을 외부로 돌리기 위한 명분으로, 남한 내의 혼란을 틈타 적화를 도모하기 위한 명분으로, 심지어 김정은이 그냥 부부싸움을 해서 기분 나빠 이를 풀기 위한 명분으로라도 위협적인 행위를 할 수 있는 것이다. 그런 수많은 침략의 원인들 중에서 유독 대북전단을 살포하는 것만이 원인이 되어 북한이 위협적인 행위를 할 것이라는 논거는 어디에서 나오는지 모르겠다.

대북전단을 살포하는 행위가 대한민국 국민의 생명과 신체에 위협이 된다는 인과관계를 인정하려면 2단계의 인과관계를 거쳐야 한다. 대북전단 자체로 우리 국민의 생명과 신체가 상하지는 않는다. 전단을 살포하여 이것이 북한의 위정자들이 침략행위를 야기하고, 그 침략행위로 인하여 우리 국민의 생명과 신체가 상하는 것이다. 전단 살포⋯〉 침략행위⋯〉 생명신체의 위해(危害), 이런 구조이다. 뒤의 인과관계는 인정할 수 있겠는데 앞의 인과관계를 인정하기는 어렵다.

앞서 언급한 수많은 명분들이 반드시 침략행위로 이어지지 않듯 전단 살포가 반드시 침략행위로 이어진다고 볼 수 없다. 그리고 인과관계라고는 표현하였지만, 앞의 인과관계는 어떤 자연적 물리적 섭리에 의한 것이 아니라 북한 위정자의 심리적 요인에 기초한 것이기 때문에 인과관계라기보다는 김정은의 결심이라고 보는 것이 맞다. 즉 전단 살포 …(북한 위정자의 결심)…〉 침략행위…(인과관계)…〉 생명신체의 위해, 이런 구조가 되는 것이다. 결국 전단 살포와 국민의 생명 및 신체의 위해 사이에는 인과관계가 없는 것이다. 다만 북한 위정자가 침략을 결심할 것에 대한 두려움만 있는 것이다. 그런 막연한 두려움으로 국민의 중대한 기본권을 침해한 것이다.

무엇보다도 바람에 실려 온 전단 몇 장으로 정권이 불안을 느끼고 그 존속이 위협받을 정도라면, 그러한 수준의 정부는 이 지구상에서 도태되는 것이 오히려 바람직하다. 김여정이 잔뜩 흥분한 상태로 남쪽으로 삐라를 살포하겠다고 하였는데 그것을 두고 위협을 느끼는 대한민국 국민이 있을지 의문이다.

혹여 양보하여 그 법률이 국경에 거주하는 우리 국민의 생명과 신체를 지키기 위한 것이라고 하더라도 그 제한은 여전히 위법하다. 행정지도, 계도 등의 방법을 채택하지 않고 바로 형사처벌이라는 방법을 채택하였는데, 방법의 적정성, 최소침해의 원칙, 이익형량의 원칙을 고려하면 모두 과하고 받아들이기 힘들다.

앞서 보았듯이 표현의 자유는 정신적 기본권이고, '사상의 자유시장'을 형성하는 중요한 도구이며, 자유민주적 정치체제를 유지하는

데 절대적으로 중요한 기본권이기 때문에 다른 기본권에 대하여 우월적 지위를 부여하고 그 제한하는 기준에 대하여서도 더 많은 요구를 하고 있다. 그렇지만 대북전단금지법은 일반적인 기본권 제한의 기준조차 통과하지 못하였으니, 표현의 자유에 대하여 더 엄격하게 요구되는 기준을 통과하였을 가능성은 전혀 없다. 대북인권단체들이 북한으로 전단을 날리는 등의 행위로 불편해지는 것은 북한 정권일 수 있지만, 그것이 우리에게 어떠한 명백하고 현존하는 위험이 된다고 보기는 어렵다.

그런데 그런 모든 것은 뒤로 미루어 두고 헌법 제37조 제2항의 앞부분만 내세우면서 의회에서 만들었으므로 적법하게 만든, 아무런 문제가 없는 법률이라 주장하는 것은 기본권에 대한 인식이나 인권에 대한 감수성의 정도가 거의 무지, 무감각의 수준이라고 평가할 수밖에 없다.

5·18역사왜곡금지법

법을 만들어 국민의 표현의 자유를 제한하겠다는 발상을 우려하게 되는 또 다른 이슈가 최근에 제정된 5·18왜곡금지법이다. 그 무모함에 자못 심각하게 놀라게 되는데, 이것은 국민의 중요한 표현의 자유를 정면으로 침해하여 자유민주적 기본질서에 도전하는 것이다. 이 법 역시 「5·18왜곡금지법」이라는 별도의 법률이 있는 것은 아니고, 「5·18민주화운동 등에 관한 특별법」의 일부 개정조항을 말하는 것이다.

5·18민주화운동 등에 관한 특별법에 신설된 제8조는 '5·18민주화운동에 대한 허위사실 유포금지'라는 제목으로 규정되어 있다. 같은 조 제1항은 다음 각 호의 어느 하나에 해당하는 방법으로 5·18민주화운동에 대한 허위 사실을 유포한 자는 5년 이하의 징역 또는 5천만 원 이하의 벌금에 처한다고 규정하고 있다. 그리고 그 각 호에 해당하는 내용으로 '1. 신문, 잡지, 방송 그 밖에 출판물 또는 「정보통신망 이용촉진 및 정보보호 등에 관한 법률」 제2조 제1항 제1호에 따른 정보통신망의 이용, 2. 전시물 또는 공연물의 전시·게시 또는 상영, 3. 그 밖에 공연히 진행한 토론회, 간담회, 기자회견, 집회, 가두연설 등에서의 발언'이라고 규정되어 있다. 즉 5·18사태에 대한 허위 사실을 유포하면 그 어떠한 표현방법이라도 모두 형사처벌하겠다는 내용이다.

이 법률이 제정된 것이 경제적 부흥과 자유화를 이루어 낸 우리나라의 위상이나 국격에 맞는 것인지를 심각하게 의심하게 한다. 이 법안은 그 자체로 대한민국 국민에 대한 심각한 무시이다. 대한민국 국민은 무엇이 역사적 사실인지를 판단할 능력과 인정되는 역사적 사실을 자신의 가치관에 맞추어 해석할 능력이 없어서 법으로 그러한 사실과 역사적 인식을 정해줘야만 그즈음에 가서 비로소 바른 역사인식을 할 수 있다고 보는 것이다. 사상의 자유시장이 작동하는 원리에 대한 인식이나 이해가 전혀 없다. 무엇이 바른 역사인식이고 역사해석인지는 각자마다 다른 것이 자연스러운 것이다. 그래도 그 가운데 공감대가 있고 그러한 정도의 최소한의 공감대가 대부분 사람들에게 수용되면 되는 것이다. 그런데 바른 사실인식과 역사해석을 미리 상정하여 두고 그것을 따르지 않으면 처벌하겠다는 발상은 전체주의 국가나 극도의 독재를 행하고 있는 국가가 아니고는 쉽게 착상하기 어려운 것이다.

물론 어떤 형태로든 역사적 사실을 심각하게 왜곡하는 사람이 있을 수 있다. 그러나 그러한 사람들의 주장은 사상의 자유시장에서 토론과 비판을 통하여 정화된다. 사람들의 공감대를 얻지 못하고 그 주장은 사라진다. 비록 그러한 주장을 하는 사람에게 처벌하는 등의 불이익을 줄 수는 없지만, 사람들에게 수용되지 못한 그 왜곡과 주장은 사회적으로 아무런 영향력을 가지기 어렵기 때문에 처벌의 가치도 없게 마련이다.

굳이 하나의 역사적 인식만을 정의라고 정하고 그것에 배치되는 사실인식과 주장은 조금도 허용하지 않고 처벌하겠다는 접근법은 지극히 비민주적이고 독재적 독선적 접근이다. 국민의 상식을 믿으면 된다.

과거에도 이와 유사한 과오를 저질렀다고 보는 것이 공직선거법의 지역차별금지조항이다. 공직선거법 제110조 제2항은 '누구든지 선거운동을 위하여 정당, 후보자, 후보자의 배우자 또는 직계존비속이나 형제자매와 관련하여 특정지역, 지역인 또는 성별을 공연히 비하, 모욕하여서는 아니 된다'고 규정하면서 같은 법 제256조 제5항에서는 이를 위반하여 '특정지역, 특정인 또는 성별을 공연히 비하 모욕한 자는 1년 이하의 징역 또는 200만 원 이하의 벌금에 처한다'고 규정하고 있다.

처음 이 법을 만들었을 때 참 이상하게 생각하였고, 지금도 그 생각은 변함이 없다. 지역차별과 지역감정을 없애자는 취지로 만든 법률이라는 것은 이해하겠다. 그런데 이렇게 함으로써 지역 간의 차별이 아닌 단순한 지역적 특색조차도 나쁜 것으로 이해하는 현상을 만들었다. 혹여 지역차별이 있더라도 이것을 법으로 해결할 일은 아니다.

이 법을 만들어서 지금은 과연 지역차별과 지역감정이 없어졌는지를 되돌아보면 된다. 형사처벌로 협박하다시피 법을 만들었지만 지역차별과 지역감정은 예전과 크게 달라 보이지 않는다. 오히려 요즈음은 지역갈등에 더하여 이념갈등, 세대갈등, 남녀갈등 등등 사회 전반적으로 갈라치기와 분열과 갈등의 폭만 더 커진 느낌이다.

미국도 해안가를 중심으로 한 민주당 지지 주(支持 州)와 내륙을 중심으로 하는 공화당 지지 주(支持 州)로 나뉘어 있다. 일본도 관동지방과 관서지방 사이에 지역적 차이가 있다. 그렇지만 이러한 지역적 차이를 없애겠다고 법을 만들지는 않는다.

지역에 관한 표현의 자유를 이렇게 아무런 문제의식도 없이 법을 만들어 제약하다 보니, 요즘은 지역적 차별을 지적하고 그 대안을 모색하기 위해 제안하는 말조차도 법이 무서워서 아예 꺼내지도 못하는 분위기가 된 듯하다. 갈등이 등장하면 함께 토론하고 검토하여 그 원인을 찾고 해결책을 모색하여야 하는데, 그냥 법을 만들어서 아예 언급조차 못하게 막아버린다. 문제는 법만 뚝딱 만들어 놓는다고 해서 해결되지 않는다. 법은 항상 최소한이어야지 법이 도덕이나 희망과 동일한 범위로 확장되면 안 되는 것이다. 다소 불편하고 부족한 상황이 있다고 그때마다 법을 만들어 해결하려 한다면 결국 그렇게 쌓여가는 법률들로 인해 개인의 자유는 조금씩 조금씩 사라지게 되는 것이다.

법으로 모든 것을 해결할 수 있고, 사람들의 생각도 통제할 수 있다고 생각하면 그것은 법치에 대한 소양이 전혀 없는 것이다. 법이 표현의 자유와 같은 헌법적 가치와 원리를 잘 담고 만들어져야 그것이 진정한 법률이고 그러한 법률에 기초하여 통치가 이루어져야 그것이 법치주의이다. 법치주의를 형식적으로 파악하고 합법성의 원리를 최고의 가치로 두어 자유민주적 질서나 헌법적 원리에 배치되는 내용이라고 하더라도 그것이 법률제정 절차를 통해 의회에 의하여 만들어지기만 한다면 상관없다는 입장을 취하면 그것은 법치주의를 한참 잘못 이해하는 것이다.

표현의 자유와 같은 소중한 헌법적 가치들에 대해서도 법의 형식만 빌리면 제한해도 된다는 식으로 접근하는 것은 법률국가(法律國家)를 법치국가(法治國家)로 혼동하는 것이다. 형식적인 법률로 강압적인 통치를 하였던 나치의 통치방식도 법치라고 해야 한다는 논리에 이른다. 그런 형식적인 법치로 국민의 입을 막는 것은 아예 법 없이 정치로만 통치하는 공산전체주의 정치체제와 다르지 않다.

「5·18역사왜곡금지법」이 역사를 바로잡을 요량이라면 그 대상을 이 사건에 한정할 필요가 없다. 역사의 전시기(全時期)를 살펴 필요한 모든 사건을 포함하여야 한다. 그래야 적어도 형식논리에라도 맞다. 6·25를 북침이라고 주장하는 자, 천안함이 핵잠수함과 충돌했다고 주장하는 자, KAL기를 폭파시킨 김현희를 가짜라고 말하는 자,

육영수 여사를 피살한 문세광이 간첩이 아니라고 말하는 자, 아웅산 폭파사건은 우리 정부의 조작극이라고 말하는 자, 이승만 대통령이 하와이에서 독립운동은 하지 않고 여색을 탐했다고 말하는 자 등등 그 사례를 모두 열거하기가 버겁다. 그런 말을 하는 자들의 입은 얼마든지 열어두고, 내가 정하는 사건에 대해서만 부정적인 말을 입에 올리면 처벌하겠다고 들면 그 균형감각을 어떻게 받아들여야 할지 참 난감해진다.

법원리에 대한 이해도가 떨어지는 일부 국회의원들의 정치적 의욕이 앞선 정도에 그쳐야 했다. 이것이 실제 입법이 되어 국가의 국격을 떨어뜨리는 일은 없기를 바랐다. 그리고 제발 헌법적 가치질서의 범주 안에서 그리고 국민들의 자유로운 비판과 판단능력에 의존해서 바른 역사인식이 이루어지기를 희망했다. 그렇지만 그러한 바램이 허무하게 그 입법을 결국 하고 만다. 과연 그것이 이 땅의 민주주의를 실현하려던 희생자들을 바르게 추모하는 방법인가도 의문이다. 대한민국의 민주주의를 위해 희생된 분들을 일부 정치세력이 독점하고 오히려 그분들을 대한민국으로부터 소외시키지 않았는지 돌아볼 일이다.

이 법률에 대하여는 마지막으로 김재호 전남대 경제학부 교수의 페이스북 글을 일부 인용하면서 그 부당함을 강조하고자 한다.

5·18특별법은 이런 자유시장의 질서를 깨트리는 악법입니다. 광주와 호남의 시민들 그리고 전국의 민주인사들이 공들여 쌓아올린 5·18의 역사적 가치와 정당성을 결정적으로 무너뜨리게 됩니다. 근거를 잃어가던 5·18에 대한 왜곡 비방에 도덕적 정당성을

심어주는 역효과를 불러오게 됩니다. 역사의 진실은 법률에 의해 보호되는 것이 아닙니다. 법률적 강제의 뒤에 숨는다는 것 자체가 주장의 진실성에 자신이 없다는 고백입니다. 5·18특별법은 5·18에 대한 역사왜곡을 처벌하는 법이 아니고, 5·18의 역사적 정당성을 근저에서부터 무너뜨리는 법일 수밖에 없습니다. 이 법안의 통과로 5·18은 역사적 명분과 정당성을 상실하고 오직 집권 민주당의 시혜에 의존해서만 가치를 주장할 수 있게 되었습니다. 광주와 호남은 민주당의 정권 연장과 권력자 일신의 보위를 위한 정치적 앞잡이로 끌려다니게 되었습니다. 자유와 민주, 저항의 상징이던 5·18이 예속과 굴종, 반민주의 도구로 전락한 것입니다.

위안부 단체의 비리와 위안부 문제의 성역화

위안부 단체가 위안부 할머니들을 기망하고 그들의 이익을 가로챘다는 사건도 어찌 보면 표현의 자유가 제대로 작동하지 못함으로써 나타난 심각한 폐단의 한 단면일 수 있다. 물론 위안부 단체가 사적인 단체라서 그들에 의해 이루어진 행위를 기본권의 시각에서 접근하기는 어려울 수 있다. 그러나 어떤 문제를 성역화하고 그에 대한 표현을 제약되면 심각한 부작용이 나타난다는 사실은 확인시켜 주었다.

역사적 사실로서의 위안부 문제에 대하여 정확한 사실을 확인하고, 바른 진단과 평가를 하며, 현재에도 일어나고 있을지 모를 문제들에 대한 고민을 이어가고, 그로 인해 고통을 받은 사람들에게 이득이 되는 방법이 무엇인가를 논의하였어야 한다. 그런데 그렇게 하기에 앞서 한 무리의 사람들이 그 사이에 끼어들어 그 이슈 자체를 성역화하고 그에 대한 모든 사실 인정과 평가를 자신들의 전유물로 만들었다. 그리고 그에 대한 현재의 대책과 그 피해자들에 대한 위로 방법까지 모두 자신들이 결정하여야 하는 것으로 만들었으며, 다른 어떤 외부세력의 접근은 성역에 대한 도전으로 치부를 하였다. 그러한 과정을 거치면서 정작 보호를 받아야 할 위안부 할머니들은 소외되고, 그 주위를 둘러싸고 있던 자들은 자신들의 사리를 채우는 행위를 하였다. 정당한 토론과 비평을 막으면 얼마나 엉뚱한 결과가 나타나는지 잘 보여준 예이다.

 사람의 입을 막으면 안 된다. 입을 막으면 갈대밭에 가서 땅을 파고서라도 말을 내뱉고 싶은 것이 인간의 본성이다. 그리고 그렇게 입을 열어두어야 많은 거짓과 위선을 찾아낼 수 있다. 그래서 자유민주국가에서는 표현의 자유를 그렇게 소중한 기본권으로 보장하고 지키는 것이다. 그런데 그러한 것을 막기 위해서 터무니없는 법을 만들고, 또 어떤 것은 성역화를 하여 아예 말을 못하게 만든다.

대학 내 대자보 '건조물 침입죄'로 처벌하겠다

2019년 11월에 단국대 천안캠퍼스의 학생회관과 체육관 등에 문재인 대통령을 비판하는 대자보가 붙었다. 의당 대학교라는 곳이 다양한 생각이 분출되는 것이고, 그러다 보니 다양한 생각들이 대학교의 교정 안에서 대자보라는 형식을 통해 표현된다. 아마 대자보를 붙인 사람도 그러한 사정을 알고 있었기 때문에 대학교 교정 안에서 그리하였을 것이다. 단국대학교 당국도 그러한 사정을 감안하여 처벌해 달라고 굳이 의사표시를 하지 않았다.

그런데 이러한 대자보를 붙이는 행위에 대해서 경찰은 '건조물 침입죄'로 수사를 하고, 이를 받은 검찰도 벌금 100만 원으로 약식기소를 하였다. 그리고 나아가 법원은 제1심에서 대자보를 붙인 피고인에 대하여 50만 원의 벌금형을 선고하였다.

586세대로 1980년대에 대학을 다닌 사람이라면 대자보의 의미가 무엇인지 누구보다 잘 안다. 언론이 모두 정권에 의해 장악되어 있었으니, 정권에 비판적인 사람들로서는 그 목소리를 낼 방법이 많지 않다. 데모하고, 전단을 뿌리고, 대자보를 쓰는 정도가 그들이 할 수 있는 몇 되지 않는 수단이었다.

그러한 방법 중에 가장 기초적인 수단이 대자보이다. 데모하기 위해 여러 명이 모일 필요도 없고, 돈을 들여 많은 전단을 만든 다음 여러 곳에 뿌리는 수고스러움을 들이지 않아도 된다. 큰 종이 한 장과 매직펜 그리고 그 위에 단단한 자신의 사고만 얹으면 되는 것이다. 그 파급력이라는 것이 대형방송사나 신문사는 고사하고, 데모나 전단에도 턱없이 못 미쳐 바쁜 길을 가다가 잠시 멈추어 눈길을 주는 몇 사람에게 메시지를 전달하는 데 그친다. 이처럼 보잘 것 없는 초라한 방법이지만, 그래도 인간이 자신의 사상과 생각을 대중에게 전달할 수 있는 가장 초보적인 방법이라 표현의 자유인 근본적 방식이라고 해도 좋을 만하다.

마치 강압정치의 대명사인 듯 치부되는 전두환 대통령의 치세에서도 대학가에서 대자보는 자유로웠고 온갖 말들이 난무했다. 표현의 자유인 근본적인 형태라 정권이 스스로 자제했을 수도 있고, 아니면 그냥 하잘 것이 없어서 그랬을 수도 있지만, 그 당시 정권도 대자보를 막는 데는 그리 지독하지 않았다.

'법은 지배자의 억압 수단이므로 지키지 않아도 된다'거나, '사회구조적으로 돈과 권력으로부터 소외된 남성이 자신의 성적 욕구를 채우기 위해 강간을 하는 등의 성범죄를 저지르는 것은 당연하다'는 논조의 글을 보고 기함을 한 적이 있는데, 그래도 이런 엉터리의 글을 이유로 그 대자보를 쓴 자가 '건조물 침입죄' 등으로 처벌받을 거라고는 생각하지 않았다.

형법 제319조 제1항은 '사람의 주거, 관리하는 건조물, 선박이나 항공기 또는 점유하는 방실에 침입한 자는 3년 이하의 징역 또는 500만 원 이하의 벌금에 처한다'고 규정하고 있다. '건조물'이란 주거를 제외한 일체의 건물을 말하는 것으로 극장, 관공서의 청사, 백화점 등이 여기에 해당할 수 있다. 대학의 교정이나 그 내부 건물도 당연히 건조물에 해당한다. '침입'이라는 것은 주거자의 의사에 반하여 들어가는 것을 말하는데, 공중에게 개방된 관공서의 청사, 극장 등의 장소는 거주권자의 일반적인 허가가 있다고 볼 수 있다.

이러한 장소에 불법적인 목적으로 침입한 경우 건조물 침입죄가 성립하는가가 문제되는데, 대법원은 주거권자의 승낙을 받고 들어간 경우에도 부정행위를 할 목적으로 들어간 때에는 이 죄가 성립된다는 입장이다. 다만 여기에는 반대 입장이 있다. 물건을 훔칠 목적으로 백화점에 들어가는 것이 건조물 침입이 될 수 있는가의 문제인 것이다.

대자보를 붙인 사람이 건조물 침입죄로 약식기소가 되었다는데 도대체 어떤 형법상의 구성요건을 적용하여 이러한 행위를 기소하고 나아가 법원은 유죄로 선고한 것인지 궁금하다. 대학교 교정이나 건물이 해당 대학교 학생 외에는 일반 공중에게 개방되지 않았다고 보기는 어려울 텐데 말이다. 아마 추측건대 기소하는 검찰이나 판결을 선고한 제1심 법원은 대자보를 붙인 사람들이 불법의 목적으로 대학교 교정에 들어갔다는 것을 문제 삼은 것으로 보인다.

그런데 자유민주주의 국가에서 집권자를 비난하고, 풍자하는 것이 불법이 될 수 없다. 풍자를 넘어 허위의 사실을 적시하였다는 사정도 보이지 않는다. 만약 대자보가 풍자를 넘어 허위의 사실을 적시하였다면 사법기관들은 손쉬운 명예훼손죄를 놔두고 굳이 애매한 건조물 침입죄로 처벌할 필요가 없다.

처벌된 벌금의 액수가 크지 않고, 정권에 대한 비판을 탄압하는 것을 심각하지 않게 생각하는 풍토가 있는지는 모르겠지만, 이 사건은 표현의 자유에서 가장 원초적인 부분을 침해하였다. 이런 생각 때문에 계속해서 마음 한켠이 불편하다.

솔직해질 필요가 있다. 기사를 따라가 보면 경찰이 대학 측에 대자보가 붙으면 알려달라고 했다는 내용이 보이는데, 만약에 그 대자보의 내용이 친정부적인 내용이었으면 경찰들이 과연 그런 행동을 하였을지 생각해 보면 된다. 경찰, 검찰, 법원이 모두 법집행기관이고 법집행기관은 법 적용의 일관성과 공정성을 생명으로 하기 때문에, 이들은 개인적으로는 각각의 정치적 신념들이 있을 수 있어도 법을 집행하는 과정에서는 최대한 시각을 객관화하여 법 적용이 편파적이지 않도록 노력하여야 한다. 그런데 대자보 사건에 있어서 관련 사법기관들이 과연 그러하였는지 의문이다. 대자보를 붙임으로써 대학의 어떠한 평온과 안전이 침해되었는지 모르겠다. 그냥 못마땅하다고 처벌하기로 마음을 먹고, 그러고 나서 법을 뒤져서 해석을 비트는 방법으로 처벌하여, 입을 막는 방식은 안 된다.

대자보는 근본적이고 초보적인 표현의 자유여서 강조할 필요가 있다. 대자보의 자유조차 없이 단지 권위주의 국가나 독재국가 수준이 아니라 그냥 전체주의 국가라 이해하는 것이 맞다.

초등학교 고학년이던 1970년대 중후반은 유신의 서슬이 퍼랬던 시기이다. 이때에도 나의 부친은 동네 어른들과 술 한잔을 하시면 매번 대통령 욕하는 것을 안주로 여기셨던 터라 40여 년이 지난 지금도 내 기억에 선명하다. 술 한잔하면서 대통령을 욕하고, 속이 터진다고 글을 써서 길거리에 건물에 붙이는 정도는 국민의 당연한 권리이고 속풀이 한풀이 수단이다. 대통령뿐만 아니라 유력 정치인 나아가 모든 공직자도 그 정도는 각오하고 감내하며 살아야 한다. 시골 판사의 판결에도 불만을 품고 플래카드를 들고 시위하며 판사를 욕하는데, 그럴 수 있다. 공직자가 그런 것을 가지고 답답해하고 억울해할 필요가 없다. 그런 것조차 막고서 자유주의 국가라고 내세우기에는 너무 민망하다.

현재 우리 사회에서 많은 표현의 자유가 신음하고 있고, 그 정도는 자못 심각한 지경에 이르렀다. 대학교 교정에 대자보를 걸었다고 경찰이 건조물 침입죄로 처벌하려는 태도를 보이고, 지상파 방송에서는 도통 언론의 비판 기능을 찾아보기 어렵다. 일부 종합편성 채널은 방송하는 태도가 정권의 마음에 들지 않았는지 방송사의 존립 자체를 위협받는다. 정권에 우호적이거나 정권에 눈치를 보는 채널 외에는 참으로 자유롭고 공정한 미디어를 찾아보기 어렵다. 그나마 비판이 자유롭게 이루어지던 포털이나 유튜브 등도 이제는 과연 자유스러운 공간인지 의심스러울 때가 있다.

이제 표현의 자유에 대한 이런 구태는 벗을 때도 되었다. 매체에 담기는 내용만 바뀌었지, 하는 행태는 과거 권위주의 시절이나 지금이나 차이를 찾아보기 어렵다. 어떤 부분은 더 못해졌다. 이렇게 해서는 제대로 된 자유민주국가의 구현은 여전히 상상 속의 이상국가

이야기이다. 어쩌면 존재할 수 없는 나라를 꿈꾸고 있는 것인지도 모르겠다.

02

영장
자동발매기

영장주의를 맘대로 한다

'위법채집증거 배제의 법칙'은 형사소송법에 있어서 중요한 법원칙의 하나이다. 위법한 절차에 의해서 수집된 증거는 증거능력을 부정해서 형사소송 절차에서 증거로 사용하지 못하도록 하는 원칙을 말한다. 미국의 증거법에서 유래하고 미국 연방대법원의 창조물로 이해된다.

앞서 언급한 적법절차의 원칙이 구체적으로 구현되는 법원칙으로 볼 수도 있다. 앞서 소개한 바 있는 영화나 드라마를 보면 경찰관이 범인을 체포하면서 말하는 '당신은 진술을 거부할 수 있고, 변호인을 선임할 수 있으며… 등등'의 미란다 원칙도 그래서 적법절차의 원칙뿐만 아니라 위법수집증거 배제의 법칙과도 연관되어 있다.

사법기관이 피의자에게 진술거부권을 고지하도록 하는 것은 피의자에게 심리적 압박감을 걷어내고 진술의 임의성을 확보할 수 있다는 취지에서 인정되는 것이다. 만약 이것을 고지하지 않고 진술을 받으면 그 진술 과정에서 자백이 나오더라도 진술의 임의성이 확보되지 않았다고 보아 그러한 자백의 증거능력을 부정한다.

독수(毒樹)의 과실(果實) 이론이라는 표현도 있는데, 말 그대로 독이 있는 나무의 과실도 독이 있다고 보는 것으로, 위법한 수사방법으로 수집된 증거(독수)에 의하여 발견되는 2차 증거(과실)도 증거능력을 가질 수 없다는 이론이다. 그만큼 위법하게 채집된 증거에 대하여 사법적(司法的) 제약을 가함으로써 애초에 수사기관이 위법한 방법으로 증거를 채집하려는 의도를 단념시킨다는 의미가 있다.

위법채집증거 배제의 법칙에 중요한 유형의 하나로 들 수 있는 것이 영장주의이다. 영장주의란 법관이 발부한 적법한 영장에 의하지 않으면 형사절차상 강제처분을 할 수 없다는 원칙이다. 영장이 없거나, 영장 자체에 하자가 있거나, 영장의 기재 내용을 위반하는 압수·수색·검증을 통하여 채집된 증거물에 대해서는 그 증거능력을 부인해서 공판절차에서 증거로 사용될 수 없도록 하는 것이다.

영장주의는 미국 수정헌법 제4조에서 천명하고 있는데, 수정헌법 제4조는 '사람은 자신의 신체, 주거, 문서 그리고 소지품들은 비합리적인 압수와 수색으로부터 침해당하지 않을 권리를 가지고, 선서나 증언에 의하여 지지되고, 수색되는 장소와 체포되는 사람과 압수되는 물건을 기술하여, 합리적인 이유에 의하지 않은 영장은 발부될 수 없다'라고 규정하고 있다.

이러한 미국 수정헌법 제4조의 취지는 우리 헌법에도 이어져, 우리 헌법 제12조 제3항은 '체포, 구속, 압수 또는 수색을 할 때에는 적법한 절차에 따라 검사의 신청에 의하여 법관이 발부한 영장을 제시하여야 한다'고 규정하고 있으며, 제16조는 주거에 대한 압수나 수색을 할 때에도 '검사의 신청에 의하여 법관이 발부한 영장을 제시하여야 한다'고 규정하고 있다.

어느 날 갑자기 경찰이 우리집에 들이닥쳐서 온 집안을 수색해대는 일이 함부로 일어나지 않을 것이라는 막연한 기대는 이러한 영장주의에 대한 시민들의 일반적인 신뢰에 기초한다.

이처럼 소중한 헌법과 형사소송법상의 법원칙인 영장주의를 흔든 것이 정작 법원 자신이 아닌가 하는 의심이 들어서 여기에서 소개하고자 한다.

법원이 2017년부터 전대미문의 황망한 사법파동을 겪으면서 대법원이 제일 크게 잘못하였다고 여기는 것이 법원 스스로 영장주의를 위반한 것이다.

2017년 무렵 일부 판사들이 사법부 내에 블랙리스트가 있다며 의혹을 제기하고, 그러한 막연한 의혹에 기대어 대법원에서 이것을 조사한 적이 있다. 처음에 문제가 제기되고 나서 한 차례의 조사를 마쳤는데, 이들 일부 판사들은 그 결과가 마음에 들지 않는다며 추가조사를 요구하였다. 그렇게 해서 추가로 조사위원회가 만들어지게 되었는데, 이 추가조사위원회가 조사를 명분으로 법관의 컴퓨터를 강제로 열어본 것이다.

강제처분에 영장이 필요하다는 것은 이제 일반인도 아는 보편적 상식에 가깝다. 그럼에도 당시 법원 내에 조직된 추가조사위원회는 법관에 대하여 아무런 영장도 없이 강제로 사용하는 컴퓨터를 개봉하게 하였다. 사실 법원 안에 이러한 조사위원회를 둘 수 있다는 법률적인 근거도 불명확한데, 그런 조사위원회가 조사상의 필요를 이유로 법관의 컴퓨터를 강제로 개봉하기로 결정한 것이다.

당시 추가조사위원회도 명분이 궁색했던지, 파일명을 보고 나서 업무와 관련된 것들만 조사하겠다고 하였다. 비록 법관이 사용하기는 하지만, 법원에서 제공한 것이고 업무와 관련한 것에 한정하여 살펴보는 것이기 때문에 영장이 없이 강제로 열어보더라도 영장주의에 위반될 것이 없다는 취지로 이해된다.

그러나 강제처분이라는 성격은 여전하고, 무엇보다 타인의 문서를 작성한 사람의 동의 없이 본다는 것이 문제이지, 그것이 업무와 관련이 있고 없고는 사안의 본질적인 부분이라고 보기 어렵다. 그리고 혹여 업무와 관련한 것에 제한한다고는 하지만, 업무용으로 추정되는 파일명을 가지고 있지만 정작 그 내용은 사적인 것일 수 있고, 또 업무용 글과 사적인 글이 혼재할 수도 있으며, 업무용 글과 사적인 글의 경계가 분명하지 않을 수도 있다. 애매한 업무용이라는 말로 면죄부를 줄 근거는 부족하다.

사무실에 있는 컴퓨터라고 해서 아예 일체 사적인 내용은 기재하면 안 되는 것이 아니다. 그리고 문서의 작성자가 훗날 언제인지는 모르지만 어떤 권력기관이나 조직이 자신의 컴퓨터 내용을 강제로 볼 수 있다는 두려움을 안고 살아가는 것은 바람직하지 않다.

공무원은 국가에 소속되는 특별한 지위를 가지므로 그러한 공무원에 대하여 일반 국민보다 더 쉽게 기본권을 제한할 수 있다는 특별권력관계이론이라는 것이 있다. 법관도 공무원이므로 이러한 이론에 기초해서 영장 없이 컴퓨터를 개봉할 수 있다고 주장한다. 그렇지만, 국가가 공무원에 대하여 넓은 재량권을 가진다고 하더라도 그것은 법에 근거를 두고 법치주의의 범위 내에서 허용되는 것이어야 한다. 그러한 재량권의 행사로 공무원 개인의 기본권이 법률의 근거도 없이 맘대로 제한되어도 된다는 의미가 아니다. 만약 국가가 이러한 한계를 넘어서 공무원의 기본권을 침해하면 그 역시 사법심사의 대상이 된다는 것이 현재 특별권력관계에 대한 통설적 견해이고, 판례의 입장이다. 이러한 입장에 기초해서 보면 비록 공무원이라고 하더라도 공무원의 사생활과 프라이버시, 저작권 등을 침해할 수 있는 컴퓨터 개봉과 같은 처분은 반드시 영장주의 원칙이 지켜지고 이루어져야 한다.

그런데 법원이 이러한 영장주의 원칙을 무시하고, 마치 판사들은 법원에 대하여 특별한 관계에 있으니 충분히 제한할 수 있다는 식의 접근을 한다. 이것은 잘못이고 무엇보다 법원이 정한 이러한 기준은 다른 영역에서도 기준이 될 수 있어 문제가 크다. 법을 확인하는 법원이 그러한데 법원의 해석을 따르는 다른 국가기관이나 사기업이 굳이 조심할 필요가 없어진다.

실제 이러한 걱정이 현실화된 적이 있는데, 한 지상파 방송이 문재인 정권 이후에 새로운 사장이 들어서면서 정상화위원회라는 임의기구를 만들고 이 기구와 감사국을 통해 과거에 파업에 참석하지 않았던 사람들을 탄압하였다는 의혹이 있었다. 그런데 그 과정에서 당시 감사국에서 직원들의 이메일을 임의로 들여다보았다는 것이 문제로 거론된 적이 있다. 지극히 사적인 이메일을 아무런 영장도 없이 살펴보았다는 것이다. '이메일 사찰'이라고 해서 당시 국회에서 국정조사가 추진되었었다.

다른 한 지상파 공영 방송국도 이른바 적폐청산기구를 만들고 직원들의 과거 보도활동을 조사하는 과정에서 일부 기자들의 메일을 몰래 들여다봤다는 주장이 제기된 적이 있다.

영장주의를 무시하는 태도는 청와대나 행정부처로도 번져 가는데, 청와대와 외교부, 해경, 과학기술정보통신부, 교육부, 기획재정부, 보건복지부 등 대부분의 행정부처에서 공무원들의 휴대전화를 감찰한 것으로 지적되었던 부분이 그것이다. 아마 청와대 등에서는 당사자의 동의가 있기 때문에 별문제가 없다는 태도인지도 모르겠다. 그렇지만 상황인식이 참 안이하다. 상명하복의 공무원 조직에서 상급자 내지 상급기관에 의한 동의 요구와 그렇게 성립된 동의에 따른 휴대전화의 감찰이 위법의 방패가 되기에는 많이 부족하다. 외형상의 동의가 있다 하더라도 그 동의가 외부의 강요나 무형의 압박으로 인해 이루어진 것이라면, 그러한 하자에 기한 동의는 면책의 근거가 되지 못한다. 그 동의가 피조사자의 자유로운 동의에 기한 조사라고 자신 있게 말할 수 있을 사람이 몇이나 있을까 생각해 보아야 한다. 하자 있는 의사에 기한 동의로 보아야 하고, 이러한 동의로 무작위에 의한 공무원의 사생활 영역까지 넘나들면서 조사나 감찰의 목적을 달성하려 한다면 이것은 영장주의를 위반한 것이다.

구속 기준

A: "피의자가 범행을 부인하고 있고, 구속이 필요할 정도로 피의사실에 대한 소명이 있다고 보기에 부족함"

B: "피의자가 범행을 대체로 인정하고 있고, 참고인 조사 등을 통해 수사기관이 필요로 하는 증거자료들은 확보된 것으로 보여, 피의자에게 증거인멸이나 도주의 염려가 있다고 보기 어려움"

위의 두 표현은 검사가 구속영장을 청구한 데 대하여 법원이 영장청구를 기각하면서 영장을 발부하지 못하는 사유로 제시할 수 있는 것을 적어 놓은 것이다. A에서는 피의자가 범행을 부인하고 검찰이 증거 채집에도 실패해서 검사의 영장청구를 기각한다고 하는데, B에서는 피의자가 범행을 인정하고 검찰에 의한 증거채집도 되어 있어서 영장청구를 기각한다고 한다.

한 명의 검사가 위와 같이 서로 다른 결과를 함께 받으면, 아마 그 검사는 몹시 불편한 심경을 토로할지도 모르겠다. 피의자가 아주 교묘하게 수사를 방해하고 증거인멸을 시도해서 어렵게 소명자료를 모아서 구속영장을 청구하면서, 검사는 내심 구속이 되면 좀더 쉽게 증거자료를 찾을 수 있을 거라고 생각할 것이다. 그렇게 기대했는데 법원은 범죄의 소명이 충분하지 않다고 하면서 구속영장 청구를 기각한다. 그래서 이번에는 한층 더 고도의 수사력을 발휘해서 자백도 받아내고 증거도 충분히 모았더니 더는 구속의 필요가 없어졌다고 한다(다만, 가정한 상황이라 실제는 다른 사유도 함께 기재되어 있을 경우가 많을 것임). 일단은 모순되어 보이지만, 그래도 두 사례가 당연히 잘못되었다고 단정하기는 어렵다.

우리 형사소송법 제201조는 피의자가 죄를 범하였다고 의심할 만한 상당한 이유가 있고 제70조 제1항 각 호의 사유, 즉 ① 피고인이 일정한 주거가 없는 때, ② 피고인이 증거를 인멸할 염려가 있는 때, ③ 피고인이 도망하거나 도망할 염려가 있는 때에는 검사가 관할지방법원 판사에게 구속영장을 청구할 수 있도록 규정하고 있다.

물론 형사소송의 대원칙은 불구속수사의 원칙이다. 모든 형사피의자는 무죄의 추정을 받고 있다. 그리고 무죄로 추정되는 사람을 구속하는 것은 어찌 보면 모순일 수 있다. 가정해서 세상 모든 사람이 한없이 정직해서 증거를 인멸이나 도주할 사람이 한 명도 없다면, 판결 확정 전에는 모두 불구속 상태로 두고 형사절차를 진행하여야만 한다.

그렇지만 인간이라는 것이 범죄에 대한 의심을 받고 있으면 그 증거를 없애고 싶어지고, 감옥 생활이 두려워지면 도망가고 싶어지는 것이 본능이다. 그러니 불구속수사를 원칙으로 하면서도 예외를 두어 일정한 형사소송법상의 요건을 충족하면 구속할 수 있도록 규정하는 것이다.

그래서 구속되는 것과 그 사람이 유죄라는 것은 원칙적으로 같이 볼 필요가 없다. 범죄가 소명되었다는 이유로 구속된 사람도 실제 재판과정에서 검사가 유죄를 증명하는 데 실패해서 무죄가 선고되는 경우는 얼마든지 있을 수 있다. 범죄의 소명이 있으면 그것이 범죄의 증명으로 이어지는 경우가 많기는 하지만, 단지 범죄를 소명하는 것과 엄격한 증거를 통해 범죄를 증명하는 것은 입증의 정도가 현저히 차이가 나기 때문에 같이 보기는 무리가 있다.(※ 소명은 범죄의 확신에 이르지는 못하였지만 의심을 가질 만한 자료가 제출된 것으로, 범죄의 확신에 이를 정도를 요구하는 증명과는 정도에 있어서 차이가 있다)

구속은 피의자를 처벌하거나 괴롭히고자 하는 것이 아니고 오로지 형사절차상 증거인멸과 도주의 우려 등을 고려한 어쩔 수 없는 필요악으로 이해하는 것이 바람직하다. 그래서 아무리 중죄를 저질렀더라도 그 사람이 도주할 우려도 없고, 증거를 인멸할 우려가 없다면 불구속으로 재판할 수 있는 것이다. (과거의 사례를 두고 당부를 논하는 것이 부적절하지만) 이런 이유에서 전 양승태 대법원장에 대한 구속영장의 발부는 그가 증거를 인멸하거나 도주할 사람으로 판단하였다는 것으로 이해될 수 있다. 참 아쉬운 대목이다. 또 박근혜 대통령에 대한 구속재판도 그 재판의 내용이나 규모를 생각하면 굳이 구속재판이 필요했는지 의문이 있다. 그 기소 내용과 수사기록이 방대해서 상당한 기한이 소요될 것이 예정되어 있었다. 그러한 상태라면 구속상태에서 서둘러 재판을 하기보다는 증거인멸과 도주의 우려가 없다면 시간을 두고 모든 주장과 증거를 찬찬히 살피며 재판을 하는 것이 필요하다. 또 대중의 정치적 흥분 상태를 고려하면 그렇게 하는 것이 더 공정성을 확보하는 데도 유리하다. 다분히 개인적인 평가이지만 이러한 평가에 동의하는 사람들의 숫자도 적지 않다. 대한민국 대통령으로 재임한 사람이고 모든 언론과 사람의 눈이 그 사람에게 향해 있는데 그렇게 도주하기가 쉬웠겠으며, 이미 검찰이 증거가 충분함을 자신하고 있었는데 증거인멸인들 현실적으로 가능하였겠는지를 반문하게 된다. 다른 정치인들에 대하여 그 전과 그 후에 이루어진 구속처리 결과와 비교하여도 그 형평에 의문이 있다. 적어도 재판을 받는 중에는 불구속으로 진행되지 못하였던 점이 아쉽다.

앞서 보았듯이 형사소송법 제201조 및 제70조 제1항에서 범죄의 소명을 기본으로 하고, 여기에 더해서 주거부정, 증거인멸, 도주 내지 도주의 우려를 구속의 요건으로 정하며, 또 같은 법 제70조 제2항에서 법원으로 하여금 구속 사유를 심사함에 있어 범죄의 중대성, 재범의 위험성, 피해자 및 참고인 등에 대한 위해의 우려 등을 고려하도록 규정하고 있다. 또 구속의 상당성이라는 비례의 원칙도 준수하여야 한다.

기본적인 구속의 요건과 함께 구속에서 고려하여야 할 사항들을 단계별로 검토하여 나가다 보면 경우의 수는 무수히 늘어난다. 먼저 범죄의 소명이 있는지를 보아야 하고, 소명이 있으면 다음에는 주거가 일정한지, 증거인멸의 우려가 있는지, 도주하였거나 도주의 우려가 있는지를 살펴야 한다. 또 그다음에는 범죄의 중대성 등을 차례대로 살펴야 한다. 범죄의 소명이 없으면 당연히 기각되겠지만, 범죄의 소명이 있었다고 하더라도 당연히 발부되는 것도 아니다.

법관이 피의자가 증거를 인멸할지 아니면 도주할지를 100%의 확률로 정확히 맞히는 것은 불가능하다. 피의자 자신과 신만이 알 수 있는 일이다. 법관이라고 해서 인간이 가진 오감 외에 추가로 특별한 감각을 신으로부터 부여받은 것은 아니다.

하지만 영장 발부 후에 나타나는 예측 밖의 결과로 법관이 혹독한 비판을 받는 경우들이 있다. 구속을 시켰는데 이에 불만을 품은 피의자가 수감 중에 자해 소동을 피우거나, 심한 경우 극단적인 선택을 하게 되면 그 비난은 곧장 구속영장을 발부한 판사에게 돌아갈 수 있다. 반대의 경우도 있어서, 구속영장을 기각하였는데 몸이 자유로워진 피의자가 앙심을 품고 피해자를 찾아가 보복 범죄를 저지르는 경우도 있다.

미래를 예측할 수 있는 능력은 없으니 결국 법관으로서는 법률이 정하는 기준에 충실하게 판단하고 그 판단에 어긋남이 없으면 그것으로 자신의 판단이 옳았다고 생각해야 한다. 물론 판사마다 견해가 다르고, 경험치가 다르기 때문에 법에서 정한 요건을 따른다고 해도 다른 결과가 나올 수 있다. 어떤 판사는 피고인의 성향을 중요하게 봐서 과거의 전과를 더 많이 참작할 수 있고, 또 어떤 판사는 범죄의 중대성에 더 비중을 두어 행위 위법이나 피해의 정도를 더 많이 참작할 수도 있다. 단정적으로 판단하기 힘든 부분이다.

판사가 다양하니 영장의 발부도 다르게 나타날 수 있다. 이러한 문제를 어느 정도 시정해 보고자 해서 나타난 것이 영장전담 판사제도이다. 어느 한 판사가 전국의 모든 영장을 처리할 수 있다면 전국적인 통일을 기할 수 있겠지만 그것은 물리적으로 불가능하니, 각급 법원마다 영장만을 전담으로 처리하는 판사를 두어 영장발급의 일관성을 좀 더 제고를 하고, 또 전국 단위에서 영장전담판사들을 모아 연수를 실시하는 등의 방법으로 영장전담 판사들에게 통일된 업무처리 지침을 제시함으로써 전국적으로 영장 발부의 기준이 일관성을 유지할 수 있도록 노력을 기울이고 있다.

영장전담 판사는 각급 법원의 크기에 따라 숫자가 다를 텐데, 가장 큰 법원인 서울중앙지방법원은 4명의 영장전담이, 부산지방법원은 2명의 영장전담이 있다. 1명이 있을 수 있고, 아주 작은 법원은 1명을 둘 필요도 없이 다른 업무를 하면서 영장전담을 겸직할 수도 있다.

영장전담 판사는 그 업무의 내용이 피의자의 인신을 구속하는 것이므로 그 자체로 신중할 필요가 있는데다가, 중요한 사건에서 피의자 구속에 대한 국민의 관심이 집중하는 경우들이 많아서 대체로 지방법원 부장판사나 단독판사 중에서도 경력이 높은 판사가 주로 지정된다.

영장전담 판사는 판사들의 최대 과제인 판결문을 작성하지 않으니 그 부분에서는 확실히 업무가 편한 매력이 있다. 구속영장의 정해진 양식에 기재된 구속사유란(① 증거인멸, ② 도망, ③ 도망의 염려, ④ 주거부정, ⑤ 구속이 부득이한 소년범)에 체크 표시를 하고, 필요하면 추가 사유를 별지로 간단히 써주면 그만이다.

그럼에도 불구하고 판사들 사이에 영장전담이 그리 선호되지는 않는다. 최근에 판사들 상당수가 타인을 구속해야 한다는 심리적 부담이 싫어서 형사 사무분담을 피하는 경향을 보인다. 그런데다 주요 법원의 영장전담 판사는 사회 전체의 이목이 집중되는 사건에서 판단의 한가운데에 서야 하는 부담을 안고 있다. 잘 판단했다고 해서 칭찬을 듣지는 못하지만, 잘못 판단하면 혹독한 비난이 돌아온다.

영장전담 판사가 1명뿐인 법원에서는 적어도 그 지역만큼은 동일한 기준으로 구속영장이 발부될 것이다. 다만 이러한 지역에서도 주말에는 영장전담 판사가 담당하지 않고 당직 판사가 담당하게 된다.

영장전담 판사가 복수가 되면 내부적으로 사무를 분담하여 격일, 격주 또는 요일별로 나누어 어느 판사가 영장실질심사를 할 때, 다른 판사는 체포·압수수색영장을 담당하는 식으로 업무를 처리한다.

영장전담 판사가 가장 많은 서울중앙지방법원도 그 숫자가 4명에 지나지 않고, 법원은 구인된 피의자가 법원에 인치된 때로부터 24시간 이내에 피의자심문을 하고 구금영장 발부 여부를 결정하여야 하기 때문에(형사소송법 제209조, 제71조, 제71조의 2), 복수의 영장전담 판사가 있는 경우에도 영장청구 시기에 따라 대강 어느 영장전담 판사가 심문하게 될지를 추측할 여지가 있다. 이러한 사정으로 검찰에서 영장전담 판사의 성향을 고려해 영장을 청구한다는 말이 있지만, 객관적인 자료로 확인되지 않은 일이다.

물론 구속영장이 발부되어 구속되더라도 그 상태가 지속적인 것은 아니고, 필요에 따라 피의자가 '구속적부심'이라는 것을 청구하여 그 허가를 받으면 석방될 수 있으며, 공소제기 이후에도 '보석'을 신청하여 석방될 수 있다. 이 밖에도 '구속취소'나 '구속집행정지'라는 등의 제도도 있다.

법원이 도무지 일관성 없어 보이는 이유로 구속영장을 발부하거나 기각하는 것은 많은 구속요건이 복합적으로 고려되어 나타나는 현상일 수 있어, 그 외견만을 두고 무조건 잘못되었다고 말하기는 어렵다. 그러나 그러한 나름의 변명에도 불구하고, 법원이 과연 떳떳하다고 생각할 만큼 영장업무를 공정하게 처리해왔느냐고 반문한다면 많은 법관이 자신감을 드러내지 못할 것으로 보인다.

돈이 있으면 무죄이고 돈이 없으면 유죄라든가, 권력이 있으면 무죄이고 권력이 없으면 유죄라는 비판은 오래전부터 있었다. 그리고 근자에는 정권에 동조하는 세력이면 무죄이고 아니면 유죄라는 정도의 비난까지 생겨나고 있는 추세이다.

여기에 탄핵 이후 이른바 국정농단 사태, 사법농단 사태와 미투(Me Too) 사태, 조국 사태 등 정치·사회적으로 민감한 사안들과 관련한 구속영장의 발부가 많아지면서 영장발부의 당부에 대하여 국민이 양분되는 양상을 보이고, 이런 상황에서 구속영장의 발부 여부에 따라 일단의 국민은 정의가 구현되었다고 하고, 또 일단의 국민은 법원이 고무줄 잣대로 맘대로 처리한다고 비난한다. 법원이 긴장해야 할 때임은 분명해 보인다.

공정한 잣대를 들이대도 비난으로부터 완전히 자유롭기가 쉽지 않은데, 자칫 안이하게 또 아니면 비상식적으로 특정 정치적 진영을 편드는 식으로 업무를 처리하였다가는 당장의 비난은 당연하고 그동안 버텨오던 법원에 대한 최소한 신뢰조차도 잃어버릴 수 있다.

법관이 사사로운 정에 이끌리거나 사리를 도모하기 위해 일하는 것은 당연히 상상해서는 안 될 일이지만, 더하여 자신의 독선적인 가치관이나 편향된 이념에 치우친 판단도 여전히 용서될 수 없는 업무처리 방식이다.

어떤 영장전담 판사가 정권에 비판적인 인사와 관련되거나 정권의 이해를 충족시키기 위해 구속이 필요해 보이는 인사에게는 예외 없이 구속영장을 발부하는 것을 보고는 너무한다는 생각이 들어 사담(私談) 중에 "그 사람은 영장 자동발매기다"라고 농을 한 적이 있다. 검찰에서 구속영장을 신청만 하면 예외 없이 영장을 발부해주니 그 모습이 자동발매기에 닮아 있어서 그렇게 표현했다. 그런데 문제는 이 영장 자동발매기가 때로는 고장을 일으킨다는 것이다. 정권에 불리한 사안에서는 비슷한 데도 이상하게 영장의 발부가 기각되는 것이다. 누구인지 어떠한 사건인지는 말하지 않겠다.

법정구속, 언제나 안타까워

앰뷸런스를 타고 휠체어에 실려 온 피고인은 판사가 실형을 선고하면서 법정구속을 하겠다고 하자, 자신은 지금 중병이라 얼마나 살지 모른다고 호소한다. 함께 온 가족도 통곡하며 입원치료가 필요하다고 말하지만, 판사는 일단 구속을 집행하고 의사의 진단을 통해 구속이 어려우면 구속집행정지 등을 신청하면 된다면서 그대로 법정구속 절차를 진행한다.

추운 겨울에 남루한 옷차림으로 한눈에 보아도 노숙자로 생각되는 피고인은 판사가 실형을 선고하면서 법정구속을 하겠다고 하자 갑자기 무릎을 꿇으며 잘못했다고 소리치고 울부짖으며 용서해 달라고 한다.

강보에 싸인 아직 첫돌도 지나지 않은 아이를 안고 온 엄마를 법정에서 구속한다. 아기는 엄마의 품에 안겨 애꿎은 구치소 생활을 하게 되었다.

불구속으로 재판을 받다가 실형이 선고되는 피고인 중에는 법원

주차장에 차를 대충 주차하고 선고 결과를 들으러 왔다가 선고와 동시에 갑자기 법정구속이 되어, 상당 기간 그 차량이 법원 주차장에 방치되는 경우가 있다.

이렇게 구속되는 피고인들 모두 우리의 이웃이다. 그들 중에는 성상이 나쁜 사람도 있겠지만, 어떤 이는 상황에 밀려서, 또 현명하지 못하거나 단호하지 못해서, 또 아니면 과실로 범죄를 저지른 경우가 얼마든지 있을 수 있다. 누군가의 부모이고, 자식이다. 위법은 처벌되어야 하겠지만 결국 사회로 돌아와 우리와 함께 부대끼면서 살아가야 할 이웃들이다.

한 줌의 인정과 관용만 있어도, 이처럼 힘든 지경에서 구속되는 피고인들에 대하여 달리 생각할 여지가 있을 듯한데, 대개 판사들은 미동도 없이 구속 절차를 진행한다.

물론 형사재판에서 제1심 재판장이 실형을 선고하더라도 그 형은 항소심에서 변경될 수 있기 때문에 아직 형이 확정된 상태가 아니다. 그렇기에 무죄 추정의 원칙을 받고 있는 피고인을 1심 선고 후에 법정구속하는 것은 바람직하지 않을 수 있다. 그러나 실형의 선고 자체가 피고인에 대하여 도주할 수 있는 동기를 제공하는 면이 있기 때문에 대개 1심에서 실형을 선고할 경우 법정구속을 하게 된다.

혹여 1심에서 실형을 선고하더라도 도주나 증거인멸의 우려가 없으면 법정구속을 할 필요가 없다. 이제는 사정이 좀 달라졌지만, 예전에 종교적 이유로 병역을 거부한 피고인들에 대하여는 징역 1년 6개월을 선고하는 것이 일반적이었다. 징역 1년 6월 이상의 실형이 선고되면 법으로 징병 대상에서 제외되기 때문에 그렇게 함으로써 피고인은 징병의 위험에서 벗어나면서 추가 처벌을 피할 수 있다는 점을 고려한 형량이었다. 만약에 병역을 거부한 피고인에 대하여 불쌍한 생각이 들어 징역 1년을 선고하면, 그 피고인은 징역 1년의 수감생활을 하고 나서 다시 군입대를 강요받아야 하는 엉뚱한 결과가 나오게 된다. 이렇게 선고하고 나서 그 피고인을 바로 법정에서 구속하는 판사도 있지만, 그렇게 하지 않고 그대로 불구속으로 둔 채 실형을 선고하는 판사도 있다. 그렇게 불구속으로 두는 가장 큰 이유는 종교적 신념으로 형의 선고를 받는 사람이 증거를 인멸하거나 도주할 우려는 없을 것이라는 고려에 터 잡은 것이다.

법정구속과 관련하여 엄밀히 말하면 판사가 피고인을 구속하는 것이 아니다. 대개 피고인을 법정구속할 경우 1심 재판장은 선고 당일 법정에 가기 전에 미리 구속영장(주로 도주의 우려를 이유로 함)을 출력해서 법정으로 간다. 그리고 형을 선고한 다음에 그 구속영장을 검사에게 건넨다. 그러면 검사는 그 구속영장을 가지고 선고가 이루어진 그 법정 안에서 구속을 집행하는 것이다. 법정에서 대기하고 있던 교도관들은 검사의 구속집행 지휘에 따라 피고인을 데리고 법정과 연결된 '구속피고인 대기실'로 데리고 들어간다. 결국 법관은 영장을 발부하여 검사에게 교부할 뿐이고, 검사는 그러한 영장에 근거하여 구속을 집행하는 것이므로, 법정구속에서 구속은 검사에 의하여 이루어지는 것이다. 다만 외관상 나타나는 모습은 검사는 영장에 집행 관련 서명을 하는 것으로 끝나고, 판사가 선고한 다음에 피고인이 구속되니 판사가 구속하는 것으로 보이는 것이다.

피고인들은 대개 갑작스럽게 이루어지는 법정구속에 크게 놀라게 되지만 그래도 대체로 순순히 구속에 응한다. 물론 억울함을 하소연하거나, 읍소하는 경우, 항의하는 경우 등의 반응을 보이는 사람도 있다. 어떤 피고인은 실형을 선고하자 법정구속을 직감하고 실신해 버리는 경우도 있다.

가장 심하게 항의를 경험했던 경우는 국가보안법 위반 사건의 피고인을 구속하였을 때로 기억된다. 혼란 상황에서 재판을 진행할 수가 없어서 잠시 휴정을 하였다.

법정구속이라는 것은 가혹한 것이다. 앞서 언급한 사례에서 판사는 수감 되는 엄마와 함께 구치소로 가게 된 어린 아기가 마음이 쓰여서 그 피고인에게 사비로 유아용 이불과 기저귀 등을 사서 보냈지만 그런다고 마음이 편해지지는 않았다.

범법행위에 대하여 징벌해야 한다는 것은 알면서도 당장 눈앞의 사람에게 모진 짓을 한다는 불편한 생각은 피하기 어렵다. 그러니 형사재판장들이 가능하면 실형 선고를 통한 법정구속을 피하고 싶어지는 것은 어찌 보면 자연스러운 심리의 발현일 수 있다. 가능하면 벌금형이나 집행유예를 선고하고 실형을 선고하더라도 법정에서 구속하지 않고 불구속 상태로 상소할 수 있도록 하고 싶은 것이다.

한 번은 '보이스피싱'으로 많은 공범과 함께 구속된 어느 피고인이 공판 진행 중에 손을 들어 할 말이 있다고 한다. 판사가 기회를 주니 자신은 아내가 임신한 상태에서 구속되었는데, 자신이 구속되고 나서 아내가 혼자 출산 하였고 벌써 그 아이가 태어나 100일이 지났는데 아직 그 아이를 한 번 안아 보지도 못했다고 한다. 지금 방청석에 아내가 아이를 데리고 왔는데 한 번만 안아 보게 해달라고 부탁한다. 구속 중인 피고인의 신병에 대하여 책임을 지고 있는 교도관들은 도주 등의 사고를 예방해야 할 책무를 지고 있어 재판장의 안이한 생각에 쉽사리 동의하기는 어렵지만, 재판장의 요청을 수용하고 법정 한쪽에 자리를 마련했다. 그렇게 해서 그 피고인은 생에 처음으로 자신의 첫아이를 안아 보았다. 피고인이 아내와 함께 아이를 안고 눈물을 쏟아낸 것은 당연하고, 방청석에서도 많은 사람이 심하게 마음이 흔들리는 모습을 보였다.

형사법정에서 일어날 수 있는 구속의 모습 중에서 직접 경험했거나 동료 판사들로부터 전해 들은 모습들을 스케치해 보았다. 안타까운 모습이다. 그리고 앞서 말하였듯이 구속되거나 되어 있는 피고인들도 우리와 함께 살아가야 하는 이웃이다. 한 치도 그들에 대한 존중의 마음을 잊어서는 안 된다.

그러나 안타깝고 불쌍한 마음만을 내세운 채 그저 그러한 마음으로만 재판에 임했다가는 당장에 피해자들로부터의 강한 불만과 항의가 쏟아질 수 있다. 나아가 언론이나 일반 시민들의 여론을 통한 강한 질타를 받을 수 있다. 그리고 피해자나 여론의 불만에 앞서 판사가 불편한 감정을 피하고자 법과 공정에 위반되는 판단을 한다면 그것은 그 자체로 이미 심각하게 정당하지 않다.

앞서 언급한 다양한 법정구속의 안타까운 모습을 머릿속에 그리며, 판사가 가혹하다고 못마땅해하던 사람들도 실제 그 피고인들의 범죄사실을 모두 듣고 나면, 오히려 판사가 선고한 형량이 너무 작다고 태도를 바꿀 수 있다.

바른 판단과 균형 그리고 적절한 형량을 찾는다는 것이 그래서 어려운 일이다. 지나치게 감정에 치우쳐서 판단해서도 안 되고, 그렇다고 한 치의 융통성도 없이 형식에만 얽매여서도 안 되는 일이다. 말로는 대강 이렇게 정리할 수 있는데 실제 현실에서 일처리를 하다 보면 참 어려움을 느낀다.

이즈음에 놓치지 말아야 할 것 하나를 더 더하면, 대부분 피고인은 이 사회의 엄숙한 법질서 앞에 진지하게 임하고 가혹한 구속의 절차도 감내한다. 그것을 알기에 또 대부분 판사는 피고인을 법정구속할 때 주저하면서도, 엄중한 법의 요구가 가벼워지지 않도록 기꺼이 날카로운 선택을 한다.

이렇게 어렵고 신중해져야 할 구속이라는 형사처분이 정작 세상을 시끄럽게 하는 사건에서는 우스운 모양으로 처리될 때도 있다. 일반 형사사건에서는 아무런 거리낌 없이 구속을 집행하더니, 대단한 권력자가 오거나 정권에 친화적인 인물이 오니 갑자기 온갖 핑계를 대면서 한없이 약해지는 처분을 한다. 일부 판사의 이러한 모습은 그동안 동료 법관들이 사람의 인신을 처리하면서 고민했던 그 모습들을 순식간에 웃음거리로 만들어 버리는 결과를 초래한다.

대뜸 부부가 같이 구속되어서는 너무 가혹하다든가, 가장이 구속되면 가족의 생계가 어려워진다는 등의 이유를 들면서 정작 권세를 누리며 아쉬울 것 없는 사람의 구속 앞에서 한없이 약해지면 그러한 법관의 판단을 국민은 어떻게 보겠는가를 생각해 보아야 한다.

젖먹이 아이를 안고 법정에서 구속되는 엄마, 구속되면 온 가족의 생계가 막히는 가장의 모습들을 알면서도 결연한 모습으로 법집행을 하던 법관들의 모습이 무색해지는 것이다. 국민이 그런 사법부를 무엇으로 볼지도 한 번쯤은 생각해 보고 오히려 권력자 앞에서, 정권의 실세 앞에서 더 엄격한 자를 들이대는 모습을 보여야 한다. 그럴 자신이 없거나 용기가 없으면서 법관이 정의를 말하면 그 말이 다른 사람의 마음에 스며들 리가 없다.

직권남용죄를 남용하는 현실

형사재판 6 ~ 7년 동안 한 번도 다뤄보지 못한 희귀한 직권남용죄

　우리 형법 제123조 '공무원이 직권을 남용하여 사람으로 하여금 의무 없는 일을 하게 하거나 사람의 권리행사를 방해한 때에는 5년 이하의 징역, 10년 이하의 자격정지 또는 1천만 원 이하의 벌금에 처한다'라고 규정하여 직권남용죄를 규정하고 있다. 징역형의 장기는 5년이지만 단기는 1년 이상이 되지 않아 단독재판부(판사 1명으로 구성)의 관할에 속한다.
　형사재판부에 약 6 ~ 7년을 근무하였고, 그 중 합의부(판사 3명으로 구성) 1년 근무기간을 빼면 약 5 ~ 6년을 단독재판장으로 일하였다. 비록 기억에는 없지만 그래도 한 번쯤은 직권남용 사건을 처리하였을 듯하여 과거 판결문을 검색해보니 기억과 부합한게 단 한 건도 처리한 적이 없다.

직권남용죄 처벌이 현저히 증가되는 경향성

궁금증이 동해서 이 글을 쓰는 2019년 5월 27일 오늘부터 이전 20년간 전국 지방법원 제1심 재판에서 몇 건 정도의 직권남용죄 사건이 처리되었는가를 검색을 해보니 총 177건이 검색이 된다. 이 중 최근 2년 간(2017년 5월 28일부터 2019년 5월 27일까지) 판결된 숫자가 47건이다. 그리고 1999년 5월 28일부터 2017년 5월 27일까지 18년간 판결된 숫자가 130건이다. 연간 선고된 판결의 건수를 계산해보면, 지난 2년간은 1년에 평균 23.5건(=47건÷2년)이, 그리고 그 이전 18년간은 1년에 7.2건(=130건÷18년)이 각 선고된 셈이 된다. 형사사건은 피고인의 숫자를 기준으로 계산되고, 또 하나의 판결문 안에 여러 개의 사건이 병합되어 있을 수도 있어 단지 검색된 건수만을 기준으로 하는 것이 정확한 수치를 알려주는 것은 아니다. 특히 근자에 문제된 직권남용 사건에서는 여러 피고인이 함께 선고된 경우도 있어서 오히려 건수로는 더 증가할 여지도 있다. 비록 데이터가 정확하지는 않지만, 어떻든 대강의 경향성 정도는 살필 수 있는데 '23.5 대 7.2'의 비율이라면 거의 3배를 넘기는 수준이라 직권남용으로 의율(擬律)되는 경향성이 상당히 증가된 것은 부인하기 어렵다.

죄형법정주의의 명확성 원칙에 반한다는 지적

헌법 제12조 및 제13조를 통하여 보장되고 있는 죄형법정주의의 원칙은 범죄와 형벌이 법률로 정해져야 한다는 것을 의미한다. 쉽게 말하면 형법 조문에 '폭행 또는 협박으로 타인의 재물을 강취하면 징역 3년 이상의 유기징역에 처한다'라는 규정이 들어 있지 않으면 당연히 처벌되어야 하는 강도죄조차도 처벌하지 못한다는 원칙으로 이해하면 된다. 법으로 정해두지 않고는 처벌하지 말라는 원칙이다.

이러한 죄형법정주의에서 파생되는 세부 원칙으로 명확성의 원칙이 있는데, 이것은 법률이 처벌하고자 하는 행위가 무엇이며 그에 대한 형벌이 어떠한 것인지를 누구나 예견할 수 있고, 그에 따라 자신의 행위를 결정할 수 있도록 구성요건을 명확하게 규정하여야 하는 것을 의미한다.

직권남용죄가 죄형법정주의를 위반하였을 가능성이 있다고 보는 것은 형법 제123조에서 사용되는 '직권', '남용', '의무' 등의 용어가 추상적이고 애매모호하여 그 한계가 명확하지 않으므로, 명확성의 원칙에 반한다고 보기 때문이다.

처벌대상이 공무원이라고 해서 죄형법정주의를 양보할 수는 없다

공무원들이 자신의 직무권한이 대강 어느 정도의 범위인지는 추론해 낼 수 있지만, 정작 일에 부딪혀서 사안마다 자신의 정확한 소관업무를 밝히라고 하면 아마 상당수 공무원이 머뭇거릴 것이다. 분쟁이나 다툼이라는 것이 대개는 회색 영역에서 발생한다. 내 권한이 분명하면 공무원은 당당하게 그 일을 처리할 수 있고, 상대방은 그

것에 대하여 전혀 이의를 제기하지 않는다. 마찬가지로 내 권한 밖이 분명하면 공무원은 전혀 그 방향으로 움직여 가지 않을 것이고, 혹여 실수로라도 권한 밖의 행위를 하면 상대방의 거센 저항에 부딪혀 자신의 과오를 즉시 정정하려고 들 것이다.

한계가 혼란스러운 회색영역에서도 공무원은 최선의 주의로 자신의 권한을 구분해내고 그 권한범위에 합당한 처분을 하여야 한다. 지극히 맞는 말이고, 또 당연한 요구이다. 공무원은 그러한 영역이라고 해서 그 책임에서 자유로울 수 없다. 당연히 공직자로서 요구되는 지식과 소양 등을 동원해서 주의를 기울여 자신의 직무 범위를 가려내고, 그 범위 내에서 성실하게 직무에 임하여야 한다.

그리고 그러한 주의를 제대로 기울이지 못하여 자신의 직무범위를 벗어난 행위를 한 공무원의 처분에 대하여는 행정소송으로 그 처분을 취소하고, 그 공무원의 행위로 인해 손해가 발생하였으면 그 손해를 배상하며, 또 필요하면 그 공무원을 징계하는 등의 조치를 취해야 한다.

그러나 형사처벌에서는 달리 고려해야 할 부분이 있다. 비록 공무원이라고 하더라도 공무원의 기본권주체로서의 지위가 부정되는 것은 아니다. 그리고 그 공무원의 생명, 자유, 재산권을 침해하는 형사처벌을 가하는 문제에 있어서는 죄형법정주의 대원칙이 전혀 양보될 수 없다. 직권남용죄를 우려스럽게 바라보는 것은 그러한 대원칙이 위협받을 가능성이 있는 범죄이기 때문이다.

헌법재판소 결정문 속에 나타난 전 헌법재판관의 직권남용죄에 대한 우려

　이러한 걱정과 관련하여 실제 법률적 판단이 이루어졌던 것이 박지원 전 문화관광부 장관이 자신에 대한 직권남용죄에 관하여 그 위헌성을 지적하면서 헌법소원을 제기한 사건이다. 이 사건에서 최종적인 결정은 '8 대 1'로 합헌으로 결정되었지만, 당시 권성 헌법재판관의 소수의견은 이 범죄의 구성요건이 가지는 문제점에 대하여 날카롭게 지적하고 있어 시사하는 바가 크다. 굳이 다른 평석(評釋)은 군더더기가 될 듯하여 그대로 옮겨보면 다음과 같다.

　이 사건 법률조항은 직권의 종류나 성격에 관하여 아무런 제한을 두고 있지 않으므로 모든 공무원의 모든 직무상 권한을 의미하는 것으로 보아야 하는바, 법적 강제력이 수반되지 않는 협조요청이나 권고, 단순한 사실의 통지 등과 같은 단순한 사실행위도 모두 직무상 권한의 행사로 엮어낼 수 있고 이렇게 되면 이 사건 법률조항의 적용 범위는 사실상 무한정 넓어지게 된다. 특히 고위직 공무원의 경우에는 직무의 성질상 그 직권은 추상적이고 포괄적으로 부여될 수밖에 없고 그 권한의 행사는 정책적 재량에 속할 수밖에 없는 경우가 허다하다. 따라서 광범위한 영역에 걸쳐 총괄적인 업무를 수행하는 고위직 공무원의 경우에는 공사(公私)의 모든 활동이 모두 직권을 이용하는 것으로 해석될 수도 있으며 직권을 이용하는 것과 사회적 지위나 신분을 이용하는 것을 구별하는 것이 사실상 불가능해지기도 한다.

이 사건 법률조항의 이와 같은 모호성과 광범성은 수사기관이 그 규범 내용을 명확하게 인식하여 어떠한 행위가 이 사건 법률조항에 해당하는지를 일관성 있게 판단하기 어렵게 함으로써 결국 자의적인 해석과 적용의 여지를 남기고 있다. 그 결과 이 사건 법률조항은, 이른바 정권교체의 경우에 전임 정부의 실정(失政)과 비리(非理)를 들추어내거나 정치적 보복을 위하여 전임 정부에서 활동한 고위공직자들을 처벌하는 데 이용될 우려가 있고 때로는 국정운영 과정에서 행하여진 순수한 정책적 판단이 비판의 대상이 된 경우에 악화되는 여론을 무마하기 위하여, 정치적 책임을 묻는 것을 넘어서, 공직자를 상징적으로 처벌하는 데에 이용될 위험성도 매우 크며 그러한 위험성이 현실적으로 나타나기도 한다.

압축하면 고위공직자일수록 이 죄로 처벌하기가 용이해지고, 정권교체가 일어난 경우 전 정권 담당자들에 대한 정치적 보복에 이용될 위험이 커진다는 우려를 지적한 것이다. 사화나 당쟁을 통해 사소한 잘못으로 상대를 공격하거나 개인적 구원(舊怨)을 여과 없이 투영해 상대를 척결하던 역사적 경험이 짙은 나라이다. 아직도 한반도의 반쪽에서는 사형선고를 하면서 그 죄목 중의 하나로 박수를 못마땅하게 친 것을 판결문 속에 넣어도 전혀 이상하지 않는 정권을 유지하고 있다. 그리 시공의 거리가 있는 곳으로 가지 않더라도 우리 정치사에서 정권이 바뀌면 이제 하나의 관행이나 공식처럼 굳어져 가고 있는 것이 아닌가 하는 의심이 들 정도로 새로운 권력자가 이

전 권력자를 치고 책임을 묻는 것들을 경험하고 있다. 이 범죄를 가볍게 볼 수 없는 사정이 거기에 있는 것이다.

민주화 열기를 침투시키기 위해 직권남용죄 처벌범위 더 넓혀야 한다?

혹자는 우리 사회의 시대정신이 민주화 열기와 높은 인권의식이 모든 영역에 침투될 것을 요구하므로 공권력의 행사가 더 정의롭기 위해서 직권남용죄의 적용범위를 더 넓혀야 한다고 말한다. 민주주의, 인권, 정의로운 공권력의 행사를 반대할 일은 아니지만, 이러한 추상적이고 모호한 개념으로 형사처벌의 범위를 넓혀야 한다는 주장에는 전혀 동의하기 어렵다.

그리고 어떠한 목적을 구현하는 데 있어서 오직 형사처벌만이 그 수단이 되어야 한다는 데도 동의하지 않는다. 형벌 만능주의는 바람직할 수 없다. 앞서 언급한 행정소송, 손해배상 소송, 징계처분, 그 밖에 인사상의 조치 등 많은 다른 수단들이 있다.

법의 적용에 있어 민주주의라든가 인권의식이라는 어떤 가치개념을 더해서 법률조항, 특히 형법 조항을 해석하기 시작하면 그때부터 법은 가치 중립적인 성격이 퇴색하고, 특정한 가치를 구현하기 위한 수단이나 도구로 전락할 위험이 있다. 법은 도덕의 최소라는 말이 있다. 도덕에 한정되지 않는다. 이념, 정치, 철학, 종교 그 어떤 가치도 그러한 가치를 적극적으로 실현하기 위해서 법을 도구로 쓸 수는 없는 것이다. 사회 전체의 가치공유가 있는 최소한의 범위에서만 법이 나설 수 있다. 법의 특정 가치를 실현하기 위한 도구로 적극적으로 사용하기 시작하면, 그때부터 법은 그런 특정 가치를 주장하는 집권자나 집권세력의 독재적 도구로 사용된다. 이것을 우리는 역사와 현실 속에서 경험하고 있다.

관념의 세계에 충실하면, 민주주의를 실현하기 위해 법이 봉사하는 것이 무슨 잘못이냐고 의문을 제기할 수 있다. 그러나 현실의 세계로 내려오면 민주주의의 적들은 선전 선동을 통해 민주주의를 가장하고 정작 민주주의를 파괴하는 짓을 한다. 구체적인 현실은 추상적인 관념대로 움직여 주지 않는, 참으로 다루기 힘든 존재이다.

관념의 세계에서는 자유, 민주, 정의, 평등, 박애, 관용 등 많은 가치를 구현하기 위해서 법이 활용되어야 한다고 말해도 아무런 잘못이 없고, 모두 수긍하고 심지어 매료된다. 그러나 관념이 아닌 현실의 세계에 발을 디디면 그 다양한 가치들이 서로 고삐 풀린 망아지 마냥 이리 뛰고 저리 뛰며 충돌한다. 자유와 민주가 충돌하고 정의와 민주가 부딪힌다. 자유와 평등이 갈등하고, 평등과 관용이 모순된다. 어렵다. 법이란 특정 가치를 독점적으로 구현하기 위한 도구로 이용되는 것이 아니다. 대개 법을 특정한 이념에 봉사하라고 강요하는 자는 정작 법을 가장 무시하는 자들이다.

직권남용죄가 합헌이라 한 헌법재판관도 그 남용을 원하지는 않았을 것!

직권남용죄에 대하여 합헌으로 판단한 8명의 헌법재판관도 직권남용죄를 편하게 넉넉히 적용하라는 취지로 합헌으로 판단한 것으로는 보이지 않는다. 또 특정 이념을 구현하기 위하여 이것을 도구로 사용하라는 의미는 더더욱 아니다. 권성 헌법재판관이 직권남용죄를 남용하는 위험을 원천부터 차단하려고 하였다면, 당시 다른 8명의 헌법재판관은 모든 법률가가 직권남용죄의 성격을 제대로 숙지하고 있을 터이니 엄격하게 해석하여 남용하지 않을 것이라는 믿음이 있었던 것으로 보인다. 더하여 공무원의 행위에 대해 직권남용죄로 의율(擬律)할 때는 더 신중하게 하라는 주문도 함께 한 것이다.

촛불시위와 탄핵 이후에 새로운 정부가 들어서고 전례를 찾아보기 어려울 정도로 오랜기간 적폐청산이라는 명분을 내세우면서 엄청난 강도로 이전 정부에서 몸담았던 공무원들에 대하여 사정과 형사처벌을 단행하였다. 그리고 그들을 단죄하는데 적용된 형사법의 내용 중 많은 부분을 차지한 범죄가 직권남용죄였다. 전 정권의 대통령을 포함하여 장관과 그 이하 고위공직자들 상당수가 직권남용죄로 처벌되었다. 앞서 보았듯이 정권의 교체기에 고위공직자에 대하여 직권남용죄라는 죄목이 무자비하게 적용된 것이다. 실제 그 내용이 진실한가 아닌가를 떠나서 그 동기가 의심을 사기에 충분한 상황이다. 그리고 이러한 식의 분위기가 만들어지는 것은 현 정권이 다음 정권에게 권력을 내어줄 때도 그 위험부담을 그대로 안고 가야 하는 가능성을 활짝 열어두었고, 바람직한지에 대하여 의문이 있다.

그나마 위안은 근자에 법원이 전 정권의 고위인사들에 대한 직권남용죄의 적용을 상당 부분 무죄로 판단하고 있다는 것이다.

피의사실 공표죄

형법에 조문은 있는데, 실제 별로 적용되지 않는 범죄들이 있다. 직권남용죄가 그러하고(최근에는 다른 양상임), 그 밖에도 국기·국장 모독죄, 국기·국장 비방죄, 법원모욕죄 등도 별로 적용되는 경우가 드물다.

그런데 이렇게 드물게 적용되는 범죄 중에서 으뜸이 아마 '피의사실 공표죄'가 아닐까 생각된다. 개인적으로 실무에서 다루어 본 경험이 전혀 없고, 확인할 수 있는 한도에서 실제 적용된 선례를 찾아보지 못하였다. 적어도 최근 20여 년 내에는 적용된 적이 없는 듯하다. 그 이전은 나의 검색범위를 넘어선다.

이처럼 전혀 적용되지 않는 피의사실공표죄가 갑자기 사람들의 주된 관심사가 되었다. 국정농단과 적폐청산 놀음을 하면서 가끔 수사기관들이 피의사실을 노출하는 것이 아닌가 하는 의심들이 있었지만 크게 문제가 되지 않다가, 조국 전 법무부장관 사태를 거치면서 피의사실공표에 관한 관심이 집중되었다. 살아있는 권력이라 그나마 문제를 제기할 수 있고, 또 세간의 이목도 모이는 것이 아닌가 생각된다.

그동안 피의사실공표죄가 처벌 전례가 없는 것을 감안하면, 이 죄를 거론하는 사람은 허풍으로 적용되지 않을 것을 알면서 마치 적용될 것처럼 말하는 것일 수 있다. 또 아니면 지금까지는 아니었지만 앞으로 적용되기를 바라는 마음으로 그리 말하는 것일 수 있다.

그동안 피의사실공표죄가 이처럼 적용이 되지 않은 이유는 무엇일까. 첫째, 지금껏 검찰이나 경찰 등 수사기관이 법을 잘 준수하고 단 한 차례도 위법하게 피의사실을 공표한 적이 없기 때문일 수 있다. 다만 이에 대해서는 검사, 경찰관도 사람인데 어찌 한 번의 잘못도 없었을까 하는 의문과 함께 이를 그대로 믿을 순진한 사람이 별로 없을 것 같다. 둘째, 그 범죄행위의 주체가 '검찰, 경찰 기타 범죄수사에 관한 직무를 행하는 자 또는 이를 감독하거나 보조하는 자'로 규정되어 있어 수사관이 다른 수사관을 조사하는 것을 기대하기 어렵기 때문일 수도 있다. 수사기관끼리 서로 문제 삼지 않기로 하는 암묵적인 동의가 있었을 수 있다. 그럴 듯하다. 셋째, 수사의 주체가 피의사실을 공표하는게 분명히 드러나지만, 정치적 고려로 그러한 자를 처벌하지 않는 것이다. 이럴 가능성도 상당히 있겠다는 생각이 든다.

이 죄를 규정함으로써 보호하고자 하는 법익은 두 가지로 정리할 수 있다. 하나는 '국가의 범죄수사권'을 보호하겠다는 것이고, 다른 하나는 '피의자의 인권'을 보호하겠다는 것이다.

수사과정에서 알게 된 피의사실을 함부로 발설하는 경우, 수사에 방해가 되거나 수사를 망칠 수 있는 일이다. 또 피의자의 피의사실이 임의로 대외적으로 유출되는 경우 피의자는 기소도 되기 전에 대중, 언론, 주변인 등으로부터 정제되지 않은 비난을 온몸으로 받아야 하는 처지에 놓이게 된다.

공표된 피의사실이라 하더라도, 수사과정에서 결백이 밝혀져 기소되지 않을 수 있고, 또 기소되더라도 엄격한 증명을 요구하는 재판절차를 통해 무죄가 선고될 가능성이 있다. 그런데 이러한 절차로 나아가기도 전에 피의사실 전부나 일부가 유출되면 피의자는 다양한 형태의 불이익을 받는다.

세간의 관심이 큰 사건에서 피의사실이 조금이라도 유출되면 대중은 쉽게 그 사람을 유죄로 단정 짓고, 그때부터 그에 대한 비난을 퍼붓는 경우를 우리는 많이 경험한다. 이러한 비난이 쌓여 공분(公憤)이 누적되면 그 어느 시점에서는 마녀사냥이 시작된다. 그리고 대중은 여론재판, 인민재판으로 최종 평결을 내려버린다. '피의사실공표죄'라는 한 번도 처벌되지 않은 범죄가 그렇게 많이 대중에게 회자되는 데에는 이처럼 그 행위가 가져다주는 부작용이 크기 때문일 수 있다.

이처럼 잘못 유도된 공분은 법원에 대한 무언(無言)의 압력으로도 작동한다. 법원은 수사단계에서 영장발부 등을 결정함에 있어서 여론의 압력을 살피고, 기소 후에는 유죄로 판단하여 공분을 피하려는 경향을 보이게 된다. 물론 법관이 사안을 잘 간파하고 여론의 압력을 능히 이겨내어야 한다. 그렇지만, 대한민국의 판사 대부분이 그럴만한 혜안과 의지를 소유하고 있다고 자신 있게 말하기는 어렵다.

인터넷의 발달로 잘못된 공분이 쉽게 형성될 수 있는 환경이 만들어졌다. 여기에다 최근에는 선동과 인터넷 조작 등으로 오히려 그러한 공분을 조장하고 증폭시키는 자들이 있다.

국민의 알 권리와 언론의 자유는 앞서도 살폈듯이 당연한 기본권이다. 그러므로 기자들이 탐문을 통해 사실을 보도하려는 열정은 존중되어야 하고, 또 그러한 열정으로 인해 가장 정확하게 피의사실을 파악하고 있는 수사기관으로부터 정보를 얻으려는 그들의 노력도 수용되어야 한다. 그런 기자에게 당신들의 취재 의지를 꺾으라고 말하기 어렵고, 또 바람직하지도 않다. 게다가 '피의사실공표죄'는 신분범으로 원칙적으로 기자가 처벌의 대상도 아니다(공범으로 처벌될 가능성은 별도임).

그렇지만, 수사관이 혹여라도 피의사실을 흘린다면 그것을 두고, "아 ~ 피의자의 인권도 중요하지만 알 권리나 언론의 자유도 존중되어야 할 상황이라 후자를 위해 도리 없이 피의사실을 공표하는구나"라고 우리 스스로 생각하여, 그 피의사실을 유출한 수사관을 용서할 수는 없다.

수사기관이 그러한 핑계를 대고, 공익성을 이야기하더라도 그 위법성이 없어지지 않는다. 법리가 그러하고, 그러한 의도를 쉽게 믿어주기도 어렵다. 그냥 수사에 유리한 고지를 선점하기 위해, 또는 향후 재판과정에서 원하는 결과를 도출하기 위해 상황을 만들어가는 것이라고 이해될 여지가 많다.

기자의 질문에 "아직 수사 중이라 답변드릴 수 없다"라고 답변하는 것은 수사관이 '피의사실공표죄'를 방패로 하여 피의자의 인권을 보호하는 모습이다. 억측이 없고, 원래 우리 수사기관의 모습이 그러해서 형법 제126조가 당연히 적용되지 않은 것이라는 믿음이 생겨나길 기대한다.

언론계의 현실을 몰라 함부로 말하기가 조심스럽지만, 유독 어떤 사건에서는 온갖 정보(거짓 정보까지 포함하여)가 흘러나와 기자들이 큰 노력 없이 기사화하기에 바쁜 듯이 보이는데, 또 어떤 사건에서는 유독 기자들이 많은 발품을 팔아서 정보를 모으려고 해도 쉽게 정보가 알려지지 않는 경우들이 있다. 뭔가 불손한 의도를 가진 힘이 움직이고 있다는 의심을 받기에 충분하다.

문득 이런 생각이 들었다. 때로는 피의사실의 노출 정도가 판단의 왜곡 정도를 측정하는 바로미터(Barometer)일 수 있겠다는 생각이 든 것이다. 최근 수년간 정치적으로 예민한 사건에서 피의사실이 대중에게 많이 노출되었다. 정치적으로 힘을 잃은 세력에 대한 사법처리 과정에서는, 확인되지도 않은 수사 중인 내용이, 큰 장애 없이 언론을 통해 대중에게 유출되는 모습을, 우리는 대통령 탄핵과 적폐청산이라는 수사 과정을 통해 많이 목격하였다. 그런데 그러던 모습이 정작 정권의 실세가 수사대상이 되니 피의사실을 공표하는 것에 대하여 엄청난 견제가 이루어진다.

법이 무서운 것은 그 법이 지금은 내게 유리해도 나중에는 내게 칼날이 되어 돌아올 수 있기 때문이다. 그런데 내게 유리할 때는 한없이 그 법을 사용하다가, 내게 불리하면 그 법을 공격한다. 내가 상대를 공격하려는 상황에서 피의사실이 유출되자 아예 그러한 죄가 있다는 사실조차도 인식하지 못하다가, 자신이 공격을 받으니 갑자기 피의사실공표죄를 말하며 수사기관과 언론을 옥죄려고 한다면 설득력이 떨어진다. 그것이 권력의 힘을 업고 일어나면 수긍할 수 없다. 안타까운 것은 법원이나 검찰 등 사법기관조차 그것을 그때그때 편한 대로 적용한다.

 힘 빠진 권력이나 일반 시민들을 상대로 할 때는 '피의사실공표죄'를 언급조차 못하게 하더니 권력자가 수사의 대상이 되니 법원, 검찰조차도 그것을 엄격히 적용하는 모습을 보인다. 그러면 국민은 그러한 사법기관을 신뢰할 수 없다.

사람 따라 그어지는 포토라인

멍석말이라는 것을 본 적은 없지만 대강 무엇인지는 알고 있다. 동네나 문중 등에서 그들의 풍속이나 관습 규약을 위반할 경우에 그 위반하는 자에 대하여 사사로이 행하는 징벌이다. 일종의 관습형법이라 할 만한데, 가끔 인도나 중동국가에서 여성에 대한 인권유린이 그 부족이나 사회의 관습법으로 행해지는 것과 일어나는 양태를 보면 크게 다르지 않다. 국가가 정하는 법의 근거가 있을 리가 없고, 현대 형사법의 원칙으로 보면 그냥 집단적으로 행해지는 무원칙의 사적인 폭행이고, 야만적인 폐습인데, 마음이 더 불편하게 되는 것은 그 집행하는 방법이 다분히 비겁하다는 데 있다.

바로 사람의 신체에 폭행을 가하는 것보다는 멍석을 말아 팸으로써 간접적으로 폭행을 하여 상대적으로 생명을 잃을 가능성을 낮춘다는 미미한 명분에 기대어 멍석을 마는 것인지는 모르겠다. 그래도 그 폭행의 강도가 커지면 사람의 생명이라고 상하지 않을 리가 없다. 그런데 이러한 하잘 것 없는 명분에 비해 그 비겁함은 도를 넘는

데, 정작 맞는 자로 하여금 그 가해자를 모르게 가려 특정 가해자에 대한 원망을 차단하고, 나아가 패는 자들은 그 익명에 기대어 공분을 풀 수 있는 기회를 가지는 것이다. 그 과정에서 패는 자의 개인적인 사감을 푸는 것을 별도로 가려내어 차단할 방법이 없다.

그 대상자가 범한 범죄가 무엇인지, 그리고 그 범죄를 인정하기 위한 충분한 증거는 있는지, 고소되고 고발된 대상자가 변명할 최소한의 기회는 보장하였는지, 그 대상자의 잘못의 정도에 비례하여 적당한 매질을 하고 있는 것인지 하는 것들은 애초에 관심 밖의 일이다. 이성으로 정제되지 않은 공분만 있고, 집단으로 폭력을 휘두르는 과정을 통해 그 공분은 그것이 갈망하던 욕구를 채운다.

검찰청 앞 포토라인에서 형사피의자를 세워두고 언론에 가감 없이 그대로 영상을 내보내는 것을 두고 '현대판 멍석말이'가 아니냐는 지적들이 있다. 국민의 알 권리 보호하기 위한 것이라거나, 취재진의 혼선을 막고 질서를 유지하기 위한 것이라는 반론이 없지 않다. 그것을 반박하려고 무죄추정의 원칙 등을 꺼내 들기도 전에, 머리에 드는 생각은 포토라인도 멍석말이와 매일반 비겁하다는 것이다.

범죄 혐의가 분명하고, 증거가 충분하면 수사관은 피의자가 아무리 뻗대더라도 정면으로 승부를 걸면 될 일이다. 근데 왠지 넘어뜨리기 힘든 상대를 미리 대중에게 던져줘서 힘을 잔뜩 빼놓으려는 게 아닌가 하는 막연한 느낌, 그래도 편하지 않다 싶으면 중간중간 피의사실을 공표하며 상대의 전의를 온전히 꺾어 놓는 느낌이 드는 것이다.

물론 포토라인 설정의 주체도 모호한 상태에서 수사기관이 이러한 것을 의도했다고 단정하기 어렵고, 혹여 그런 불순한 의도를 가진 수사관이 있다고 하더라도 일반화하기는 더욱 어렵다. 그러나 그런 관행으로 사람의 생명이 상하는 일(고 이재수 전 국군기무사령관의 극단적 선택)까지 벌어지고 있는 형국이라면 그 결과만 놓고도 고민을 할 이유는 충분하다.

기자들의 질문이 쏟아져 봐야, 대개는 "수사에 성실히 임하겠습니다."는 식의 짧은 한마디를 듣는데 그치는 경우가 많아 국민의 알 권리를 크게 충족시키지 못하는 경우들이 많다. 그 필요성에 의문이 있다. 다만, 피의자가 스스로 자신의 의견을 피력하고 싶어할 경우도 충분히 있으므로 그러한 경우 언론이 자유롭게 접근할 수 있도록 하는 방안을 고안하는 것은 괜찮지 않을까 생각된다.

수사기관이 유출하든 유출하지 않든 혐의 사실이 유포되고, 그 유포된 혐의가 포토라인에 서는 수사대상자의 굳은 표정으로 형상화되면, 대중은 이미 그 사람을 죄인으로 볼 공산이 커진다. 그리고 공분을 노출하기 시작한다.

공분이 쌓이면 판단하는 자의 운신의 폭은 현저히 줄어들 염려가 있다. 그 공분에 거스르면 공익에 부합하지 않는 비상식적인 재판이라는 지탄이 돌아온다. 판결은 공익(공분은 공익도 아님)보다는 진실이 앞서야 하는 데도 말이다.

'공분털기'식의 제도를 이제 하나씩 털어 낼 때가 되었다. 대중이 원한다고 휘발성 강한 소재를 쏟아내는 데에만 열중하다 보면 대중의 상식이 중독되고, 이성이 마비될 수 있다. 대중도 기다릴 줄 알고 합리적으로 판단할 수 있게 성숙해야 한다. 그냥 대중의 갈증만 맞추는 관행을 자꾸 만들어가면, 그래서 왜곡된 사실이 대중에게 쉽게 노출이 되면, 그리고 그런 뒤틀린 사실인식에 위안이 되는 판결을 할 위험이 높아지면, 여론에 휘둘리는 사법의 후진성을 탈피하려는 바램은 영구미제로 남을 것이다.

대통령에 대한 탄핵과 전 정권 인사들에 대한 형사처벌, 그 후 사법부를 포함한 전방위적인 적폐청산이라는 명분 하의 사법처리 과정에서 참으로 많은 사람을 포토라인에 세웠다. 사법절차를 통해 제대로 변명할 기회를 가지기도 전에 많은 사람이 포토라인 앞에 섰고, 이들은 적대적인 언론에 의해 전혀 자비가 없는 공격을 당하였다. 그리고 그 순간 이미 유죄로 판단된 범죄자들의 모습으로 그려졌다.

그런데 정작 정권의 실세와 관련한 수사가 진행되니 예상치도 않게 포토라인을 없애고 기자들 몰래 검찰청사 지하주차장을 통해 비공개 출입을 허락한다. 포토라인을 통해 피의자가 언론에 조롱을 당하는 듯한 현상을 방지할 필요가 있다는 것인데, 아예 언론이 접근할 방법조차 차단해버린다. 이렇게 균형감 떨어지게 운용되면 때로는 피의자의 인권을 유린하고, 때로는 언론의 자유를 무시하는 결과를 만든다는 비난만 초래할 것이다.

특별검사제도, 특별히 불필요한 제도

　우리나라는 많은 정치적 사건들에서 특별검사제도를 채택하여 시행하였다. 특별사법기관을 그렇게 많이 만들어서 처리한 만큼 더 효율적이고 공정한 수사가 되었고, 그래서 사회가 더 나은 방향으로 진전이 되었다는 흔적이 보이면 그래도 의미가 있었다고 평가할 수 있다. 그런데 현실은 별로 그렇지 못하다. 우리나라의 특별검사제도가 무엇이 문제인가를 살펴보자.

미국의 특별검사제도

　많은 나라가 다양한 형태로 특별 수사기관을 두고 있지만, 우리나라가 채택하고 있는 특별검사제의 근원은 아무래도 미국의 특별검사제도에서 찾는 것이 맞을 듯하다.
　미국에서 특별검사가 처음으로 임명된 것은 1875년으로, 당시 율

리시스 그랜트(Ulysses Grant) 대통령은 자신이 남북전쟁에서 활약할 당시에 데리고 있던 측근 장군들을 인사에서 중용했는데, 그의 비서였던 오빌 밥콕(Orville E. Babcock), 존 맥도날드(John MacDonald) 장군 등이 미주리 위스키 제조업자들과 결탁하여 세금포탈을 도와주는 대가로 막대한 뇌물을 받는 사건이 발생하면서 처음 도입되었다.

당시 임명되었던 특별검사는 우리나라에서 시행된 특별검사와는 차이가 있다. 특별검사(Special Prosecutor 또는 Special Counsel)라고 불리는데, 특별한 사안에 대하여 법무장관(검찰총장, 미국에서는 U.S. Attorney General이라고 하여 우리의 법무장관에 해당하는 사람이 검찰총장의 역할도 함께 수행함)이 외부인을 특별검사(아래에서는 구별의 편의를 위하여 소극적 특별검사로 표시함)로 임명하고, 그 해임도 법무장관이 할 수 있는 제도이다. 특별검사의 임명에 국회가 관여하고 대통령이 임명하는 우리와는 다르다.

검찰청 조직 내에 있는 일반 검사를 임명하는 것이 아니라 외부인을 검사로 임명하여 특정사건을 맡게 하는 것이다. 그러나 법무장관이 인사권을 행사하여 임명하는 것이라는 점을 감안하면 기존 검찰 제도의 틀은 그대로 두면서 외부인을 통해 공정성을 확보하고자 한 것이라 볼 수 있고, 따라서 특별한 법적 근거 없이 관습법으로도 임명할 수 있었다.

이러한 특별검사제도가 성문법에 의한 특별검사제도로 강화되는 계기는 1972년에 발생한 워터게이트 사건이다. 당시 관습법으로 임명된 소극적 특별검사의 수사가 닉슨 대통령에게 불리하게 진행이 되자 대통령은 법무장관에게 그의 해임을 지시하였고, 법무장관이 이를 무시하고 사임하자, 다시 법무차관에게 특별검사의 해임을 명하였지만, 그도 지시를 따르지 않아 해임시켰다. 결국 법무차관보에 의하여 특별검사는 해임되는데, 이러한 대통령의 압력과 법무장관의 임명 및 해임 권한을 제한하기 위해 의회에 의해서 특별검사제도가 법률로 제정된 것이다.

1974년 8월경 닉슨 대통령은 결국 사임한다. 그리고 선거운동과정에 특별검사의 신분보장을 내세운 카터 대통령에 의해 1978년 10월경 특별검사법으로 알려진 공직자윤리법(Ethics in Government Act of 1978)이 5년의 기한을 가진 한시법으로 제정되었다. 이 법률은 그 후 세 차례의 개정을 거쳐 1999년까지 지속되었다. 이 법의 1차 개정 때인 1982년에 종전의 스페셜 프라시큐터(Special Prosecutor)라는 명칭 대신에 인디펜던트 카운슬(Independent Counsel, 구별의 편의상 이것만을 적극적 특별검사라 함)로 명칭이 변경되었다.

그 임명은 법무장관이 예비수사를 하고 그 절차를 통해 본수사가 필요하다고 판단되는 경우에 워싱턴DC 연방 순회항소법원 내에 설치된 판사 3인의 특별재판부에 특별검사의 임명을 요청하게 되고, 특별재판부는 이러한 요청이 있으면 적절한 자를 선정해 특별검사로 임명하고 그에게 필요한 수사권의 범위를 정해준다. 의회는 특별검사의 직무행위에 대하여 감독권을 가지고 있고, 특별검사의 임명과 관련된 법무장관의 직무행위에 대해서도 감독권을 갖는다. 법무장관은 특별검사에 대한 해임 권한을 갖는다.

법원이 적극적 특별검사의 임명에 관여함으로써 대통령의 영향력을 배제하였고, 또 의회에 의한 감독 등이 가능하게 되어 소극적 특별검사보다는 더 강화된 권한을 부여받은 것은 사실이다. 그러나 적극적 특별검사제도는 헌법상의 대원칙인 권력분립의 원칙에 반한다는 비판, 공직자의 비리를 강조하면서 일반수사에서의 기준보다 훨씬 심한 기준으로 공직자를 수사하게 되어 일반사건과의 형평에서 어긋나거나 정치적으로 남용될 위험이 있다는 비판, 소모되는 시간과 비용에 비하여 그 효율성이 떨어진다는 비판 등이 있어 왔고, 이러한 사정으로 5년마다 갱신하여 오던 특별검사법을 1999년에 이르러 더 이상 추가 연장하지 않음에 따라 현재는 폐지된 상태이다.

그럼에도 불구하고 트럼프 대통령의 러시아 스캔들을 수사하기 위하여 뮬러 특별검사가 임명된 것은 그가 이 글에서 말하는 소극적 특별검사로 임명되었다는 의미가 된다. 특별검사법이 1999년 폐지되어서 적극적 특별검사의 임명이 어려운 상태라 미국 법무부가 자체 규정을 만들어 이에 기초해 소극적 특별검사를 임명하였던 것이다. 그런 사정으로 뮬러 소극적 특별검사는 연방항소법원의 특별재판부가 아닌 법무차관에 의해 임명되었다(법무장관은 러시아 스캔들 의혹에 관여되었다는 사정으로 스스로 임명을 자제함). 따라서 앞서 언급한 바와 같이 소극적 특별검사에 대해 대통령이 법무장관을 통해 해임을 압박할 여지가 있다. 다만 트럼프 대통령이 '최대의 마녀사냥'이라고 반발하면서도 국정의 원활한 수행을 위해 신속한 수사 종결이 필요하다는 취지에서 이를 수용한 것이다.

엄밀히 말하면 미국의 소극적 특별검사는 우리식 표현으로는 특별검사라는 표현보다는 특임검사라고 표현하는 것이 더 바람직하다. 이렇게 하는 것이 아래에서 말하는 우리의 특별검사와 제대로 구분이 된다.

우리나라의 특별검사제도

우리나라의 특별검사법을 살펴 보면, 조폐공사 파업 유도 및 옷 로비 사건 특별검사법의 제정으로 2명의 특별검사가 임명된 이래 드루킹 댓글 조작 사건 특별검사법까지 12번의 개별 사건에 대한 특별검사법이 제정되었고, 또 그를 통해 13명의 특별검사가 임명되었다.

그리고 2016년 11월에는 새로운 법률로 아예 상설 특별검사제도를 만들어 국회나 법무부 장관이 특별검사의 수사가 필요하다고 판단한 사건에 대해서 특별검사를 임명하도록 규정하였다. 이처럼 상설특별검사법은 만들어졌지만 이 제도는 한 번도 활용되지 않았고, 이 법 이후에도 최순실 게이트 특별검사법과 드루킹 댓글 조작 사건 특별검사법은 모두 별도의 개별법으로 제정되었다.

미국이 앞서 본 바와 같이 이런저런 부작용을 이유로 3회에 걸쳐 연장을 해오던 특별검사법을 폐기할 무렵인 1999년경에 정작 우리나라는 '조폐공사 파업 유도 및 옷 로비 사건 특검법'이라는 최초의 특별검사법을 만들었다. 하나의 특별검사법을 제정하면서 사안별로 조폐공사 파업 유도 사건과 관련해서는 강원일 특별검사를, 옷 로비와 관련해서는 최병모 특별검사를 각 임명하여 하나의 법으로 두 명의 특별검사를 선정하였고, 그 후 개별 특별검사법을 만들 때마다 한 명의 특별검사를 임명해 2018년 드루킹 여론조작 사건과 관련하여 허익범 특검이 임명될 때까지 약 20년간 12회의 특별검사법과 13명의 특별검사가 임명되었다. 이처럼 다수의 특별검사가 임명되고 많은 수사가 있었지만 그 어느 특별검사의 수사결과도 국민 대다수의 공감대를 얻어낼 정도로 성공이었는지에 대하여 의문이 있다.

정권의 힘이 서슬 퍼렇게 살아 있을 때는 특별검사제도의 이름이 무색하게 맥없는 수사결과를 내어놓고, 정권의 힘이 빠지거나 정권의 존망과 관련 없는 비리에 대해서는 한없이 예리한 칼로 내리친 것으로 보인다.

폐지된 미국의 특별검사법은 특별검사의 임명에 대한 권한을 연방항소법원에 맡겼다. 정치적인 성격이 강할 수밖에 없는 대통령이나 의회보다는 법원의 정치적 중립성을 더 신뢰한 탓이 아닐까 생각한다. 민주주의의 전통이 오래되고 사법부 우위의 국가운영으로 법적 안정감이 높은 미국 사회의 분위기에서도 정치적 중립성을 제고하기 위하여 법원에 그 임명 권한을 맡겼던 것인데, 그렇게 만들어진 특별검사제도조차도 권한의 정치적 남용 등의 비판을 받으면서 폐기되었다.

그리고 기존 검찰제도의 틀은 유지하여 권력분립의 원칙은 지키면서 외부인으로 하여금 독립하여 수사하게 하는 소극적 특별검사제도만을 유지하고 있을 뿐이다. 그런데 이러한 소극적 특별검사제도에 의해 임명된 밀러 특별검사조차도 그 정치적 편향성에 대하여 지속적으로 도전받고 비판받았다.

한미 특별검사제도의 비교 및 한국 특별검사제도의 문제점

우리나라 특별검사의 임명은 미국 특별검사의 임명과 그 방법을 달리한다. 그러나 법률에 근거하여 성립되고 그 임명에 국회와 대통령이 관여한다는 점에서 미국의 소극적 특별검사보다는 1999년 폐지된 미국 특별검사법에 의한 적극적 특별검사에 더 가깝다고 볼 수 있다.

미국은 사법부가 적극적 특별검사의 임명에 관여하게 함으로써 특별검사의 정치적 투명성을 도모하는 반면에, 우리나라는 국회와 대통령이 그 임명에 관여하게 함으로써 그 임명 자체가 타협의 산물이 될 가능성이 크다.

실례로 최순실 게이트 특별검사를 임명할 당시 국회가 추천하는 2명의 특별검사 후보를 모두 야당들이 정하도록 입법한 적이 있다. 정치적으로 중립적이라는 외관을 만들기 위해서라도 여야의 합의로 할 수 있었던 부분인데, 정치적 타협을 통해 야당에게 그 추천권을 모두 넘긴 것이다. 특별검사의 수사범위도 법원이 정하는 것이 아니라 정치인인 국회의원들이 정치적 타협을 통해 결정하도록 하였다. 수사의 주체와 대상, 범위 등이 정치적인 영향으로부터 자유롭기 어렵다. 미국에서 정치적 영향 등을 이유로 폐지된 특별검사제도보다 더 정치적 영향에 노출되기 쉬운 특별검사제도를 유지하고 있다.

약 5천 년의 역사를 가지고 있지만 대한민국이 자유민주주의를 경험해 본 기간은 건국 후 약 70년에 지나지 않는다. 그나마도 나라의 시작과 동시에 반란과 폭동이 있었고, 전쟁의 참화를 겪었으며,

정변과 정적의 숙청, 시위와 폭동 등을 겪었고, 지금 이 순간에도 비이성적인 정치문화와 지나친 반목으로 온 국민이 패가 나뉘는 미숙함을 겪고 있는 나라이다. 이런 나라에서 미국보다 더 권한이 막강하고 정치적 영향력에 취약한 특별검사제가 정상적이고 합리적으로 작동할 것이라고 기대하는 것은 과욕이다.

혹여 노파심이기는 한데, 그러면 폐지된 미국의 적극적 특별검사제도와 같이 국회나 대통령이 아닌 법원이 특별검사를 임명하는 형태는 괜찮으냐고 반문할 수 있겠다. 반대한다. 그렇지 않아도 법원이 홍수처럼 밀려드는 정치적인 사건들로 몸살을 앓고 있고, 그 구성원 간에 정치적 대립까지 보이려는 양상이 있는데, 이러한 법원에다가 특별검사의 임명까지 맡긴다면 법원에 대한 정치적 오염만 심화될 뿐이다.

미국은 모리슨 대 올슨(Morrison vs. Olson) 사건을 통해서 특별검사제도가 헌법에 위반되지 않는다고 판단한 모양이다. 우리 헌법재판소도 개별법에 의한 특별검사법에 대하여 '비록 처분적 법률에 해당한다고 하더라도 곧바로 헌법에 위반되는 것이 아니고 처벌이 합리적인 이유로 정당화되는 경우에는 헌법에 의해 허용된다'는 입장을 취하고 있다. 그러나 위법하지 않다고 해서 합리적이라거나 타당하다는 것은 아니다. 미국이 특별검사법을 폐지한 것은 그것이 위법했기 때문이 아니라 정치적이고 권한이 남용되며, 실효성에 의문이 있었기 때문이다.

이미 시행된 개별 사건들에 대한 특별검사법도 과한데, 아예 상설 특별검사법을 만들었다. 그리고 이제는 나아가서 공수처라는 더 무서운 수사기관까지 등장하였다. 국가가 올바른 시민의식을 양성하고, 바른 공직사회의 문화를 만드는데 노력하는 방법을 택하기보다 무서운 칼의 숫자만 늘려간다는 인상을 주는 것은 바람직하지 않다. 밀러 특검이라는 소극적 특별검사의 수사결과만으로도 미국이라는 큰 나라가 온통 소란스럽다. 타산지석으로 삼아 경계할 필요가 있지 않을까 생각한다.

"만약 한국검찰이 '죽은 권력'을 무는 하이에나가 아니라 이른바 '성역'으로 뛰어 들어가 현재의 살아있는 권력과 싸우는 해치(정의를 지키는 전설 속의 동물)로 국민들에게 비춰졌더라면 이 제도(특별검사제)의 도입은 애초에 주장되지도 않았을 것이다." 조국 전 법무부장관이 쓴 글로 알려져 있는데, 검찰이 해치를 닮으라는 주문이 있어 반길만하다.

공수처 신설, 누구를 위해?

　국가기관을 새로이 만드는 문제는 영속성을 전제로 하기 때문에 신중을 기하여야 할 문제이다. 특히 그 국가기관이 국민의 생명, 신체 및 재산을 제한하는 수사권을 다루는 기관일 경우에는 마치 예리한 칼날을 다루는 것과 같아서 고도로 신중해야 한다.
　법과대학에서 법학과 학생들이 제일 많이 듣게 되는 법언 중에 하나가 (이젠 대중에게도 익숙한) "권력은 부패한다, 절대 권력은 절대 부패한다"는 말이다. 권력이란 그 속성상 전횡의 유혹을 뿌리치기 어렵고, 이를 제약할 필요에서 인간의 오랜 경험의 축적을 통해 이루어 놓은 것이 현재의 문명국가의 형사사법제도이다. 일단 별생각 없이 이루어진 것 같은 형사사법제도가 나름의 충분한 이유를 가지고 견제와 균형을 유지하면서 절대 권력의 출현을 막도록 제도화된 것이 자유주의의 형사사법 질서이고, 우리가 이를 채택하고 있다.
　형사사법의 최전방에서 많은 인력과 광범한 재량으로 업무에 임하는 경찰이 권한의 행사를 남용할 위험을 검찰의 수사지휘 및 기소

독점 등의 제도를 통해 견제한다. 검사 역시 기소권을 독점하여 통제가 어려운 듯 보이지만 현실적으로 인력과 업무영역에서 비교가 되지 않는 경찰조직의 수사 결과에 상당 부분 의존하지 않을 수 없는 한계가 있다. 그러면서 법원의 판단을 통한 통제 역시 받아야 한다. 법원도 검찰의 기소 없이는 아무런 사법작용을 할 수 없는 내재적 한계를 가지면서, 동시에 심급을 통해 내부통제를 도모한다. 이처럼 사법기관 상호간 또 각 사법기관 내부의 각각의 견제와 균형 장치를 통해 수사권과 형사사법권을 어느 한 기관이 독점해 전횡하는 것을 방지한다.

더해서 형사사법 절차가 정치에 의해 왜곡되는 것을 방지하기 위하여 검찰을 별도의 조직으로 두고 검찰총장이라는 완충장치를 두어 정치적 입김이 검찰조직 내로 스며드는 것을 방지하는 제도적 안전판을 마련하고 있다. 사법권의 독립도 결국은 법원의 정치화를 방지하는 가장 강력한 수단이다.

더 세부적인 내용까지 언급하자면 지면이 한정 없이 늘어날 것이다. 이처럼 오랜 역사적 과오와 학문적 숙고를 거쳐 정비된 형사사법 절차 안에 난데없는 이질 분자가 만들어졌다.

이른바 고위공직자범죄수사처 즉 '공수처'란 기관은 누가 견제하고 통제할 수 있을지 궁금하다. 고위공직자범죄수사처 설치 및 운영에 관한 법률 제3조 제1항 및 같은 법 제20조에서는 고위공직자범죄 등에 관한 수사, 고위공직자 중 일부에 대한 관련 범죄의 공소제기 외 유지에 관하여 규정하고 있다. 독자적인 수사권에 일부 공소제기 및 유지에 관한 권한까지 부여되어 있어, 주된 적용대상이 될 고위직 경찰공무원, 검사, 법관 등은 공수처의 태생과 더불어 그 신생 조직에 무릎을 꿇어야 한다. 견제는 고사하고 눈 한번 흘겨볼 수 없을 공산이 크다.

정치권으로부터의 완충장치도 없어 정치적 입김이 그대로 이 수사기관에 영향을 미칠 수 있다. 공수처장의 임명과 같이 그 구성에 선출직 공무원인 대통령이나 국회가 관여할 수 있도록 하여 정치적 열기의 전도율도 현저히 높다. 물론 검찰총장의 임명에도 대통령이나 국회의 관여가 없는 것은 아니지만, 전국적인 대규모의 조직과 달리 처장과 몇 명의 검사, 수사관으로 구성되는 소규모 조직에 정치적 주체에 의한 인사가 이루어져 정치적 영향에 취약할 것이 분명해 보인다. 그리고 애초에 이 조직의 출생 자체가 정권의 검찰 통제라는 정치적 목적에서 출발했다는 것이 정확한 시각일 수 있다.

'고위공직자의 부패를 처단한다'고 하면 대중은 환호할 수 있으나, 이러한 명분에 지나치게 천착(穿鑿)하면 다분히 선동적일 수 있다. 대중들의 머릿속 이미지에는 고위공직자가 많은 뇌물을 받고 부정한 청탁을 처리해 주는 모습이 떠오를 수 있으나, 만약 그러한 정도의 문제만 이 국가기관이 다룬다면(그 역시도 바람직하지 않지만), 아마 대부분 고위공직자는 크게 안도할 것이다. 모든 공직자가 청렴하다고는 생각하지 않지만, 그러한 정도로 부패한 공직자의 수는 그리 크지 않다. 현재의 형사사법제도로는 도저히 힘에 부쳐 별도의 국가기관을 만들지 않으면 안 될 정도로 우리나라의 공직사회가 망가져 있다고는 생각되지 않는다.

아마도 추측건대 직권남용, 직무유기, 공무상 비밀누설 등 다양한 공무원 범죄에 대한 실제 형량이 현저히 높아지고, 오히려 이러한 범죄들이 공무원 대부분을 옥죌 가능성이 있다. 직권남용 등으로 엄청난 숫자의 공무원들이 현재도 사법판단에 내맡겨진 상태이다. 다분히 자의적으로 처리될 수 있는 형벌조항들이다.

시민들은 너희들만의 일이라 치부할지도 모르겠다. 그러나 꼭 그렇지만은 않다. 어떤 공무원이 민원인의 딱한 사정을 들어 안타까운 마음에 법해석을 다소 완화시켜 적극적으로 처리하였다가는 직권남용으로 처벌될 수 있다. 또 그것이 무서워 법해석을 엄격하게 하여 지극히 신중한 태도를 보였다가는 이번에는 직무유기의 칼날을 들이댈지도 모르겠다. 민원인은 영문도 모르고 춤추는 잣대에 엄청난 피해를 볼 수도 있다. '그런 일이 어딨느냐, 과장한 것이 아니냐'고 반문하는 이들이 있을 수 있는데, 개인적으로 재판에 임해 일을 처리하는 과정에서 공무원들 참 난감했겠다는 느낌이 드는 경우들을 많이 보아왔다.

'공수처가 그리 기준을 엄하게 적용할까'라는 의문도 있을 수 있다. 물론 공수처가 앞으로 어떠한 기준으로 임할지 섣부르게 답하기는 어렵다. 다만 우려 섞인 상상을 해보면, 정치와의 차단막이 거의 없어 정치권력이 제시하는 기준이 그대로 반영될 우려가 그 하나이다. 또 하나는 이 신생기관이 자신의 존재 이유를 찾으려고 하고, 권한을 확대하려고 노력하는 과정에서 기준이 과하게 적용될 수도 있겠다는 생각이다.

이제는 옛날 이야기이지만 불과 몇 년 전만 해도 검사의 불기소처분에 대하여 헌법재판소가 그 당부(當否)를 판단하였다. 헌법재판소 연구관으로 근무하면서 전해 들은 이야기이지만 처음에 헌법재판소가 만들어지고 사건이 없어서 헌법재판관 중에는 아는 변호사들을 만나면 헌법사건 좀 만들어 오라는 당부를 했단다.

그리고 전혀 헌법적인 이슈가 없는 검사의 불기소처분에 대해서도 그 권한 범위 내로 끌어들이기 위해 노력했다는 이야기가 있다. 기관이나 조직은 위치가 선명하지 않고 취약하다는 것을 쉽게 견디지 못한다. 다소의 희생양이 생기더라도 기관은 존재의 의미를 찾기 위해 노력한다.

'공수처가 아무리 법을 엄하게 적용하여도 법원이 그리 쉽게 죄를 인정할 수 있겠나?'라고 또 이야기할 것이다. 그 말에도 동의한다. 그러나 굳이 유죄의 판단을 받지 않더라도 상관없다. 공무원들이라는 사람들은 지극히 승진과 전보에 민감한 존재들이다. 수사대상에 오르고 수사 개시만 되어도 그 해당 공무원들을 압박하기에 충분하다. 더 나아가 굳이 수사까지 나갈 필요도 없이 단지 첩보수집 차원에서 불러내도 그 공무원의 운신의 폭은 상당히 제한된다.

공무원 중에 비교적 독립성이 잘 보장되어 있다고 볼 수 있는 판사들조차도 언론의 향배에 민감하게 반응하고, 헌법과 법률에 앞서 여론의 물리력에 굴복하는 경우들을 볼 수 있는데, 공수처의 의중이나 기준이 그 여론의 물리력보다 과연 약할지는 조금만 생각해 보면 알 수 있다.

공수처의 처장은 국회의 인사청문회를 거치고 대통령이 임명하게 되는데, 그 위치가 족히 검찰총장, 국정원장과 같은 반열에 오르게 된다. 그런데 그 권한은 오히려 그들을 능가할 수 있겠다는 생각이

든다. 과거 안기부에서 대공 방첩 기능을 뺀 것과 그 권한(그나마 이 권한은 비밀리에 행사했다)의 수준이 비슷하게 느껴지는데, 그런 안기부조차도 기소권은 전혀 가지지 못하는 존재였다.

공수처의 잘못된 운영은 전혀 반대의 양상으로도 나타날 수 있다. 앞서 언급한 것과 같이 고위공무원을 옥죄고, 겁주는 형태로 나타날 수 있지만, 정권이 자신들의 충복인 고위공직자들의 비위를 숨기기 위한 방패막이로 이용하는 것도 가능하다. 검찰의 예리한 칼날이 집권자의 충복에게 향할 위험을 차단하기 위하여, 사전에 그러한 비위를 공수처로 옮겨놓고 그 공직자에 대한 수사를 묵혀둔다면 그만한 피난처도 없다. 어떻든 정권의 수호를 위한 유리한 기관으로 역할을 할 수 있다. 공수처의 직무유기라는 지적이 있을 수 있지만, 그것을 누가 나서서 막을 방법이 없다.

제도는 영속적이다. 현 정부 권력의 선의를 믿으라고 말하여(권력의 속성상 가능하지도 않겠지만) 그리한다고 하더라도, 그다음 또 그다음 정권의 선의까지 담보할 방법은 없다. 선의에만 의존할 것 같으면 애초 그러한 제도를 만들 필요조차도 없다. 만약에 순수하게 공무원의 부패만을 제동하기 위한 것이라면 권한을 남용하거나 부패범죄를 저지르기가 상대적으로 불리한 야당에다가 공수처 처장의 선임과 그 구성 권한을 주는 것이 그나마 그 진실성을 담보하는 것이다. 그러나 그럴 리 없다. 야당이 협조하지 않자 공수처장의 선정에서 야당의 몫을 아예 없애버리는 입법을 하였다.

참으로 중요한 문제인데, 충분한 논의도 각 형사사법기관의 의사도 제대로 반영되었다고 보기 어렵다. 정치권 안에서도 야당의 충분한 동의를 얻었다고 보기 어렵다. 초대 공수처장에 야당 추천후보자로 지명된 석동현 전 검사장은 "개인적으로는 공수처는 태어나서는 안 될 괴물기관으로 보지만 애당초 국회에서 공수처 설치법을 만들 당시 야당이 무기력해서 못 막은 것이 화근"이라고 말했다. 방대한 경찰조직과 검찰조직이 있는데도 불구하고, 수시로 특검법을 만들어 특별검사를 임명해오며, 그 와중에 상설특검법까지 만들어 둔 나라이다. 여기에 이런 괴물기관인 공수처까지 만들어지는데, 이를 지켜보는 심정은 더 든든해지고 공직사회가 정의로워질 것이라는 기대보다는 앞으로 사법기관들이 얼마나 더 정치판에 흔들릴지 우려하는 마음뿐이다.

03

한반도와 그 주변 그리고 법

북한이탈 국민의 부당한 추방

2019년 11월 7일 탈북 주민 2명을 살인자라는 북한의 주장과 요구에 따라 북한으로 송환한 사건

"국가는 자국민의 출국을 금지할 수는 있다. 그러나 자국민의 입국을 금지할 수는 없다." 이것이 법의 상식이다. 그리고 당연한 파생원리로 "국가는 자국민을 추방할 수 없다."

자국민이 범죄를 저질러 외국으로 도피하려고 하면 국가는, 그의 출국을 금지시키고 신병을 확보하여 형사처벌을 할 수 있다. 그러나 자국민이 외국에서 범죄를 저지른 후 국내에서의 처벌을 감수하고라도 국내로 입국하려 할 경우, 또는 정치적 이유에서 정권에 부담이 되어 입국하지 않았으면 하는 자국민이 굳이 입국하려는 경우 등 어떤 사정이 있더라도 국가는 입국하겠다는 자국민을 막을 수 없다. 더하여, 패륜적이거나 극악무도한 범죄를 저질러 수사와 재판을 거치는 것조차 못마땅해서 그냥 외국으로 추방해 버리고 싶은 충동이 드는 국민이 있다고 하더라도, 국가는 그를 국외로 추방할 수 없다.

외국인에 대해서는 이러한 제약이 없다. 애초에 입국을 금지할 수도 있고, 국내에 형사관할권이 있어 처벌이 필요할 때는 출국을 금지할 수도 있으며, 필요하면 법이 정한 절차에 따라 추방하더라도 문제가 되지 않는다. 국민과 외국인은 이렇게 차이가 난다. 그런 이유에서라도 내 나라에 있으면 편하고 안정감이 든다.

이러한 국민과 외국인의 차이에 대하여 언급하는 이유는 그러면 탈북 주민은 어떻게 볼 것인가의 문제가 있고, 또 이들을 북한 정부가 요구한다고 해서 그들의 의사에 반하여 북한으로 송환해도 되는가의 문제를 살펴볼 필요가 있기 때문이다.

대한민국에서 국민으로 이러한 합당한 대우를 받으려면 대한민국 국민이 되어야 한다. 대한민국의 국민이 되기 위한 요건은 국적법이 정하고 있는데, 국적은 출생, 인지(父나 母가 子를 자신의 자식이라고 인정하는 것), 귀화 등에 의하여 정해진다.

가장 일반적인 국적취득 방법인 출생을 보면, 다음에 해당하는 사람은 출생과 동시에 대한민국 국적을 취득한다(국적법 제2조 제1항).

1. 출생 당시에 父 또는 母가 대한민국의 국민인 자
2. 출생하기 전에 父가 사망한 경우에는 그 사망 당시에 父가 대한민국의 국민이었던 자
3. 父母가 모두 분명하지 아니한 경우나 국적이 없는 경우에는 대한민국에서 출생한 자

대한민국은 위 조항에서 보듯이 원칙적으로 속인주의(屬人主義)를 취해서 부모 일방이 대한민국 국민이어야 하고, 부모가 모두 외국인이면 국민이 될 수 없다. 다만 부모가 모두 분명하지 않은 경우, 대

한민국 내에서 태어나면 국민이 될 수 있어 예외적인 속지주의(屬地主義)를 채택하고 있다.

주권과 제한된 통치권의 괴리

대한민국 국민이 되는 일반적 요건은 이렇게 분명해서 그리 어려울 것이 없다. 문제는 대한민국이 분단국가이고, 헌법에 의해 그 주권이 미치는 영토는 한반도와 그 부속도서인데(헌법 제3조), 실제 완전한 통치권이 미치는 범위는 휴전선 이남에 한정되고, 그 이북의 북한 지역은 통치권이 제한된다는 데 있다.

한 국가의 주권이 미치는 모든 지역은 완전한 통치권이 미치는 것이 마땅한데, 주권이 미치는 지역 중에서 일부 통치권이 제한되는 지역이 발생하면서 주권과 현실적인 통치권 사이에 괴리가 발생한 것이다.

분단 당시 서독은 이러한 문제를 고려하여 항구적 성격의 완전 헌법(die Verfassung)을 제정하지 않고, 대신 임시적 성격의 기본법(Grundgesetz)를 제정하였다. 일단 같은 말로 보이지만, 헌법은 법률과 차원을 달리하는 상위법이고, 기본법은 동등한 법률 중에서 가장 으뜸이라는 정도의 뉘앙스 차이가 있다. 그리고 서독은 그 기본법의 통치범위를 구 서독지역을 구성하는 주(州)의 주민으로 한정하였다.

이렇게 하면 주권이 사실상 행사되는 통치권과 일치하는 장점이 있었다. 반면 논리적으로 서독으로부터 동독이 완전히 분리되어 별

개의 국가로 이해될 수 있다. 이에 대하여 서독 정부나 서독 연방헌법재판소는 동독에 대하여 특수한 관계로 보거나, 포기할 수 없는 법적 지위를 갖는다고 보아 전혀 별개의 독립된 국가라는 입장을 피하려고 노력하였다. 주권과 제한된 통치권의 현실적 괴리를 논리적으로 완전하게 설명하기에 어려움이 있었다는 사정은 우리나라와 크게 다르지 않았던 것으로 보인다. 그 후 통일된 독일은 기본법은 그대로 두면서 개정을 통해 동독의 각 주(州)가 서독에 가입하는 형식을 취해, 기본법의 장소적 적용 범위를 독일 전체로 확장하였다.

우리는 주권의 적용 범위를 한반도와 그 부속도서로 정하고 있고, 헌법 전문에서 자유민주적 기본질서를 헌법이 추구하는 근본적 가치로 정하고 있으므로, 한반도 내에서 주권의 완전한 작용을 방해하고 헌법적 가치의 실현을 거부하는 집단이나 무리에 대하여서는 헌법질서 밖에 있는 것으로 선언할 수밖에 없다. 이러한 이유에서 우리 대법원 판례는 북한에 대하여 법리상 주권을 인정할 수 없는 반국가단체로 파악하고 있다.

대한민국 헌법 제3조와 제4조의 관계

대한민국 헌법은 제3조의 영토조항에 이어, 제4조에 통일조항을 두어 '대한민국은 통일을 지향하며, 자유민주적 기본질서에 입각한 평화적 통일정책을 수립하고 이를 추진한다'고 규정하고 있다.

통일이라는 것이 나누어진 둘 이상의 주체를 하나로 합친다는 의미를 가지기 때문에, 그 개념이 내재적으로 두 개 이상의 주체가 존재한다는 사실을 인정하여야 한다. 이러한 형식논리적 접근에 기초하면 통일조항이 북한의 존재를 인정하고 있다고 해석될 수도 있다.

헌법 제4조의 통일조항을 헌법 제3조의 영토조항과 관련하여 해석하면서, 1민족에 2국가를 인정한 것이라거나 1민족에 2정부를 인정한 것이라는 등의 소수 주장도 이러한 전제에 기초한 것이 아닌가 생각된다. 그러나 동조하기 어렵고 원칙과 예외의 문제, 목적과 수단의 문제를 혼동하고 있는 것으로 생각된다.

한반도 안에는 대한민국이라는 하나의 국가가 존재한다는 것(유일합법 정부론)이 우리 헌법의 결단이다. 이러한 결단을 선언한 것이 헌법 제3조의 영토조항이다. 그리고 이러한 헌법적 결단이 제대로 구현되지 않는 현실에서 이를 극복하라는 과제를 부과한 것이 헌법 제4조의 통일조항이다.

통치권이 주권의 범위와 완전히 합치하여 대한민국의 모든 영역에서 효력을 발휘하는 것이 원칙이지만, 일부 지역에서 통치권이 제약되는 예외가 있으니 이러한 예외 지역도 통일을 통하여 대한민국의 자유민주적 기본질서가 모두 구현될 수 있도록 노력하라는 당부와 당위를 천명한 것이라고 보는 것이 두 조항을 조화롭게 해석하는 방법이다.

헌법 제3조와 제4조의 관계를 목적과 수단의 관계로 이해하는 입장도 있다. 헌법 제3조는 대한민국의 영토를 법률상 온전하게 회복하여야 하는 통일의 책무를 부과하는 목적 규정으로 이해하고, 헌법 제4조는 이러한 목적을 달성하기 위해 필요한 통일책무에 대한 기본적인 추진방식과 수단을 규정한 것이라고 보는 것이다. 약간의 차이는 있지만, 원칙과 예외로 보려는 입장과 기본 궤는 같이 한다고 볼 수 있다.

앞서 언급한 '1민족 2국가론'이나, '1민족 2정부론'은 헌법 제4조를 무리하게 확장 해석하여 헌법 기능의 장애 상태인 북한에 대하여 합법적인 국가나 정부의 지위를 인정한 것으로 이해된다. 헌법 제4조의 전단 부분에 등장하는 통일이라는 용어에 과도한 방점을 찍음으로써 헌법 제3조의 의미를 무력화시키는 결과를 만든 것이다. 1민족 2국가론이나, 1민족 2정부론은 마치 하나의 몸뚱이에 두 개의 머리가 있는 기괴한 생명체를 상정하여 자유민주적 기본질서를 부정하는 정치이념 체제에 대하여 정당성을 부여하려는 것으로 비쳐 탐탁치가 않다. 유일 합법 정부론에 기초하고 있는 대법원 판례의 취지와도 배치된다.

헌법 제3조를 원칙 조항으로 보고, 헌법 제4조를 분단된 예외 상황을 원칙으로 돌리려는 노력을 주문하는 보완 조항으로 해석하여야 북한 주민도 우리 헌법질서 안으로 들어올 수 있다.

북한 주민은 헌법 제3조의 우월적인 규범력에 의해 대한민국의 국민이 되고, 그러한 연장선에서 대한민국 헌법에서 규정하는 기본권의 주체가 될 수 있다. 그 결과 북한 주민은 더는 남한에 거주하는 국민으로부터 유리(遊離)된 존재가 아닌 당당한 대한민국의 국민으로서 헌법 제10조에서 정하는 '인간으로서의 존엄과 가치를 가지며, 행복을 추구할 권리'를 가지게 된다. 그리고 국가는 북한 거주 국민이 가지는 불가침의 인권을 확인하고 이를 보장할 의무를 부담하게 되는 것이다.

북한 거주 국민은 대한민국 영토에서 출생하였기 때문에 북한으로부터 탈출하여 대한민국으로 들어오는 즉시 완전한 국민의 권리를 회복하는 것이고, 따라서 별도의 귀화나 인지 등의 번잡한 절차를 거칠 필요가 없다. 대한민국으로 들어오는 그때부터 그동안 통치권이 미치지 못해 행사하지 못했던 국민의 권리를 제약 없이 행사할 수 있다.

남북한의 유엔 동시 가입과 북한탈출 국민의 지위

많은 사람이 혼란스러워하는 것 중의 하나는 1991년 대한민국과 북한이 독립된 국가의 자격으로 동시에 유엔에 가입하면서 대한민국 헌법 제3조가 무의미해지거나 적어도 그와 충돌을 일으키는 것이 아니냐고 생각하는 것이다. 그러면서 대법원 판례 등을 통해 유지되어 오던 대한민국 유일 합법 정부론이 폐기되었을 거라고 의문을 가지는 모양이다.

그렇지 않다. 대한민국과 북한은 유엔에 가입하는 과정에서 상대를 국가나 합법적인 정부로 인정한 적이 없다. 노태우 대통령의 북방정책으로 대한민국이 소련, 중국 등의 국가와 외교관계를 확대하면서 유엔 가입을 추진하여 그 가입이 확실해지자, 이를 우려한 북한이 그동안 유지하여 오던 태도를 버리고 유엔가입으로 입장을 선회하면서 남북한이 동시에 유엔에 가입하는 상황이 발생한 것이다.

통일 전의 동서독이 양자 간에 기본조약을 체결하고 그를 통해 양자가 특수한 관계임을 확인한 후에 유엔에 가입하였던 경우와는 달리, 대한민국과 북한은 아무런 내부적 협약이 없이 독자적으로 가입했으므로, 그 가입과정을 통해 대한민국이 북한을 국가나 합법적인 정부로 승인했다고 주장하는 것은 잘못이다.

비록 대한민국과 북한이 유엔에 가입하는 과정에서 명시적으로 상대를 승인하지는 않았다고 하더라도 동시에 가입하여 같은 국제기구에 동등한 회원국이 되었으므로 묵시적으로라도 상대를 승인한 것이 아닌가 생각할 수도 있다. 그러나 동의할 수 없다.

동일한 국제기구에 함께 회원국의 지위를 가지고 참여하는 것이 그 조약의 당사국 혹은 회원국으로서 반드시 서로 승인하였다는 것을 의미하지 않는다는 것이 국제법 이론이다. 대한민국과 북한이 유엔에 동시 가입한 것이 바로 대한민국이 북한이라는 국가나 그 정부를 승인한 것을 의미하지는 않는 것이다.

헌법재판소도 "비록 남·북한이 유엔에 동시 가입하였다고 하더라도, 이는 '유엔헌장'이라는 다변조약(多邊條約)에의 가입을 의미하는 것으로서 유엔헌장 제4조 제1항의 해석상 신규 가맹국이 유엔이라는 국제기구에 의하여 국가로 승인받는 효과가 발생하는 것은 별론으로 하고, 그것만으로 곧 다른 가맹국과의 관계에 있어서도 당연히 상호 간에 국가승인이 있었다고는 볼 수 없다는 것이 현실 국제정치상의 관례이고 국제법상의 통설적인 입장이다[헌법재판소 1997. 1. 16. 선고 92헌바6.26, 93헌바34.35.36(병합)]."라고 판시하여 유엔 동시 가입이 북한에 대한 국가 승인을 의미하지 않는다는 점을 분명히 하였다.

유엔 동시 가입이 헌법의 해석이나 북한의 지위에 대한 이해에 아무런 영향을 미치지 않으므로, 북한탈출 국민이 대한민국 국민으로 인정되는데 아무런 문제가 없다.

남북기본합의서 등과 북한탈출 국민의 지위

조약은 아니지만 대한민국과 북한 사이에 이루어진 합의서를 어떻게 볼 것인가의 문제도 있을 수 있다. 이러한 합의서에는 1974년의 남북공동성명, 1992년의 남북기본합의서, 2000년의 6·15 남북공동선언, 2007년의 10·4 남북공동선언 등이 있다.

일단 대한민국과 북한 사이의 의미 있는 협상의 결과물이기는 하지만, 그것이 헌법해석에서 어떤 변화나 영향을 미친다고 보기는 어렵고, 그 합의들에 대하여 어떤 규범적 의미를 부여하기도 어렵다.

그중에서 1992년의 남북기본합의서에 대한 대법원과 헌법재판소의 태도를 보면, 헌법재판소는 "남북합의서는 남북관계를 '나라와 나라 사이의 관계가 아닌 통일을 지향하는 과정에서 잠정적으로 형성되는 특수관계'임을 전제로 하여 이루어진 합의문서인바, 이는 한민족공동체 내부의 특수관계를 바탕으로 한, 당국간의 합의로서 남북당국의 성의 있는 이행을 상호 약속하는 일종의 공동성명 또는 신사협정에 준하는 성격을 가짐에 불과"하다고 결정하였다(헌법재판소 2000. 7. 20. 선고 98헌바63 결정). 대법원도 "남북합의서는 …남북한 당국이 각기 정치적인 책임을 지고 상호 간에 그 성의 있는 이행을 약속한 것이기는 하나 법적 구속력이 있는 것은 아니어서 이를 국가 간의 조약 또는 이에 준하는 것으로 볼 수 없고, 따라서 국내법과 동일한 효력이 인정되는 것도 아니다"고 판시하였다(대법원 1999. 7. 23. 선고 98두14525 판결).

결국 남북합의서가 법률이 아님은 물론 국내법과 동일한 효력이 있는 조약이나 이에 준하는 것으로 볼 수 없다는 것을 명백히 한 것이다. 그러므로 이것을 이유로 하여 북한을 국가로 인정하거나 그 정부를 승인하였다고 해석하여 탈북국민의 헌법상의 지위에 의문을 제기하는 해석은 수용하기 어렵다. 대한민국과 북한 사이에 이루어진 다른 합의서라고 해서 크게 사정이 다르지 않다.

따라서 대한민국과 북한 사이의 합의서에 의해 대한민국 헌법의 해석에 어떠한 변경이 있을 수 없으므로, 북한탈출 국민은 헌법 제3조에 따라 대한민국 국민의 지위를 가지는데 아무런 문제가 없다.

북한 이탈주민의 보호 및 정착 지원에 관한 법률과 북한 이탈 국민의 지위

법조인들은 종종 '떡 주는 처분'이라는 은어를 사용한다. 행정주체인 행정청이 나서서 행정객체인 사인(私人)에게 혜택을 주는 처분을 하는 것을 두고 이렇게 말하는 것이다. 대개 사회적 기본권에 터 잡아 이루어지는 교육, 보건, 복지, 환경 등 다양한 분야에서 이루어지는 수익적 급부처분이 여기에 해당한다. 당연히 국가의 재정적인 부담이 따른다. 그래서 천부적이고 선국가적(先國家)인 자유권과는

달리 '법률이 정하는 바에 따라 제한적으로 이루어지는 상대적인 권리'로 보아야 한다. 즉 자유권은 법에 근거가 없어도 행사할 수 있는데, 이러한 수익적 처분은 법에 근거가 있어야 국가에 대하여 요구할 수 있다.

북한에서 탈출한 국민은 대한민국 내에서 아무런 터전 없이 새로운 삶을 시작하기 때문에 그 초기 단계에는 국가의 지원이 많이 필요하게 된다. 그러한 탈북국민들에 대하여 이른바 '떡 주는 처분'을 하기 위해 만들어진 법률이 '북한이탈주민의 보호 및 정착지원에 관한 법률'이다.

그래서 이 법률은 탈북국민을 보호하고 지원하기 위한 근거로 적용할 수는 있지만, 그 법률을 탈북주민의 자유를 제한하거나 그를 대한민국의 통치권이 미치지 않는 영역으로 추방하기 위한 근거 법률로 사용할 수는 없다.

북한이탈 주민의 보호 및 정착 지원에 관한 법률 제9조 제1항은 '① 항공기 납치, 마약거래, 테러, 집단살해 등 국제형사범죄자, ② 살인 등 중대한 비정치적 범죄자, ③ 위장탈출 혐의자, ④ 체류국에 10년 이상 생활 근거지를 두고 있는 사람, ⑤ 국내 입국 후 3년이 지나서 보호 신청한 사람, ⑥ 그 밖에 보호대상자로 정하는 것이 부적당하다고 대통령령으로 정하는 사람'에 대해서 이 법률이 정하는 보호대상자로 결정하지 않을 수 있도록 규정하고 있다.

탈북국민에 대하여 보호와 정착지원을 하여야 하지만 국민의 세금으로 마련한 재정을 이렇게 부적절한 이들에게까지 지원하는 것에 대하여는 신중할 필요가 있다는 취지에서 만든 조항이다. 다만 이러한 사람들에 대해서도 무조건 보호와 지원을 철회하라는 것은 아니고, 재량을 통해 지원할 여지는 열어 두고 있다.

그런데 이러한 지원조항을 근거로 하여 북한이탈 국민을 추방시켰다면 이것은 해당 조문을 어이없이 잘못 해석한 것이거나, 추방한 행정청이 자신의 과오를 숨기기 위한 핑곗거리로 이 법률을 내세우는 것에 지나지 않는다. 실제로 탈북국민 중에서 이 법에 의한 보호대상 결정에서 제외되고도 대한민국에서 살아가는 사람이 있다.

북한 송환의 기준은 단지 당사자의 자유로운 의사

북한을 탈출한 국민이든, 아니면 표류 등 다른 사정으로 북한으로부터 이탈한 국민이든 그들이 대한민국의 주권과 통치권이 완전히 작동하는 영역 내로 들어오면 그때부터 그들은 대한민국 국민이 누리는 모든 권리를 누릴 수 있다.

그럼에도 불구하고 때로 그들의 신병을 북한으로 인도하는 경우가 있는데, 이런 경우 국가가 고려할 것은 오로지 당사자의 의사뿐이다. 북한 주민이 대한민국의 통치권이 완전히 미치는 영역 내로 들어온 경우라면 그가 그 영역 내에서 살아가는 것이 가장 이상적이라고 할 수 있다. 그러나 그것이 현실적으로 북한에 거주하는 가족과의 이별을 의미하는 등 사실상 그의 이익과 의사에 반하는 결과를 초래할 수 있으므로, 이 범위에서 그의 의사를 존중하여 북한으로 신병을 인도하는 것으로 보아야 한다. 그래서 북한으로 인도하는 마지막 순간까지도 그 탈북 국민에 대하여 본인의 자유로운 의사에 따라 결정하는 것이냐고 물어보는 것이 정상인 것이다. 다른 정치적, 경제적, 사회적 이유 등을 내세우면서 그의 의사에 반하여 북한으로 신병을 인도하는 것은 위법이다.

'자국민을 추방하면 안 된다'는 너무나 당연한 요구

'자국민을 추방하면 안 된다'는 당연한 요구, '북한이탈 국민도 당당한 대한민국 국민이다.'는 당연한 명제를 강조하는데, 긴 글로 구차하게 설명하였다. 헌법 제3조의 분명한 헌법적 결단이 있음에도 불구하고 헌법 제4조의 통일조항, 남북한의 유엔 동시 가입, 남북한 사이의 각종 합의서, 북한이탈주민의 보호 및 정착지원에 관한 법률 등 다양한 사유를 내세우면서 법을 비틀어 해석하거나 오독하여 북한이탈 국민에 대하여 대한민국 국민으로서의 지위를 부정하거나 제한하고자 하는 시도가 정부에 의하여 있었다.

탈북 국민도 대한민국 국민인데, 그들의 의사가 정당한 절차를 거쳐 분명하게 확인되지도 않은 상태에서, 대한민국 법률에 기인한 어떠한 합당한 대우도 주지 않은 채 대한민국의 통치권이 완전히 실현되지 못하는 지역으로 추방한 것이다. 국가나 정부의 모든 작용은 법에 근거가 없이 이루어질 수 없다. 법에 근거가 없거나 이를 무시하고 이루어지는 국가작용은 위법이며 그러한 처분을 한 국가기관이나 소속 공무원은 형사처벌을 포함한 법적 책임에서 자유로울 수 없다. 단지 북한 당국자가 범죄자라고 주장하면서 송환해달라고 요구하였다고 해서, 당사자의 의사는 확인하지도 않고, 탈북 국민을 그대로 북한으로 송환하였다면 그렇게 보낸 행정기관과 소속 공무원은 이들에 대하여 어떠한 법적 근거에 기초하여 그러한 처분을 한 것인지 분명하게 해명하여야 한다.

대한민국에서는 자국민뿐만 아니라 외국인도 자신에게 이루어지는 대한민국 정부나 행정청의 처분에 대하여 이의를 제기하고 재판을 통해 그 당부를 판단받을 수 있다. 모든 문명국가의 법률체제가 그러하다.

어찌 보면 송사(訟事)라는 것이 너무 흔해서, 어떤 사람은 그냥 상대방에 대한 화풀이로, 어떤 사람은 판사를 골탕 먹이려는 의도로, 또 어떤 사람은 돈을 늦게 갚거나 빌린 집을 늦게 비워주기 위한 핑계로 등등, 별의별 사정으로 이용된다. 한사람이 수십 수백 건의 재판을 벌여 남용되고 낭비되다시피 사용되는 것이 재판청구권이라는 권리이다. 그리 흔하고 손쉬운 법적 구제수단이 생명의 위협 앞에 놓인 이들 탈북 국민에게는 허용되지 않은 셈이다.

그들에게 그리 처분한 근거 법률이 불분명한데 문제는 여기에 그치지 않는다. 그들에게 추방이라는 처분이 있었는데 그 처분청이 어디인지 불분명하고, 그 처분청이 그러한 강제적 처분을 할 때 그 처분에 대하여 불복방법을 고지하지도 않았다. 그들의 신병을 북한으로 인도하는 과정에서 눈을 가리는 등의 조치를 취한 것으로 언론에서 보도되는데, 국내 행형제도(行刑制度)에서 쉽사리 상상하기 어려운 그런 조치가 왜 취해졌는지 설명이 없다. 많은 사람을 살해했다고 하지만 그러한 주장은 수사와 재판을 통해 유죄가 최종적으로 확정되기 전에는 아무 의미가 없는 주장이다. 더욱이 그러한 주장을 내세우는 주체가 반국가단체로 국내법의 적용과 처분에 아무런 영향을 미칠 수 없는 존재이고, 그들의 주장을 존중해야 할 아무런 실정법적 근거도 없다. 게다가 그 사실관계조차도 분명하고 대중이 수긍할 정도로 공개되지 않고 있다.

자유를 찾아 사지를 건너온 탈북 국민에 대하여 "탈북자가 북한 놈이지 대한민국 국민이냐"라고 말하는 사람이 있다. 상대의 존재를 존중하려는 마음이 있으면 쉽게 하기 어려운 말이다. 탈북 국민의 문제는 법률의 문제만이 아니다. 인권의 문제이기도 하고, 언젠가는 다가올 통일의 문제이기도 하다. 탈북 국민을 완전한 자국민으로 인식하려는 의식이 박약하고, 그들을 비하하거나 무시하는 태도가 있다면 통일된 국가가 과연 우리가 바라는 모습으로 올지는 되돌아 볼 일이다.

탈북 국민의 신변을 안전하게 지키지도 못하고, 그들이 수시로 강제송환을 걱정하는 불안을 덜어내지도 못하고, 그러면서 북한 정부와 평화를 이야기하고 안보와 인권을 등한시한다면 그러한 정부의 처신이 문명국가의 일반적인 기준에 부합한다고 보기 어렵다. 자국민에 대한 야만스러운 짓은 자제할 때가 되었다.

북한 헌법, 그것도 법이냐

한 나라를 알아보는 데는 그 나라의 법을 살펴보는 것도 괜찮은 방법일 수가 있다. 개인을 우상화하고, 전체주의 체제를 채택하며, 대규모 수용소를 유지하면서 무자비한 인권침해를 가하고, 사상과 문화를 검열하며, 아직도 인민재판과 공개처형을 행하는 나라에도 그들 나름의 법이 있고, 일단은 그것을 근거로 하여 그 많은 참담한 일을 한다. 한 나라의 헌법을 본다고 해서 그 나라의 모든 법체계를 이해하기는 어렵고, 또 북한과 같이 조선노동당이라는 일개 정당이 국가를 영도해 가는 국가체제에서는 그 당의 당헌이나 강령이 오히려 헌법보다 상위 규범으로 기능하고 있어, 북한 헌법만을 보는 것으로는 북한의 법질서를 제대로 이해하기는 어렵다. 그렇지만 최고 규범이라는 헌법의 성격에 비추어 대강의 형상이라도 어렴풋이 짐작할 수 있지 않을까 해서 북한 헌법을 살펴본다.

북한 헌법[주체108(2019)년 8월 29일 최고인민회의 제14기 제2차 회의에서 수정보충 기준]은 서문과 전체 7장 172개의 조문으로 구성되어 있다. 공식 명칭은 '조선민주주의인민공화국 사회주의 헌법'이고, 별칭은 서문에서 '김일성-김정일 헌법'이라고 표시하고 있다.

'서문' 부분은 주로 김일성과 김정일에 대한 찬양으로 이루어져 있다

김일성에 대해서는 '조선민주주의인민공화국의 창건자이시며 사회주의 조선의 시조이시다'라고 표시하고 있다. 김정일에 대해서는 '공화국을 김일성 동지의 국가로 강화 발전시킨 절세의 애국자, 사회주의 조선의 수호자'로 표시하고 있다.

약 2000자 정도로 구성된 서문에 나오는 김일성과 김정일에 대한 찬양의 내용을 모두 나열하기는 너무 장황하다. 그냥 한글로 표현할 수 있는 최고의 찬사들로 이루어져 있다고 이해하면 충분하겠다. 김일성이라는 표현이 24회, 김정일이라는 표현이 18회 등장하는데, 헌법 전문에 특정 인물의 이름이 반복적으로 등장하는 것이 특이하고, 또 그들의 이름이 등장하는 횟수로 그 내용도 넉넉히 가늠할 수 있겠다.

서문 말미에 북한 헌법은 '김일성과 김정일의 주체적 국가건설 사상 및 업적의 법화(法化)'라는 표현이 나오는데, 이를 통해 북한 헌법은 김일성, 김정일 사상과 업적을 법으로 표현한 것 내지는 그러한 사상과 업적을 구현하기 위한 도구로 이해되고 있음을 알 수 있다.

제1장은 '정치'에 대하여 규정하는데 헌법의 첫머리가 정치로 시작하는 것이 특이하다

    사회주의 국가에서 정치라는 것이 가지는 중요도를 가늠할 수 있다. 참고로 우리 헌법은 전문 다음에 총강이라는 제목을 두어 국호와 민주 공화정, 주권재민, 영토, 통일정책 등에 관하여 규정하고 있고, 미국은 헌법 전문 다음에 '법'을 만드는 '의회'에 대하여 가장 먼저 규정하고 있다.
    북한 헌법 제3조에서 '조선민주주의 인민공화국은 위대한 김일성-김정일주의를 국가건설과 활동의 유일한 지도적 지침으로 삼는다'고 규정하고 있다. 같은 조항이 2016년 헌법에서는 '공화국은 사람중심의 세계관이며, … 주체사상, 선군사상을 자기 활동의 지도적 지침으로 삼는다'라고 규정되어 있었다. 제8조에서는 '사회의 모든 것이 근로인민대중을 위하여 복무하는 사람중심의 사회제도'라는 표현이 나온다.
    위 제8조는 사람을 중히 여긴다는 의미로 이해할 수 있어서 얼핏 수용할 수 있는 가치로 보이지만, 국가의 기본 가치관을 다른 모든 것에 앞서 '사람 중심'으로 이해하고 법률의 적용·해석 영역에서 '사람 중심'을 강조하게 되면, 이것은 사람이 법보다 앞서고, 사람 중심의 가치를 실현하기 위해 법이 봉사해야 한다는 의미로 이해될 수 있다.
    자유민주주의를 기본질서로 하는 우리의 헌법 체제 아래에서는 쉽사리 수용하기 어려운 표현이다. "자유와 기회의 평등을 공정하게

실현시키고 여러 규칙이 공정하게 적용되기 위해서는 법치주의가 필요하다. 로크는 법이 없으면 자유도 없다고 말했다." 즉 자유민주주의 체제를 유지하기 위해서는 반드시 법치주의가 함께 해야 하는데, 이러한 법치주의가 가장 경계해야 하는 것이 바로 인치주의(人治主義)이다.

사람을 위한다는 명분으로 법을 무시하고, 이를 통해 결국 사람을 억압하고, 핍박한 예는 인류의 역사를 통해 충분히 경험되었다. 그래서 인치주의로 흐를 수 있는 도덕정치에 대해서도 부정적이고, 성군정치, 현인정치, 철인정치, 덕치 등 그 어떤 아름다운 용어를 모두 모아도 인치로 이해될 뿐이어서 경계할 필요가 있다.

북한 헌법의 서문에는 '김일성과 김정일의 숭고한 인덕정치'라는 표현이 나오는데, 이것을 '인치' 나아가 독재, 전제로 읽을 수밖에 없는 것은 이러한 연유이다. 문재인 정권이 들어서고 나서 가장 강조한 것이 '사람이 먼저다'는 구호였고, 이것을 고속도로 노변의 안전문구에 적는 성실함까지 보이며 이를 대중에게 각성시키고자 노력하였다. 그렇지만 북한 헌법에 나오는 이 표현의 사상적 배경을 알기 때문에 그러한 처사조차도 걱정스러운 것이다.

북한 헌법 제9조는 '북반부에서 인민정권을 강화하고 사상, 기술, 문화의 3대 혁명을 힘있게 벌려 사회주의의 완전한 승리를 이룩하며 자주, 평화통일, 민족대단결의 원칙에서 조국 통일을 실현하기 위하여 투쟁한다'라고 규정하고 있다. 우리 헌법 제4조의 통일규정에 대응되는 조항인데, 우리는 '대한민국은 통일을 지향하며, 자유민주적 기본질서에 입각한 평화적 통일정책을 수립하고 이를 추진한다'라고 규정하고 있다. 통일을 국가의 중요과제로 두고 있다는 것은 남북한의 헌법이 공통되는데, 북한은 사회주의의 완전한 승리를, 남한은 자유민주적 기본질서를 그 통일의 성격과 전제로 설정하고 있어 그 어느 한쪽이 다른 한쪽을 극복해야 통일이 가능하다. 그 둘이 공존하는 통일이라는 것은 관념 속에서도 불가능하다. 그런데 그것이 가능할 것이라고 상상하는 몽상가들이 많이 있다는 것도 우려스러운 일이다.

북한 헌법에서 투쟁이라는 용례가 자주 등장하는 것도 특징이다. 북한 헌법 제11조는 '조선민주주의 인민공화국은 조선로동당의 령도 밑에 모든 활동을 진행한다'라고 규정하여 국가 위에 조선노동당이 있음을 밝히고 있는데 이것은 일당 독재를 정당하게 생각하는 사회주의의 국가관이 그대로 표현된 것이다.

법의 기본원리에 대하여 북한 헌법 제18조는 '법은 근로인민의 의사와 리익의 반영이며 국가관리의 기본 무기이다'라고 규정하고 있다. 자유민주적 기본질서에 당연히 동반되는 법치주의의 구현을 위한 것으로 법을 이해하는 우리와 달리 법을 국가관리의 도구로 이해하고 있음을 알 수 있다.

제2장에서는 경제에 관하여 규정하고 있다

북한 헌법 제20조는 '생산수단은 국가와 사회협동단체가 소유한다'라고 규정하여 생산수단을 자본가로부터 탈취하여 국가에 귀속시키는 사회주의 경제원리를 천명하고 있다. 또 제21조는 '국가 소유는 전체 인민의 소유이다. 국가소유권의 대상에는 제한이 없다'라고 규정함으로써 국가가 소유하는 명분을 전체 인민으로부터 찾음과 동시에 국가가 소유할 수 있는 대상에 대한 제한을 없앰으로써 개인 소유를 언제든 침해할 수 있는 근거를 마련하였다.

그렇지만 개인의 소유를 완전히 부정하지는 않는데, 제24조는 '개인 소유는 공민들의 개인적이며 소비적인 목적을 위한 소유이다. 개인 소유는 로동에 의한 사회주의 분배와 국가와 사회의 추가적 혜택으로 이루어진다'라고 규정하여 개인들이 소비를 위해 필요한 한도에서 소유를 인정하고 있다.

이에 관한 느낌은 재산을 모두 뺏어 두고 나서 '용돈 정도는 네가 가지고 있어도 된다'는 것이다. 개인이 소유권을 취득하는 방식에 관해서도 규정하고 있는데, 사회주의식 분배와 국가와 사회의 추가적인 혜택에 의하도록 하고 있다. 배급과 은혜로 주어지는 물품을 소유할 수 있다는 의미이다.

북한의 참담한 경제 실상과 달리, 북한 헌법 제25조는 '조선민주주의 인민공화국은 인민들의 물질문화 생활을 끊임없이 높이는 것을 자기 활동의 최고 원칙으로 삼는다'라고 규정하고 있다. 수려한 구호가 잘못된 이념과 합쳐지는 경우 어떠한 결과가 초래되는지를 볼 수 있는 대목이다.

같은 조항은 '세금이 없어진 우리나라에서 늘어나는 사회의 물질적 부는 전적으로 근로자들의 복리증진에 돌려진다. 국가는 모든 근로자들에게 먹고, 입고, 쓰고, 살 수 있는 온갖 조건을 마련하여 준다'고 규정하고 있다. 온갖 종류 색의 빛이 다 모이면 빛의 색이 없어지는 원리가 구현된 것이다. 자신의 노동의 대가 100%를 모두 국가에 귀속시키니 이제 국가로부터 세금을 징수 당할 일이 없어지는 것이다. 그리고 국가가 내가 먹고, 입고, 쓰고, 사는 모든 것을 책임져 주니 나는 드디어 국가의 노예가 되었다.

제3장은 문화에 관하여 규정하고 있다

북한 헌법 제41조는 '조선민주주의 인민공화국은 사회주의 근로자들을 위하여 복무하는 참다운 인민적이며 혁명적인 문화를 건설한다.'고 규정한다. 법률과 마찬가지로 문화도 사회주의 이념을 위한 도구로 이해된다. 동 조항은 '제국주의의 문화적 침투'도 반대하는데, 이것이 북한 주민이 남한의 영상물을 보는 경우 처형을 당하는 등의 극단적인 처분을 받는 헌법적인 근거가 된다.

제4장은 국방에 대하여 규정한다

북한 헌법 제60조는 군대와 인민의 정치사상적 무장과 '전군 간부화, 전군 현대화, 전민 무장화, 전국 요새화' 등을 언급하고 있다. 우리가 초중등교육을 받을 때 북한군의 성격에 관하여 배우면서 등장하던 용어들이다. 그냥 반공교육용으로 북한의 군사 교본에 나오는 용어 정도로 생각하였는데, 실제 헌법의 내용 속에 포함되어 있다는 것이 놀랍고, 또 선군정치(先軍政治)를 기본으로 하는 북한의 정치체제를 잘 반영한다. 과거 일본 군국주의(軍國主義)와 북한 선군주의(先

軍主義)의 실상은 같아 보인다.

제5장은 '공민의 기본권리와 의무'에 대하여 규정하고 있는데 이 부분은 우리 헌법 제2장의 '국민의 권리와 의무'에 해당하는 부분이다

  우리 헌법은 총강 다음에 바로 국민의 권리와 의무에 관하여 규정하여 국민에게 보장된 기본권의 소중함을 강조하고 있음에 반해, 북한 헌법에서는 이 부분이 제5장에 가서야 겨우 나타나고 있다.
  이 부분에서 특이하게 보았던 조문은 북한 헌법 제63조로 "조선민주주의 인민공화국에서 공민의 권리와 의무는《하나는 전체를 위하여, 전체는 하나를 위하여》라는 집단주의 원칙에 기초한다."라고 규정하고 있다. "우리는 하나다"라든가, "All for One, One for All"이라는 등의 구호는 해병대의 구호 정도로만 여겼는데, 온 국민을 대상으로 하는 헌법에 이 구호가 등장하는 것은 놀라움을 넘어 신선하기까지 하다. 그리고 그 문장에서 '집단주의 원칙'을 선명하게 함께 천명하고 있다. 우리나라에서 사인 간의 대화 중에 '너는 전체주의자, 집단주의자이다'라고 말한다면 굉장히 경멸적인 표현으로, 이를 들은 상대는 심한 모멸감을 느낄 것이다. 그런데 그 표현이 이 나라에서는 지극히 숭고한 헌법상의 원리로 이해되는 것이다. 이념의 극단적인 분화를 본다.
  북한 헌법 제81조도 '공민은 조직과 집단을 귀중히 여기며 사회와 인민을 위하여 몸 바쳐 일하는 기풍을 높이 발휘하여야 한다'라고 규정하여 집단에 봉사하는 개인을 요구하고 있다. 개인은 집단의 부

품이 되고 집단을 위해 언제든지 자신의 생명을 희생할 각오를 헌법이 요구하는 것이다. 인민군 열병식에서 핵배낭을 들고 자폭하겠다며 등장하는 자살특공대의 모습이 어찌 보면 이 나라 헌법에서는 지극히 당연하다. 일제 군국주의의 가미가제(神風, Kamikaze)라는 참혹한 유풍(遺風)은 정작 북한에서 이어지고 있다.

북한 헌법 제66조는 선거연령을 17세로 규정하고 있는데, 이전에 우리나라에서 선거연령 하향과 관련한 논의에서 북한 헌법이 17세로 규정하고 있는 것을 근거로 제시한 사람들이 있었다. 이런 비교는 북한이 정상적 선거를 한다는 전제가 성립되어야 제시될 수 있는 논거이다. 북한에서 선거연령을 얼마로 정하든 그것이 선거의 결과에 영향을 미칠 일은 없다. 다른 나라의 제도를 따라 배우더라도 상대를 골라가면서 해야지 북한 선거연령을 언급한 것은 너무 나간 것이다.

북한 헌법 제68조는 신앙의 자유를 인정하고 있다. 그러나 '종교는 외세를 끌어들이거나 국가사회질서를 해치는데 이용할 수 없다.'고 추가로 규정한다. 우리 헌법 제20조 제1항에서 '모든 국민은 종교의 자유를 가진다.'고 규정하고 있는 것과 비교하면 본문에서는 차이가 없다. 다만 우리 헌법은 종교의 자유에 대하여 위와 같은 제약이 없다는 것이 큰 차이이다. 북한에서 일어나는 모든 종교적 탄압은 외세 배제와 질서 유지를 이유로 이루어지는 것이다. 모든 탄압에 명분이 없는 경우는 없다.

제6장은 국가기구에 관한 부분이다

　북한의 헌법상의 국가기관은 최고인민회의, 국무위원회 위원장, 국무위원회, 최고인민회의 상임위원회, 내각, 지방인민회의, 지방인민위원회, 검찰소와 재판소가 규정되어 있다.
　자유민주국가들이 채택하고 있는 삼권분립의 원리, 다당제 정당질서를 채택하고 있지 않기 때문에 우리의 국가기관과 정확히 대비하기는 어렵지만, 그래도 대강 대비하여 보면 다음과 같다.
　최고인민회의가 최고주권기관이 되고, 최고인민회의가 휴회 중일 때에는 최고인민회의 상임위원회가 최고주권기관이 되는데 이들에게 입법권이 귀속된다.
　국무위원회는 최고정책기관이 되고, 그 수장인 국무위원회 위원장은 북한의 최고 영도자가 되는데, 대한민국 국가기구 체제에서 굳이 대응될 만한 것을 찾는다면 정부의 국무회의(장관들이 국무회의의 국무위원임)와 국무회의 의장(대통령이 국무회의 의장임) 정도 되지 않을까 생각된다.
　내각을 행정부로 대응시킬 수는 있는데, 북한 헌법 제12조에서 언급하고 있듯이 '국가는 계급 노선을 견지하고 인민민주주의 독재를 강화'하여야 하고, 또 인민 대중을 대표하는 일당의 독재를 정당한 것으로 수용하고 있기 때문에, 모든 국가기구가 조선노동당의 영도 아래 움직이는 구조를 취할 수밖에 없고, 이러한 사정으로 내각의 위상이 낮다. 내각은 '행정적 집행기관'으로 규정되어 있고, 그 수장인 총리의 위상도 자유민주정을 채택하고 있는 나라들의 수상이나 총리와는 비교가 되기 어려울 정도로 위상이 형편없다.

지방의 국가기구로서는 지방인민회의와 지방인민위원회가 있다. 지방인민회의는 지방 주권기관으로 개념 정리가 되어 있으며, 우리의 지방의회에 대응한다고 볼 수 있고, 지방인민위원회는 지방인민회의의 휴회 중에 지방 주권기관으로 활동하고, 또 지방의 행정적 집행기관으로 활동한다.

국가기구의 마지막에 검찰소와 재판소가 나오는데, 삼권분립이 인정되지 않는 정치체제라 재판소는 우리나라에서 법원이 가지는 위상과는 비교가 되지 않는 형편없는 위치라 볼 수 있다. 그런 이유로 헌법에서 국가기구를 나열하는 순서에서도 지방조직보다도 밀려, 가장 마지막에 규정되어 있다. 행정부 소속인 검찰소와 사법부 소속인 재판소를 함께 규정하는 것도 권력의 분립을 인정하지 않는 사회주의 이념에 충실한 입법이다. 재판소는 검찰소보다도 뒤에 규정되어 있어 그 위상의 초라함을 알 수 있다.

일단 입법, 행정, 사법이라는 분류에 맞추어 우리의 기관과 대비시켜 보았지만, 견제와 균형이라는 삼권분립의 기본원리에 따라 분화된 국가기관을 가진 것이 아니기 때문에 권력분립보다는 편의를 위한 권한의 배분이라고 이해하는 것이 더 맞다.

일당의 독재에 의한 영도를 전제로 하고, 인민의 대표기관을 최고주권기관으로 이해하며, 정치를 앞세우는 국가형태를 취하기 때문에, 사법권의 분리 강화와 관료제의 정착을 통해 국가 운영에 정치적 영향력을 최소화하려는 자유민주정의 국가형태와 달리 법원이나 내각의 지위나 권한이 낮다. 판사가 노동당 간부의 지시에 따라 재판을 하는 것이 비리가 있거나 상식이 없어서 그렇게 하는 것이 아니라, 당연한 헌법적 요구에 기초하여 그리하는 것으로 이해할 수 있다.

제7장은 국장, 국기, 국가, 수도 등에 대하여 규정하고 있다

국가(國歌)는 그 제목이 우리와 같이 '애국가'이다. 그리고 평양이 수도라는 것을 헌법에 명시하고 있다. 관습헌법으로 서울을 수도로 보는 우리와 차이가 있다.

북한 헌법에서 자주 사용되는 용어가 우리 헌법에서 어느 정도 사용되는가를 보는 것도 두 헌법의 가치관의 차이를 엿볼 수 있다. 표로 보면 다음과 같다.

용어	우리 헌법	북한 헌법
자유	22회	10회
평등	4회	5회
민족	3회	20회
혁명	0회	28회
투쟁	0회	11회

북한 헌법은 전체주의의 가치철학을 충분히 담은 것으로 이해할 수 있다. 개인은 전체를 위하여 봉사하게 하고 있고, 개인의 사유재

산도 인정되지 않으며, 자유시장 질서도 인정하지 않는다. 통일도 김일성 민족을 중심으로 한 사회주의의 완전한 승리를 목표로 한다. 일당 독재도 헌법에 의하여 천명되고 있다. 노동당의 위성정당이 있기는 하나 견제나 대안세력이 아니므로 아무 의미가 없다. 북한에 의한 흡수통일을 절대 수용할 수 없는 이유가 여기에 있고, 대한민국 헌법이 천명하고 있는 자유민주적 기본질서를 헌법질서로 하는 통일이 이루어져야 하는 이유도 여기에 있다.

인민재판, 한반도에서는 현재 진행형

　사회주의에서 법이란 정치이데올로기를 실현시키기 위한 수단으로 이해된다. 스탈린 당시 사회주의 국가에서 법은 노동자들의 편익을 위해 시행되고, 자본주의 잔재를 소탕하여 사회주의 사회를 건설하도록 하는 등 하부구조를 개조 발전시킬 수 있는 창조적 기능을 가지는 수단으로 인식하였다.

　이러한 인식하에 사회주의자들은 법은 ① 사회주의 체제를 국내외의 반혁명세력으로부터 보호하기 위한 억압의 도구로서 보호적 상부구조로서의 기능을 가지고, ② 사회주의 경제질서의 확립을 위한 경제조직자로서의 기능을 가지며, ③ 장래 실현될 공산주의 사회에서 자율적으로 생활할 수 있는 '새로운 인간'을 만들어 내는 기능을 가진다고 보았다.

　유사한 취지에서 김일성도 "우리의 법은 사회주의 사회의 법이며, 프롤레타리아 독재의 기능을 수행하는 우리 국가 주권의 법이다"라고 하여, 사회주의에 대립하는 자본주의에 적대적인 입장을 취하고, 프롤레타리아의 독재를 정당화하기 위한 수단으로 법을 강조하였다. 북한에서는 재판의 독립, 법의 자율성, 법의 지배를 주장하고 나서면 이른바 '반당 종파주의자'적 태도로 평가하고, 이들에 대해 '재판사업의 신비화'를 도모한다고 평가한다. 그리고 당으로부터의 일정한 지도와 통제는 당연히 필요한 것으로 본다.

북한에서의 최고 규범은 "김일성, 김정일, 김정은의 교시와 말씀 및 이를 구체화한 노동당의 사법정책"이다. 헌법을 포함한 실정법은 그 다음에 위치한다. 노동당의 사법정책보다 김씨 일가의 교시가 위에 위치하는 형태는 다른 사회주의 국가에서도 유례가 없다.

북한에서의 형사재판은 그 교육적 역할을 강조한다. 인민을 재판적 통제와 제재를 통해 사회주의적 가치와 질서를 존중하도록 교양 개조하고, 인민으로 하여금 사회주의 체제에 반대하는 행위에 대한 증오심을 고양시키며, 인민으로부터 당의 사법정책에 대한 확고한 지지를 확보하는 수단으로 형사재판을 이용한다. 재판을 통해 인민들에게 교훈을 주기 위하여 재판정에 방청인들이 강제로 참가하도록 하고, 사회적으로 경각심이 필요한 사건은 큰 회의장에서 인민들을 동원하여 그 자리에서 재판장이 판결의 취지를 설명하게 한 다음, 필요할 경우 그 자리에서 바로 사형을 집행하기도 한다.

이처럼 재판의 정치적 목적을 달성하기 위하여 증거에 대하여 증거능력을 제한하는 규정이 없고, 증거를 찾아내는 방법에도 특별한 제한이 없다. 증언거부권도 원칙적으로 인정하지 않고, 다른 사람으로부터 전해 들었을 뿐인 전문증거라도 증거로 사용될 수 있다. 형사재판에서 비슷한 사안에 대하여 유추해석을 하는 것도 허용하고 있다. 가벌성(可罰性)을 판단할 때에는 '사회적 위험성'이라는 추상적이고 포괄적인 개념을 사용한다. 연좌형 제도도 도입하고 있고, 백지형법(白地刑法)도 허용되는 경우가 있다.

이상이 대강의 북한의 형사재판, 인민재판의 모습이다. 결국 법은 정치에 의해 종속되는 것이 당연하고 정치의 지도를 받아야 하는 것인데, 법률가로서 벌써 기분이 나빠지기 시작하는 부분이다.

이러한 인민재판은 지금도 북한의 정상적이고 일반적인 사법시스템으로 작동하고 있고, 남한 지역도 6·25사변을 겪으면서 혹독하게 체험한 적이 있다.

북한은 1950년 7월 22일 '전시 조건하에서 발생하는 범죄에 대하여 형법 적용에 관한 지도적 지시'를 채택하여 반국가적 행위와 그에 대한 투쟁을 강화하고자 하였고, 1951년 1월 5일에는 '적에게 일시 강점당하였던 지역에서의 반동단체에 가입하였던 자들을 처리함에 관하여'라는 군사위원회 결정을 채택하였으며, 같은 해 2월 10일에는 '대중심판회에 관한 규정', '자수자 취급절차에 관한 규정'이라는 내각결정을 채택하였다.

1951년 2월 16일에는 '군중심판회의에 관한 규정'을 내각결정으로 채택하는데, 이 규정에 따라 체제 반대세력을 대중 앞에서 폭로 규탄하고 전 인민의 투쟁을 강화하는 동시에 대중 앞에서 충성을 맹세시키거나 거부할 경우에 무참히 교수, 타살시키도록 하였다.

1951년 4월 7일에는 '미제국주의자와 그 주구 이승만 매국 도당들과 결탁하여 인민들을 탄압하고 애국자들을 무참히 학살한 악질적인 반국가적인 범죄자들을 처벌함에 관하여'라는 법규를 채택하는 등 전시 하에서 자신들의 체제나 정치적 이념을 구현하기 위한 다수의 법규를 제정 공포하였다.

문명국가의 형사법에서는 증거라고 하더라도 증거능력이 인정되지 않으면 증거로 채택할 수 없다. '경찰 피의자 신문조서는 법정에서 흔들면 휴지조각 된다'라는 말이 있다. 이것은 피의자가 경찰에서 조사를 받으면서 아무런 강압 없이 스스로 자백하였다고 하더라도 공판절차에서 판사 앞에서 그 신문조서를 재판에서 증거로 채택하지 말도록 요구하면 증거로 채택할 수 없게 된다는 의미이다. 경찰의 자백에 의존하는 수사를 제어하기 위한 것으로, 임의수사로 이루어진 것도 정해진 증거법칙에 맞지 않으면 증거가 되지 못한다.

증거를 찾아내는 방법도 임의수사나 영장에 의한 제한적인 강제수사를 통해서만 할 수 있도록 하고 있다. 다른 사람에게서 전해 들은 것은 원칙적으로 증거로 사용하지 못하도록 하고 있다. 증언거부권도 인정되고, 명확성의 원칙에 반하는 애매한 형벌 규정을 둘 수 없으며, 추상적이고 포괄적인 개념을 통해 가벌성을 정하지도 못하도록 하고 있다. 연좌형이나 백지형법과 같은 용어는 아예 입에 올리기도 어려운 내용이다.

증거를 통해 객관적인 진실을 발견하고 그 과정에서 발생할 만한 인권침해의 가능성을 배제하기 위하여 이러한 다양하고 복잡한 증거법칙을 지키고, 또 금과옥조로 여기는 것이다. 그러나 정치형법이 되고 나면 그러한 법원칙이 번거로운 장애물들에 지나지 않는다. 그래서 앞서도 보았듯이 북한 형법은 그 모든 증거법칙을 포기하는 것이다. 그러한 증거법칙과 법원칙을 모두 지키고 법이 정치에 제대로 봉사할 수 없다. 일반대중을 그 이념과 체제에 복종시키기 위하여 필요한 교육을 수행하는 데에 어려움을 겪게 된다.

과거에 일어났던 하나의 범죄가 가지는 객관적인 진실은 중요하지 않고, 그 범죄가 가지는 정치적 의미가 더 중요하다. 범죄자 개인이 중요하지 않고 그의 인권은 고려의 대상이 아니다. 그 범죄자를 징벌함으로 두려움을 가지게 되는 대중이 중요하고, 그 대중의 체제에 대한 굴복과 복종이 중요하다.

판사가 법을 통해 적극적으로 어떠한 가치를 실현하겠다고 결의에 차서 이야기하는 것을 경계하는 이유가 여기에 있다. 판사가 법을 적극적으로 활용해서 정의를 실현하겠다고 하지만 그 정의가 자신의 잘못된 가치관에 기초한 왜곡된 정의일 가능성을 온전히 제거할 수 없다. 판사가 법으로 민주주의를 실천하겠다고 하지만 그것이 다수의 폭거일 수 있다. 판사가 법으로 약자를 보호하겠다고 하지만 정작 그 가짜 약자는 기망에 능수능란한 사기꾼일 수 있다. 판사가 정치적으로 발전된 사회를 만들겠다고 나서지만, 그것이 특정 정파의 이익을 대변하는 것일 수 있다.

그래서 법은 그 어떤 것을 실현하기 위한 수단이 되면 안 된다. 특히 정치에 종속되어서 안되고, 오히려 정치의 분출되는 에너지를 통제하는 기능을 수행하여야 한다.

재판관이 가치를 추구하는데 법을 수단으로 쓰려는 욕구가 강해지면 그 다음에는 당연히 형사법의 원칙을 허물고 싶은 충동이 든다. 형법의 구성요건을 완화시키고 싶고, 확장하고 싶고, 유추 해석하고 싶다. 남의 말을 전해들은 것뿐이라고 해도 왠지 그것을 빌미로 해서라도 가치의 적, 이념의 적을 쳐버리고 싶다. 증언거부권을 무시해서라도 자신이 듣고 싶은 말을 듣고 싶다. 증거능력도 가능하면 부여해서 증거로 쓰고 싶다. 이러한 '인민재판의 충동'은 21세기 대한민국을 살아가는 판사들에게도 여전히 있을 수 있다. 그것을 요구하고 부추기고 응원하는 자들도 여전히 많이 있다. 야만으로 복귀하지 않으려면 경계해야 할 일이다.

 6·25사변을 겪으면서 인민재판이라는 참담한 사법제도에 희생되었을 우리 선대들이 생각나서 그리고 그러한 혹독한 경험을 하고도 문득문득 위험한 생각을 하는 사람들이 여전히 이 땅에서 함께 살아가고 있어서 두렵다.

독도, 사수도 그리고 함박도

동경 126, 북위 33
외로운 섬 하나 새들의 고향
그 누가 아무리 자기네 땅이라고 우겨도…
21만 4천 평방미터
세종실록지리지

대충 이런 정도의 설명을 들으면 지도상의 위·경도와 면적에 대해 특별히 민감한 사람이 아니면, 아하 ~ 대한민국과 일본 간의 독도 분쟁에 대하여 언급하는구나 생각하기 쉽다.

그러나 동경 126도, 북위 33도는 전라남도 완도군과 제주도 사이에 위치하는 지역으로, 이 부근에 보길도와 추자도 등의 섬이 있다. 여기에 사수도라는 섬이 하나 있는데, 그 행정구역상 지번은 북제주군 추자면 예초리 산 121번지(현재는 제주시로 변경)이다. 무인도이고 희귀조류인 흑비둘기, 슴새 등의 번식지이며, 그 면적은 214,328㎡이다. '고려사' 권57 지11 지리2 탐라현 편에 따르면 사수도는 고려시대부터 조선 중기인 18세기 초반까지 제주목 관할의 섬이었다. '세종실록지리지', '세종세록' 권151 지리지 전라도 제주목의 대정현조, '중종실록' 권65, '신증동국여지승람' 권38 제주목 산천 등에는 사서도(斜鼠島)로 표기되어 있다.

이 남해의 섬에 대하여 알게 된 것은 헌법재판소에서 헌법연구관으로 근무하던 시절에 이 섬의 관할권과 관련한 사건에 관여하였기 때문이다. 해사법(海事法)을 전공하여 바다와 관련된 사안에 관심이 많았던 탓에 국내에서 최초로 발생한 지방자치단체간의 섬의 귀속에 관한 분쟁에 상당히 관심이 끌렸다.

분쟁의 내용은 청구인인 북제주군이 피청구인인 완도군을 상대로 하여 이 섬의 관할권한이 자신들에게 있다고 다투는 것이었다. 북제주군은 '제주도 북제주군 추자면 예초리 산 121'로 등록을 하였고, 완도군은 '전라남도 완도군 소안면 당사리 산 26'으로 등록하여 서로 다른 지번을 사용하고 있었다.

이 섬에 대한 분쟁을 보면서 재밌었던 것은 독도 분쟁에서 보이는 모습과 유사한 태양(態樣)을 엿볼 수 있다는 것이었다.

첫째, 명칭이 다르다. 제주도에서는 이 섬을 사수도라고 부르고 있는 반면에, 전라남도에서는 장수도라고 불렀다. 우리나라가 다케시마를 수용할 수 없듯이 각 지방자치단체도 상대의 호칭을 수용하기 힘들었을지 모르겠다.

둘째, 거리상으로는 완도군 보길도와 더 가깝고, 오히려 제주도와 더 멀지만, 제주해양경찰이 출동하여 다른 도의 어선이 월선어업을 하였다는 이유로 그곳에서 조업하는 완도군 어민들에 대하여 단속 활동을 하였다.

셋째, 북제주군민인 해녀와 어부들이 사수도 안에 간이 건축물을 짓고 이름을 '사수도 지킴이의 집'이라고 부르면서 수시로 방문하여 그들의 관할권을 확인하였다. 그리고 사수도 지킴이의 집 옆에는 북제주군의 깃발을 게양하였다.

섬의 명칭이 다르고, 해양경찰선에 의한 단속이 이루어지며, 관할권의 확인을 위해 건축물을 축조하고, 깃발을 게양하는 등의 모습을 보면 일단 국가 간의 영토분쟁으로 착각이 일어날 정도이다. 심판 중에도 양측은 『고려사』나 『세종실록지리지』 등 오래된 고문서에 나오는 섬의 연원에서부터 시작해서 일제시대 임야조사령에 의해 최초로 등록된 사정과 그 이후 현재까지 이르는 섬의 변천사에 대하여 다양한 자료를 제출하였다.

북제주군과 완도군이 이중으로 이 섬을 등록하고 있었어도 처음부터 그 관할권에 대하여 크게 분쟁이 있었던 것은 아니다. 과거에는 서로 해상의 경계에 대한 인식이 분명하지 않았고, 또 수산업의 환경도 양호하여 수산자원이 풍부하고 어획량도 상당하였으므로 각 지역의 어민들이 조업수역에 대하여 별로 민감하지 않았다. 그러나 어장 환경이 황폐화되고 수산자원이 감소하자 연안에서 조업하는 국내 어선들 사이에서도 경쟁이 심해졌고, 결국 조업구역의 관할에 대하여도 민감하게 반응하면서 분쟁이 격화된 것이다.

무인도인 섬 하나만 놓고 보면 그리 큰 문제가 아니라고 할지 몰라도, 그 섬으로 인해 관할하게 되는 해양영역에 대한 관할권과 그 관할권 내의 수산자원을 감안하면, 당장 조업하고 있는 어민들뿐만 아니라 지방자치단체들도 황금어장을 놓치지 않겠다는 절박함이 있었을 것이다.

이 글에서 모두 소개할 수는 없지만 많은 역사적 사료와 법률적 기준을 적용한 결과 그 섬의 관할권은 북제주군에 있는 것으로 최종 판단되었다. 북제주군(현재 제주시)으로서는 헌법재판소의 결정으로 사수도의 완전한 관할권을 가지게 돼 감격이 컸을 것이다. 제주시에서는 헌법재판소 판결 10주년을 기념해서 행사까지 준비한 모양이고, 이 섬에는 현재 제주도기가 힘차게 휘날리고 있다. 그리고 이제 당당히 사수도라는 이름만 사용하는 듯하고, 장수도라는 명칭은 역사 속으로 사라진 듯하다(네이버 지도에서 장수도를 검색해도 사수도가 나타남).

국제 단계에서 독도에 대한 영유권이 도전받고 있고, 국내 단계에서 사수도를 두고 지방자치단체 간에 분쟁이 있었는데, 이제 한반도 단계에서 섬의 영유권을 놓고 새로운 분쟁이 발생할 조짐이 보인다.

서해 우도의 북쪽, 영종도의 북서쪽에 위치한 함박도가 그 영유권이 문제가 되면서 세간의 관심이 모이고 있다. 이 섬이 대한민국에 속하는지 북한에 속하는지와 관련하여 아직 논란이 있다. 섬이 가지는 경제적 가치를 논하기 이전에 이 섬이 가지는 안보상의 의미가 강하여 앞으로도 논의는 계속될 것으로 보인다.

북한 땅이 분명한데 괜한 시비로 우길 필요는 없지만, 반대로 정작 우리 땅인데 그것이 어떠한 이유에서든 자발적으로 나서서 영유권을 포기하는 일은 절대 있어서는 안 된다.

　대한민국 헌법 제5조 제2항은 '국군은 국가의 안전보장과 국토방위의 신성한 의무를 수행함을 사명으로 한다'라고, 제66조 제2항은 '대통령은 국가의 독립·영토의 보전을 수호할 책무를 진다'라고, 제39조 제1항은 '모든 국민은 법률이 정하는 바에 의하여 국방의 의무를 진다'라고 각 규정하고 있다.

　대한민국 헌법 전문에 명시된 것처럼, 자유민주적 기본질서를 더욱 확고히 하여 정치, 경제, 사회, 문화의 모든 영역에서 각인의 기회를 균등히 하고, 우리들과 우리들의 자손의 안전과 자유와 행복을 영원히 확보할 수 있도록 하기 위하여, 국민은 국방의 의무를, 대통령은 영토보전의 책무를, 국군은 국토방위의 신성한 의무를 다하도록 헌법이 천명하고 있다. 대한민국의 구성원들 모두 그 헌법의 요구를 충실히 실천하여야 한다. 대통령이나 국군의 수뇌부는 그 의무를 소홀히 할 경우 헌법과 법률 위반으로 인한 처벌, 경우에 따라서는 여적죄의 처벌 등으로부터도 자유로울 수 없다. 이런 심각한 문제에 대하여 사회적 논의가 충분히 더 이루어져야 할 것으로 보이는데, 정부는 그냥 북한 땅이라고 하고 구체적인 근거나 이유에 대하여서는 충분한 설명이 없다. 6·25사변 당시 제해권은 유엔군과 국군이 압도적으로 장악하고 있었는데, 그런 사정을 감안하면 그 섬이 쉽게 북한의 영토로 인정되는 것이 석연치가 않다.

징용배상판결, 법원칙을 버렸다

　대한민국과 일본 사이의 분쟁을 바라보면서 어떤 이는 이번에 일본에게 본때를 보여 주고 싶을 것이고, 어떤 이는 일본과의 불필요한 분쟁을 야기하고 있다고 생각할 것이고, 또 어떤 이는 두 나라의 경제분쟁으로 불안해진 미래에 대한 걱정을 하고 있을 것이다.
　애당초 그리 사이가 좋을 리 없는 일본이지만, 국내에서 일본제품 불매운동이 한참일 당시에 일본이 구체적인 경제적 불이익을 언급하면서 한국을 압박한 것은 참 이례적이라 생각된다. 어느 각료의 망언이 있었느니, 신사를 참배했느니, 군국주의자들의 시위가 있었느니 등의 뉴스는 접했어도 일본 정부에 의한 경제적 압박은 적어도 기억 속에서는 그리 쉽게 확인되지 않는다. 거기에다 이러한 분쟁이 오롯이 우리 대법원의 징용 관련 판결에서 근원하였다고 단정하기는 어렵지만, 적어도 그것이 하나의 단초로 작용한 것은 사실이어서 궁금함을 더했다. 대개의 외교분쟁이라는 것이 양국 정부 사이의 충돌에서 발현하는 것이 일반적인데, 법원의 판단이 일부 원인제공을 하였다는 것이 관심을 가지게 만드는 것이다.

사건의 경과

　사건의 경과는 대강 이러하다. 원고들(1941년대 이후 '관(官) 알선'이나 '징용'을 통해 일본제철주식회사에서 노무에 종사하였던 이들 또는 그 상속인들)은 2005년 2월 28일경에 서울중앙지방법원에 신일본제철주식회사(이하 '신일본제철'이라고만 함)를 상대로 자신들이 그 의사에 반하여 자유를 박탈당한 상태에서 강제노동에 혹사를 당하고 임금마저 강제로 저축을 당하여 제대로 지급받지 못하였다는 등의 주장과 함께 그에 대한 위자료를 구하는 손해배상소송을 제기하였다.
　이에 대하여 제1심 법원은 ① 원고들의 청구가 일본 법원에서 있었던 판결의 기판력(既判力, 재판이 확정되면 더 이상 그 재판을 다투지 못하게 하여 소송이 되풀이 되는 것을 막는 효력)에 저촉된다는 점 ② 강제노동에 관한 국제노동기구(ILO) 제29호 조약에 근거하여 국제법 위반을 이유로 손해배상을 구하는 원고들의 청구를 받아들이기 어렵다는 점 ③ 구 일본제철과 신일본제철이 법인격이 같다고 볼 수 없다는 점 ④ 원고들의 위자료 청구권이 소멸시효가 완성하였다는 점 등을 이유로 원고들의 청구를 모두 기각하였다.
　다만, 제1심 법원은 구 일본제철이 우리 국내법을 위반하여 불법행위를 했다는 사실은 인정하였다. 원고들이 장차 일본에서 처하게 될 노동의 내용이나 환경에 대하여 잘 알지 못한 채 일본 정부와 구

일본제철의 조직적인 기망에 의하여 동원되었고, 어린 나이에 가족과 이별하여 매우 열악한 환경에서 위험한 노동에 종사하였으며, 구체적인 임금(賃金)도 모른 채 강제로 저금(貯金)을 당하였고, 상시 감시를 당하여 이탈이 불가능하였다는 등의 사실인정을 하였다. 그리고 이러한 제1심 법원의 사실관계에 대한 판단은 다른 법리에 대한 판단과는 달리 그 이후에도 계속 유지되어 그 후 일어나는 항소심(2심), 상고심(3심), 파기환송 후 항소심(환송 후 2심), 재상고심(환송 후 3심)에서 대체로 그대로 받아들인다.

제1심 법원은 1965년 체결된 '국교정상화를 위한 대한민국과 일본국간의 기본관계에 관한 조약'과 그 부속협정의 하나로 '대한민국과 일본국 간의 재산 및 청구권에 관한 문제해결과 경제협력에 관한 협정'(이하 청구권 협정이라 함)과 관련하여서도 이러한 청구권 협정으로 원고들의 위자료청구권이 소멸하는 것은 아니라는 입장을 취하였다. 다만 청구권 협정으로 그 청구권에 대한 대한민국의 외교적 보호권이 포기되었다고 본다. 그래서 일본이 자신들의 국내의 조치로 해당 청구권이 일본 내에서는 소멸한 것으로 처리하더라도, 대한민국이 이를 외교적으로 보호할 수단을 상실한 것이라 본 것이다.

제1심 판결에 대하여 패소한 원고들은 항소를 하였고, 이에 대하여 제2심은 제1심 판결을 그대로 인용하고 다소의 추가 판단을 더하면서 원고들의 항소를 기각하였다.

원고들은 다시 대법원에 상고를 하는데, 이 제3심에서 결과는 뒤집히게 된다. 당시 제3심은 대법관 4명으로 구성되는 소부(小部)에서 이루어지는데, 당시 주심대법관은 김능환 전 대법관이었다.

이미 제1심과 제2심에서 판단하였던 것처럼 구 일본제철의 불법행위는 인정된다는 입장을 취하고, 청구권 협정과 관련하여서는 제1심과 제2심에서 더 나아가 원고들의 위자료 청구권이 소멸하지 않았을 뿐만 아니라 '외교적 보호권'도 소멸하지 않았다는 입장을 취한다. 여기에다가 제1심과 제2심을 통하여 원고들의 청구를 기각하는 이유가 되었던 기판력 저촉, 법인격의 동일성 여부, 소멸시효 등에 대한 원고들의 주장을 모두 받아들인 다음, 제2심 판결을 파기하여 서울고등법원으로 환송하였다. 종전과 전혀 다른 접근의 판결로 평가할 수 있다.

환송된 판결을 받은 서울고등법원은 대법원의 환송 취지에 맞추어 원고들의 청구를 받아들이는 판결을 하고 그 위자료 금액으로 원고들에게 각 1억 원을 지급하라는 판결을 하였다.

이러한 서울고등법원의 환송 후 제2심 판결에 대해 피고(종전 신일본제철 주식회사가 합병 등을 통해 신일철주금 주식회사로 변경됨, 이하 여전히 신일본제철로 표시함)가 재상고를 하였고, 이러한 재상고에 대하여 대법원이 2018년 10월 30일 피고의 상고를 기각하는 판결을 하면서, 원고들과 신일본제철 사이의 판결이 최종적으로 확정되었다.

최종적으로 선고되어 확정된 환송 후 제3심은 전원합의체(대법관 전원이 참여하는 재판부)에서 판단되었는데 13명의 대법관 중에서 11명의 다수의견 및 별개의견으로 원고들의 손해배상청구권을 인정하는 입장이었고, 나머지 2명은 반대의견을 견지하였다. 간단히 요약하면 다음과 같다.

서울중앙법원 제1심(2008년 3월 선고/ 원고들 청구 기각/ 원고들 패소)→

서울고등법원 제2심(2009년 7월 선고/ 원고들 항소 기각/ 원고들 패소)→
대법원 제3심(2012년 5월 선고/ 제2심 파기 환송/ 원고들 승소)→
서울고등법원 환송 제2심(2013년 7월 선고/ 원고들 청구 인용/ 원고들 승소)→
대법원 재상고 제3심(2018년 10월 선고/ 피고 상고 기각/ 원고들 승소)

나라면 아마 최초 제1심과 제2심 판결처럼 판단하였을 것이다

　　2012년 대법원의 파기환송 판결로 결론은 완전히 뒤바뀌게 된다. 심급제도라는 것이 하급심의 잘못된 판결을 상급심이 바로잡는 제도라고 단순하게만 접근하고 보면, 일단 위 대법원의 판결로 서울중앙법원의 제1심 판결과 서울고등법원의 제2심 판결은 잘못된 것이라는 결론에 이르게 된다. 그러나 위 대법원 판결이 있기 이전에 나로 하여금 동일한 사안에 대하여 판결하라고 한다면 나의 판단은 애초 제1심이나 환송 전의 제2심의 판단과 다르지 않다. 인정되었던 사실관계나 일부 법리에 대하여 차이가 있을 수는 있겠지만, 결론에 있어서는 서울중앙지방법원이나 환송 전의 서울고등법원과 같은 결론에 이르렀을 것이다. 아마 상당수의 판사들이 좀 더 솔직해지면 대부분의 판사들이 새로운 대법원 판결이 없는 상태에서 판단하라고 하면 원고들의 청구를 기각하는 판결을 하였을 것이다. 이것은 판사들의 판단력이 부족해서도 아니고, 판사들이 법리를 몰라서도 아니며, 판사들이 원고들의 입장을 이해하지 못하거나, 일본을 두둔해서 그러는 것은 더더욱 아니다. 현존하는 법률, 법학의 일반적인

법리 그리고 대법원과 각급 법원이 쌓아온 선례를 통해 보편적인 법의 잣대로 판단하면 그리 가는 것이 맞기 때문에 그런 것이다.

원고들의 청구가 부당해서가 아니다. 원고들의 청구를 인용하기에는 너무 많은 시간이 흘렀고, 사건의 당사자가 바뀌었으며, 이미 법적인 판단도 있었고, 전국가적 차원에서 벌어진 역사적인 사실에 기초하여 그에 대한 국가 간의 협상이 있었기 때문에 그러한 모든 것이 법적 판단의 장애로 작용하기 때문이다.

처음 드는 의문, 소멸시효의 장벽을 어떻게 넘었나

소멸시효라는 법률용어는 더 이상 법률가들의 전유물이 아니다. 법의 문외한이라고 하더라도 법적 안정성을 위하여 인정되는 소멸시효 제도가 모든 문명국가에서 아무런 거부감 없이 받아들여진다는 사실을 안다. 법률문제로 상담을 하는 사람들도 먼저 나서 '이건 시효가 얼마나 됩니까?', "너무 오래되어서 시효에 걸리겠지요?"라고 묻는 것이 일반적인 모습이다.

판사들도 실무처리에 있어 시효나 제척기간 같은 것에 대하여 민감하다. 시효를 제대로 계산하지 못하거나 제척기간을 챙기지 못하고 판결을 하였다가 상급심에서 결과가 뒤집히면 판사 스스로 심한 자괴감을 느낀다. 상급심 판사들에 의해 기본적인 것도 챙기지 못하는 사람으로 인식되지 않을까 하는 창피함 때문에, 적어도 시효만큼은 놓치지 않으려고 노력한다. 또 시효가 인정되면 그것을 이유로 해서, 간단히 원고가 청구하는 것을 배척할 수 있기 때문에 복잡한 사실관계나 법리를 살피지 않아도 된다. 판결을 쓸 때 큰 수고를 덜 수 있으니 시효를 제대로 찾아내는 것이 판사에게는 업무의 피로도를 줄이는 유혹으로 작용하기도 한다.

이 사건에서 원고들은 1945년 8월 경부터 같은 해 12월 경 사이에 고향으로 돌아간다. 그러니 그 시점부터 따지면 이 사건 소가 최초로 제기된 2005년까지 보더라도 약 60년의 세월이 흘렀다. 일본과 국교가 회복된 1965년을 기준으로 보더라도 40년의 세월이 흘렀으니, 민법 제766조에서 정하는 불법행위의 소멸시효 기간인 '가해자를 안 날로부터 3년, 불법행위를 한 날로부터 10년의 소멸시효'를 훌쩍 넘어서고 있다.

법원 실무에서 거의 예외를 인정하지 않는 소멸시효 제도를, 그것도 법정 소멸시효 기간을 한참을 지난 시점에서 제기한 사건에서 그 장애를 어떻게 극복하였을까 하는 것이 이 사건 판결에 관한 소식을 접하였을 때의 첫 의문이었다. 당연히 신묘한 비책에 대한 호기심이 동하였는데, 정작 판결문을 찾아본 다음 느낀 소회는 역시 특별한 논리는 없다는 생각이었다.

제3심이 소멸시효의 벽을 넘어선 논리는 피고가 소멸시효의 완성을 주장하는 것은 신의성실에 반하여 권리남용이 되므로 허용될 수 없다는 것이다. 지극히 보충적이고 거의 수용하지 않는 신의성실의 원칙을 이유로 소멸시효를 부정한 것이다.

소멸시효라고 하더라도 일체의 예외를 허용하지 않는 철칙일 수는 없다. 대법원의 과거 판례들도 '소멸시효는 객관적으로 권리가 발생하여 그 권리를 행사할 수 있을 때로부터 진행하고, 그 권리를 행사할 수 없는 동안은 진행하지 않지만, 권리를 행사할 수 없는 경우라 함은 그 권리행사에 법률상의 장애사유가 있는 경우를 말하는 것이고, 사실상의 권리의 존재나 권리행사 가능성을 알지 못하였고 알지 못함에 과실이 없다고 하여도 이러한 장애사유에 해당하지 않는다'라고 판시하고 있다.

이러한 법리에 기초해서 제1심 법원은 우리와 일본 사이에 청구권협정이 체결되고 발효되는 1965년 이전까지는 법률상의 장애사유가 있다고 보았고, 이후 이러한 법률상의 장애가 걷어진 시점부터 소멸시효가 기산된 것으로 판단하였다. 엄격히 말하면 대한민국이 해방된 1945년 이후에는 원고들이 소를 제기하는데 장애가 없어졌다고 볼 수 있다. 해방 이후 건국을 거치고 나서 일본과 수교하기까지 상당한 기간이 있었다는 사정도 굳이 일본 기업을 상대로 국내에서 소를 제기하는 데에는 어떠한 법률상의 장애가 된다고 보기는 어렵다(웜비어 가족이 미수교국인 북한을 상대로 미국 법원에 손해배상소송을 제기한 것과 국군포로가 탈북한 후 북한과 김정은을 상대로 손해배상소송을 제기한 것이 쉬운 예가 될 수 있음). 그러나 미수교를 법률상의 장애사유로 보더라도 1965년 이후에는 그 장애가 해소된다.

제1심 판결은 이러한 사정을 고려한 것으로 충분히 수긍할 만하고 법률적 장애에 대한 해석이 다소 확대되기는 하였지만 적절한 판단이었다고 생각한다. 수교여부가 법률적 행위인 것은 의문의 여지가 없으므로 그러하다.

그러나 대법원은 이 부분에 대하여 ① 개인청구권이 포괄적으로 해결된 것이라는 견해가 있고, ② 일본에서 청구권 협정의 후속 입법인 재산권조치법을 제정하였으며, ③ 강제동원 피해자들이 소를 제기하자 개인의 손해배상청구권이 소멸되지 않았다는 인식이 서서히 부각되고, ④ 2005년 1월에 청구권 협정 관련 문서가 공개되며, ⑤ 2005년 8월 26일 한일회담 문서공개 후속대책 관련 민관공동위원회의 공식적인 견해가 표명되는 등의 일이 있었는데, 그러고 나서야 권리를 사실상 행사할 수 없는 장애사유가 없어졌다고 판단하였다.

아마도 나열한 사유들이 법률상의 장애사유라고 보기는 어려우니, 사실상의 장애사유라고 정리를 하고, 이러한 사실상의 장애사유를 이유로 소멸시효를 주장하는 것은 신의성실의 원칙에 위반하는 권리남용으로 본 것이다.

제3심은 소멸시효의 중단에 관하여 법률상의 장애라는 한계를 넘지 못하게 되자 사실상의 장애라는 사정을 최대한 강조하고 여기에 신의성실의 원칙을 적용하여 그 장애를 넘은 것이다. 지극히 이례적이고, 우리의 사법 판단에서 이러한 예가 있었는지 모르겠다.

나아가서 원고들이 소를 제기하자 새로운 인식이 부각되어 장애가 없어졌다는 논리는 도통 이해하기가 힘들다. 그러면 원고들이 소를 제기하는 순간에 법률상의 장애가 소멸되는 것으로 된다는 논리인데, 그것은 소멸시효 제도를 형해화시키는 결과를 초래한다.

법인격의 법리를 어떻게 넘었나

원고들을 고용한 업체는 구 일본제철이다. 그리고 이 구 일본제철은 전쟁이 끝나자 일본 국내법인 회사경리 응급조치법(1946년 8월 15일 법률 제7호), 기업재건 정비법(1946년 10월 19일 법률 제40호)에 따라 1950년 4월 1일 해산되었고, 구 일본제철의 자산을 출자한 야마타제철 주식회사, 후지제철 주식회사, 일철기선 주식회사, 하리마내화연와 주식회사가 설립되었다. 이중 야마타제철 주식회사가 1970년 3월 31일 일본제철 주식회사로 상호를 변경하였고, 1970년 5월 29일 후지제철 주식회사를 합병하여 신일본제철이 된다.

법학에서 사람은 자연인과 법인으로 나눈다. 자연인은 육체를 가진 사람으로 당연히 권리주체가 되고, 법인은 법에 의하여 사람으로 간주되어 권리주체가 된다. 이런 법리에 비추어 원고들을 고용했던 구 일본제철은 1950년 4월 1일 해산하면서 소멸되었다고 볼 수 있다. 그리고 비록 구 일본제철의 자산이 출자된 4개의 회사 중의 하나였다고는 하지만, 일본제철은 새로이 태어난 법인이고, 원고들을 고용하였던 회사가 아니다. 그리고 후지제철과 합병하여 새로이 태어난 신일본제철 역시 원고들을 고용했던 기업체가 아니다.

문제는 이러한 법인의 원리에 따르면 원고들은 소멸한 회사를 상대로는 더 이상 손해배상을 구할 수 없게 되고, 새로이 생긴 신일본제철은 원고들 고용한 당사자가 아니므로 손해배상을 청구할 수 없게 된다. 이러한 장애를 넘기 위하여 대법원 판결은 공서양속(公序良俗)이라는 규정을 사용한다.

일본법인의 법인격 소멸여부, 채무의 승계여부는 당연히 일본 법률(회사정리조치법, 기업재건정비법 등)을 따라야 하는 것이지만, 그러한 일본 법률을 따를 경우에 나타나는 결과가 대한민국의 공서양속에 위반될 경우에는 그 일본 법률의 적용을 배제하고, 법정지(法庭地)인 대한민국 법률을 적용하여야 한다고 판단한 것이다.

우리 법은 독일, 프랑스 및 일본 등 대륙법계 국가의 입법 전통을 따르고 있다. 특히 일본법의 우리 법에의 영향은 상당한데, 오래전부터 국내 법학자들은 일본 법학자들의 법해석에 의존해서 논리를 전개하는 경우들이 많이 있었고, 법률실무가들도 우리 대법원의 판례가 충분히 형성되기 전에는 자주 일본의 최고재판소 판례를 참조하였다. 그러한 사정으로 사법시험을 합격해 사법연수원에 들어가면서 일본어 공부를 하는 것이 하나의 상식처럼 여겨지던 때도 있었다. 아직도 법 제정이나 개정 과정에서 일본법을 참조하는 것은 여전하다. 일본 법률이 터무니 없었으면 우리가 수용하지 않았을 것이다. 일본이 자국의 의회를 거쳐서 제정한 법률을 우리의 공서양속에 반한다고 판단한 것이 지극히 이례적이다.

앞서 언급한 바와 같이 신의성실의 원칙은 지극히 예외적으로 인정되는 보충적인 법리로 이용되는데, 공서양속 위반 금지의 원칙을 적용할 때도 마찬가지이다. 판사가 맘대로 공서양속이라고 판단하여 자신의 가치관을 일반 국민에게 강요하여서는 안 되기 때문이다.

사회분위기가 공포분위기가 되면 최고권력자의 의중을 위반하는 것도 공서양속을 위반한 것으로 이해될 수 있다. 그래서 이러한 추상적이고 애매모호한 법원칙은 지극히 예외적이고 보충적으로 적용되어야 하며, 지극히 조심스럽게 접근하여야 한다. 신의성실의 원칙을 인정하는 경우도 잘 보지 못하였지만, 공서양속을 이유로 판단을 하는 경우는 적어도 나의 경험의 범위 안에서는 본 적이 없다.

법인이 법인격을 함부로 남용하여, 오로지 자신의 책임을 회피하기 위한 의도로만 새로운 법인을 만들거나 허상의 법인을 만들 경우에 그 법인격을 남용하였다고 하여 법인격을 부인하기도 하는데 이 역시도 신의성실의 원칙의 다른 발현 형태라고 할 수 있어서, 이를 인정한 선례를 찾아보기가 쉽지 않다.

일본 법원에서 이루어진 판결의 기판력이라는 장애를 어떻게 넘었나

판결이 선고되고 확정되면 기판력이라는 것이 생긴다. 그래서 동일한 판결에 대하여 다시 재판을 하지 못하도록 하는 것이다. 분쟁 해결을 위해 존재하는 재판을 무한 반복하여 남용하는 것을 막음으로써 법적 안정성을 유지하자는 취지이다. 그런데 이러한 기판력과 관련하여 우리 민사소송법은 일정한 요건이 갖추어지면 다른 나라 법원이 한 판결에 대해서도 기판력을 인정하고 있다. 그러므로 외국 법원의 판결에 대하여 그 기판력을 무시하고 한국법원이 다시 판결하기 위해서는 그만한 사정이 있어야 한다.

이 사건에서도 원고들의 청구를 기각한 일본 법원의 판결이 확정되어 기판력이 발생하였기 때문에, 대한민국 법원이 원고들의 청구를 받아들이기 위해서는 이러한 장애도 넘어야만 하였다. 그런데 이와 관련하여서도 우리 대법원은 일본(오사카 고등재판소)의 판결이 공서양속을 위반하였다고 판단하였다. 우리 민사소송법 제217조 제1항 제3호에서 외국 법원의 판결 효력을 인정하는 것이 '대한민국의 선량한 풍속이나 그 밖의 사회질서에 어긋나지 아니하여야 한다'는 점을 외국판결의 승인요건의 하나로 규정하고 있다는 것을 근거로 든다.

역시 원고들의 청구를 받아들이기 위한 어려운 법적 장애를 공서양속으로 극복한 것인데, 문제는 그 일본 판결이 대한민국의 어떠한 공서양속을 위반하였는가 하는 것이다. 이에 대하여 대법원은 현행 헌법 전문 속의 "유구한 역사와 전통에 빛나는 우리 대한민국은 3·1운동으로 건립된 대한민국 임시정부의 법통과 불의에 항거한 4·19 민주이념을 계승하고 ··· "라는 표현 등을 인용한다. 모든 논거를 다 소개할 수는 없지만, 이 부분만 보더라도 예상 밖의 논리전개라는 생각이 든다.

헌법이라는 것이 기본적인 국가기구 및 국가질서에 대하여 규정하고, 또 국가와 국민 간의 관계 및 국민의 기본권 보호 등에 대해 규정하고 있어, 헌법의 규정이 사인 간의 분쟁에는 개입하지 않는 것이 원칙이다. 헌법을 사적 분쟁의 공서양속에 관한 판단기준으로 삼았다는 것이 특이할 뿐만 아니라, 그 근원을 헌법의 개별규정이 아닌 헌법 전문에서 찾았다는 점이 더 이례적이다.

결국 신의성실과 공서양속으로 중요한 장애를 다 넘은 것인가

앞서도 지적하였듯이 원고들은 자신들의 주장을 관철하기 위해서는 소멸시효, 법인격의 소멸, 기판력의 승인이라는 엄청난 장애를 넘어야 했는데, 이러한 장애를 대법원은 신의성실의 원칙이나 공서양속 위반 금지의 원칙과 같은 보충적인 원칙들로 쉽게 넘어 버린 것이다.

신의성실로 소멸시효를 부정하는 것이 무슨 문제인가 의문을 가지겠지만 법률가라면 신의성실의 원칙이 가지는 실무에서의 위상을 안다. 변호사가 마땅히 내세울 만한 법률 규정이나 법리 없이 신의성실의 원칙만 내세우면서 변론을 전개하면 법률가들은 감지한다. 판사는 마땅히 내세울 만한 법리가 없나보다 생각할 여지가 많고, 상대편 변호사도 맘대로 공세를 취해도 되겠다고 생각할 수 있다. 민법 제2조에서는 신의성실의 원칙과 권한남용 금지를, 민법 제103조 선량한 풍속 기타 사회질서 위반을 규정하고 있는데, 이들 규정이 지극히 예외적이고 보충적인 규정으로 그리 쉽게 적용될 수 있는 법조항이 아니기 때문이다.

부연하면 이들 조항을 주된 도구로 이용해서 판결하게 된다면 굳이 다른 모든 법률조항은 없어져도 된다. 판사가 사안을 바라보고 옳다고 생각하는 것을 신의성실에 부합하는 것이라고 이해하고, 거기에 배치되는 것을 권한 남용이라 이해하면서 판단하는 것이 가능하다면 굳이 다른 법률조항은 없어져도 되는 것이다.

이전에 동료 판사가 "법률과 법리만 없으면 재판 힘 안 들이고 편

하게 할 수 있을 텐데, 법률과 법리 때문에 그게 안 된다"고 말한 적이 있다. 상충하고 뒤섞인 복잡한 법리 앞에서 해결책이 안 보이니 답답한 마음에서 한 농담이다. 판사를 제약하고 판사를 법적 영역 속에 묶어두는 것이 법규정과 법이론이다. 그를 통해 국민이 판사들에 의한 자의적인 전횡에서 자유로울 수 있는 것이다. 그런데 이러한 법규정과 법이론을 무력화시키는 손쉬운 방법이 신의성실의 원칙이나 공서양속 위반 금지의 원칙과 같이 추상적이고 애매하며 보충적인 원칙들의 적용범위를 확대하는 것이다. 이것을 전면에 내세우면 판사는 무서울 게 없다. 그래서 판사들끼리 재판과 관련하여 논의를 할 경우 함부로 신의성실의 원칙이나 그 파생원칙인 공서양속 위반 금지의 원칙으로 피해 가는 것을 경계한다.

그런데 2012년의 대법원 판결은 원고들의 청구가 넘어야 할 주요 장애 요소에 대하여 신의성실, 권리남용, 반사회질서 등의 법리를 통해 제거하고 있다는 느낌이다. 이러한 법리의 남용은 그 하나의 사건에서는 법관이 원하는 대로 판결을 할 수 있으나, 결과적으로는 다른 민법의 조항들을 무력화시킬 우려가 있다. 민법의 법조항과 법리들을 이러한 보충적인 법리로 허물어버리면 앞으로 많은 소송당사자가 법원을 찾아와 자신들에게도 이러한 법 적용을 하는 특혜를 달라고 요구할 것이다.

법률은 특정한 한 사건을 위하여 존재하는 것이 아니라 현재 대한민국 국민 모두를 위해 존재하는 것이고 또 대한민국의 과거뿐만 아니라 앞으로 대한민국이 존재하는 한 이 땅에서 살아가게 될 모든 사람을 규율하는 법규범이다. 그리고 이러한 법률은 이미 다른 선진

문명 국가에서 검증을 거쳐 그 타당성이 확인된 법규범이다. 비록 안타깝고 판결로 도와주고 싶어도 함부로 그러지 못하는 것이 이러한 사정 때문이다.

판사는 일하면서 안타깝고 답답하며 가슴이 먹먹해지는 경우를 상시로 경험한다. 그런 직업이다. 그렇지만 법이 있고, 또 그것은 자의적으로 적용되면 안 되는 사회적 약속이기 때문에 때로는 야속한 소리를 듣고, 때로는, 원망도 들으면서, 법을 적용하여 가는 것이다. 어려운 한 사람의 말을 듣자고 듣고 그 사람 편을 들자면, 또 다른 상대가 고통 속에서 살아가야 하는 것이 분쟁이다.

청구권 협정 제2조가 달리 해석될 수 있나?

원고들의 손해배상청구권이 청구권 협정으로 소멸되었는가 여부가 원고들의 청구를 받아들이는데 중요한 역할을 하기 때문에 여기에 대한 각 심급의 판단도 다양하게 나뉜다. 이와 관련하여 중요한 조항인 청구권 협정 제2조를 인용하면 다음과 같다.

1. 양 체약국(締約國, 조약을 맺은 나라)은 양 체약국 및 그 국민(법인을 포함함)의 재산, 권리 및 이익과 양 체약국 및 그 국민 간의 청구권에 관한 문제가 1951년 9월 8일에 샌프런시스코우시에서 서명된 일본국과의 평화조약 제4조 (a)에 규정된 것을 포함하여 완전히 그리고 최종적으로 해결된 것이 된다는 것을 확인한다.

3. 2.의 규정에 따르는 것을 조건으로 하여 일방 체약국 및 그 국

민의 재산, 권리 및 이익으로서 본 협정의 서명일에 타방 체약국의 관할하에 있는 것에 대한 조치와 일방 체약국 및 그 국민의 타방 체약국 및 그 국민에 대한 모든 청구권으로서 동일자 이전에 발생한 사유에 기인하는 것에 관하여는 어떠한 주장도 할 수 없는 것으로 한다.

청구권 협정의 해석과 관련하여 이 조항을 먼저 적는 이유는 이 문구를 법률가가 아닌 일반 평균인의 입장에서 읽더라도 달리 해석될 여지가 있는지 의아한 생각이 들기 때문이다.

조약의 해석은 1969년 체결된 '조약법에 관한 비엔나협약(Vienna Convention on the Law of Treaties, 이하 '비엔나협약'이라 한다)'을 기준으로 한다. 비엔나협약 제31조(해석의 일반규칙)에 의하면, 조약은 전문 및 부속서를 포함한 조약문의 문맥 및 조약의 대상과 목적에 비추어 그 조약의 문언에 부여되는 통상적 의미에 따라 성실하게 해석하여야 한다.

환송 후 제3심 판결에서 반대의견을 밝힌 두 명의 대법관은 이 원칙에 따라 청구권 협정을 해석할 경우에 원고들이 국내에서 신일본제철을 상대로 손해배상을 청구할 수 없다고 판단하였다. 대법원 판결의 복잡한 논리구조를 다 설명하기는 지면상의 제약이 있으므로 쉬운 접근을 시도하여 보고자 하는데, 이를 위해 '조약의 문언에 부여되는 통상적 의미'라는 표현에 주의를 모아 볼 필요가 있다.

이를 위해 '청구권에 관한 문제가 샌프란시스코 시에서 서명된 일본국과의 평화조약 제4조 (a)에 규정된 것을 포함하여…'라는 표현을 살펴보자. 이 표현을 일반인의 평균적인 상식에 비추어 보면 청구권에 관한 문제가 오로지 샌프란시스코 협정 제4조 (a)에 규정된 것만을 의미하는 것인가, 아니면 그것을 포함하여 더 큰 범위의 청구권을 포함하는 것인가? 국문에 대한 기본적인 인지 수준만 가져도 "포함하여"라는 표현의 국어적 의미를 혼동할 사람은 없을 것이다.

환송 후 제3심은 청구권 협정과 관련하여 "청구권 협정은 일본의 불법적인 식민지배에 대한 배상을 청구하기 위한 협상이 아니라 기본적으로 샌프란시스코 조약 제4조에 근거하여 한일 양국 간의 재정적·민사적 채권·채무관계를 정치적 합의에 의하여 해결하기 위한 것이었다고 보인다."라고 판시한다.

그러나 우리나라가 일본과 청구권에 관하여 협정을 하는 과정에서 요구한 8개 항목(이하 8개 항목이라 한다)에는 "피징용 한국인의 미수금, 보상금 및 기타 청구권의 변제청구"라는 문구를 넣어 일본 식민지배의 불법성을 전제로 발생한 손해에 대한 배상을 요구하였고, 청구권 협정은 이 8개 항목을 포함하여 양국 간에 타결된 것이다.

그런데 대법원은 위와 같은 8개 항목의 내용 중에 일본의 불법성을 전제로 하는 것은 없었다고 판단하고, 이러한 사정으로 불법성을 전제로 하는 개인의 손해배상청구권은 그대로 남아 있다고 판단한 것이다. 결국 청구권 협정은 개인의 손해배상청구권을 제외한 재정적·민사적 채권·채무관계를 정치적 합의한 것에 지나지 않는데, 이 범위는 샌프란시스코 협정 제4조 (a)의 범위와 같다고 본 것이다.

환송 후 제3심에 따르면 '포함하여'라는 표현이 의미를 가지지 못하는 어색한 결과가 된다. 그리고 이러한 어색함은 환송 후 제3심 판결의 다음의 문장에서 드러난다.

청구권 협정 제2조 1에서는 '청구권에 관한 문제가 샌프란시스코 조약 제4조 (a)에 규정된 것을 포함하여 완전히 그리고 최종적으로 해결된 것'이라고 하여 위 제4조 (a)에 규정된 것 이외의 청구권도 청구권 협정의 적용대상이 될 수 있다고 해석될 여지가 있기는 하다', '그러나 위와 같이 일본 식민지배의 불법성이 전혀 언급되어 있지 않은 이상, 위 제4조 (a)의 범주를 벗어나는 청구권, 즉 식민지배의 불법성과 직결되는 청구권까지도 위 대상에 포함된다고 보기는 어렵다.'

분명히 청구권 협정은 샌프란시스코 협정 제4조 (a)의 범위를 포함한다고 표현하고 있는데, 정작 대법원은 샌프란시스코 협정 제4조 (a)의 범위에 한정하는 판단을 하게 되는 것이고, 포함하는 것이 없어지는 것이다.

그리고 그 원인을 해명하는 과정에서 청구권 협정은 일본 식민지배의 불법성을 전제로 한 것이 아니어서, 불법행위를 이유로 한 손해배상청구권은 여전히 남아 있고 개인이 행사할 수 있다고 본 것이다.

그런데 문제는 청구권 협정을 하는 과정에서 우리가 제시한 요구서인 8개 항목에는 피징용 한국인에 대한 미수금 보상금 및 기타 청구권과 같이 일본의 식민지배의 불법성을 전제로 하는 요구들이 포함되어 있었다. 이러한 8개 항목으로 인해 청구권 협정이 불법성을 전제로 한 청구권을 모두 포함하는 것으로 해석되게 되면 원고들의 청구가 설 자리가 없어지게 되자 환송 후 제3심은 위 8개 항목 안에 불법성을 전제로 한 것이 없다는 논리를 전개한 것이다.

즉 8개 항목에 일본 식민지배의 불법성에 대한 요구가 포함되어 있지 않으므로, 청구권 협정은 그러한 불법성과는 무관하다는 것, 샌프란시스코 협정도 재정적·민사적, 채권·채무관계에 관한 정치적 합의에 지나지 않기 때문에 위와 같은 불법성과 무관하다는 것, 그리고 청구권 협정에 '샌프란시스코 협정 제4조 (a)를 포함하여'라는 표현이 있어 오해의 여지는 있으나, 8개 항목이나 청구권 협정에 모두 식민지배의 불법성이 언급되어 있지 않으므로, 그러한 표현에도 불구하고 개인의 손해배상청구권은 여전히 남아 있다는 논리전개이다.

8개 항목에 피징용 한국인의 청구권이라는 표현이 분명이 있다. 그리고 그것을 반영한 것이 청구권 협정이다. '문언에 부여되는 통상적 의미'를 추구한다면 이미 개인의 청구권은 청구권 협정을 통해 해결된 것이다. 그리고 이 문제가 해결되지 않았다면 청구권 협정에서 샌프란시스코 협상 제4조 (a)를 '포함하여'라는 표현을 쓰지 않고, 청구권 협정은 샌프란시스코 협상 제4조 (a)의 범위에 한정하며 개인의 배상청구권은 유보한다고 하였을 것이다.

결국 환송 후 제3심에 따르면, 우리나라는 8개 항목에서 일본은 불법을 저질렀다고 명시적으로 표시하라고 요구하고, 이에 대하여 일본은 청구권 협정에서 불법이라는 것을 명시적인 문장으로 표시하였어야 한다는 것이다. 그리고 그게 이루어지지 않았다면 일본은 개인의 손해배상청구권 주장을 인정하여 유보한 것이라고 보아야 한다는 것이다.

과연 그러한 형식으로 양국의 조약체결이 가능하였겠는가. 외교에 대해 문외한이지만 조약의 체결에 외교적 겸양은 반영되지 않았을까 생각된다. 과하게 상상하면 일본이 암묵적이고 간접적이지 않은, 오로지 명시적이고 직접적인 방법으로만 불법을 자인하고 그것을 전제로 조약을 체결하였어야 하고, 그러한 조약이 아니라면 지금 이 순간까지도 서로 비수교국으로 지냈어야 한다는 논리가 될 수도 있다.

환송 후 제3심 다수의견대로 청구권 협정이 정치적 합의에 지나지 않는다면 일본이 현재의 기준으로도 적지 않는 금액인 3억 달러를 무상지원하고, 2억 달러를 유상지원하며, 한국 내에 있던 약 22억 달러어치의 일본인 재산을 포기하겠는가에 대하여 고민하여 보면 된다. 별로 그 가능성이 커 보이지 않는다.

재상고심 반대의견은 위와 같은 다수의견의 판단에 반대하면서 '조약의 문언에 부여되는 통상적 의미'에 따라 성실하게 해석할 필요성을 강조한다. 인용하면 다음과 같다.

청구권 협정 제2조를 그 문언에 부여되는 통상적 의미에 따라 해석하면, 제2조 1.에서 '완전히 그리고 최종적으로 해결된 것'은 대한민국 및 대한민국 국민의 일본 및 일본 국민에 대한 모든 청구권과 일본 및 일본 국민의 대한민국 및 대한민국 국민에 대한 모든 청구권에 관한 문제임이 분명하고, 제2조 3.에서 모든 청구권에 관하여 '어떠한 주장도 할 수 없는 것으로 한다'라고 규정하고 있는 이상, '완전히 그리고 최종적으로 해결된 것이 된다'라는 문언의 의미는 양 체약국은 물론 그 국민도 더 이상 청구권을 행사할 수 없게 되었다는 뜻으로 보아야 한다.

문장이나 문구의 의미를 흔들어 복잡하게 만드는 것이 일단 대단한 논리전개가 있는 것처럼 보일 때가 있지만, 실상은 궁핍한 논리의 자백인 경우가 많이 있다. 최초 제3심의 주심 대법관이 판결문을 작성할 당시 건국하는 심정이었다는 것은 많이 회자되는 이야기이다. 판결을 읽어보면 그가 들인 노고가 적지 않음을 알 수 있다.

당시 징용자들에 대한 연민 및 안타까움을 표현하여 판결에 반영하고 싶었을 것이라는 충정도 읽힌다. 그러나 건국하는 심정이 들 정도의 논리 전개를 할 필요가 있었다면 그 논리 전개가 자연스럽지 않거나 합리적이지 않았다는 반증일 수도 있다.

조약도 국내법인데 비통상적인 법률해석으로 이루어져서는 안 될 것

헌법에 의하면 체결·공포된 조약과 일반적으로 승인된 국제법규는 국내법과 같은 효력을 가진다. 조약은 외국과의 약속에 지나지 않기 때문에, 국내 일반 국민에게는 적용될 여지도 없고, 그래서 필요하다면 우리나라나 우리 국민에게 얼마든지 유리하게 해석할 수 있는 그런 것이 아니다. 체결·공포된 조약은 국내법과 같이 이해되기 때문에 그에 대한 잘못된 해석은 국내법 전체에서 잘못된 해석을 용인할 위험성을 가지게 되고, 국내법과 다르게 해석하다가 국내법과 조약이 충돌을 일으킬 수도 있는 것이다. 조약도 국회의 비준을 받기 때문에 국내법과 그 정당성의 정도가 동일하고 또 조약을 국내법으로 입법하는 것이 대부분이라, 그 둘의 충돌은 우리 법률체제

전체에 위협이 될 수 있다. 그렇기 때문에 조약은 국내 법률과 똑같이 존중되어야 한다.

환송 후 제3심 반대의견은 청구권 협정과 관련하여 "일본 정부가 청구권 협정의 협상 과정에서 식민지배의 불법성을 인정하지 않고 있던 상황에서 대한민국 정부가 청구권협정을 체결한 것이 과연 옳았는지 등을 포함하여 청구권 협정의 역사적 평가에 관하여 아직도 논란이 있는 것은 사실이다. 그러나 청구권 협정이 헌법이나 국제법에 위반하여 무효라고 볼 것이 아니라면 그 내용이 좋든 싫든 그 문언과 내용에 따라 지켜야 하는 것이다."라고 하여 조약과 그 문구의 중요성을 확인하고 있다.

청구권 협정의 옳은 것이었느냐 아니냐 하는 문제는 역사학계, 정치계, 국민 공론의 장 등에서는 논의가 있을 수 있다. 그러나 적어도 사법부만큼은 그 정치적 의미에 매달리기보다, 그 해석이 법의 일반원리에 위반되지 않게 하려는데 노력을 집중하였어야 한다. 명백히 대한민국 법률의 한 부분인 조약을 문언 자체의 통상적인 의미에서 벗어나 이례적으로 해석하여 사실상 무력화시키고, 더 나아가 민법의 보충적 법원칙인 신의성실이나 권한남용, 공서양속 등을 통하여 법의 일반원칙을 무력화시키기 위해 노력하였다는 것이 대법원 판결을 바라보는 심정이다.

이런저런 방법을 통해 법의 일반 원칙을 비켜서라도 우리가 원하는 결과를 얻어 국민 상당수의 감정을 위무하려 했다고 해서 마냥 옳다고 볼 일이 아니다. 우리가 사법 판결을 무기로 하면, 비록 가능성은 낮지만 일본의 사법부도 같은 방법을 쓸 수도 있는 것이다. 일본 패망 이후에 자국으로 돌아간 일본인들이 우리나라에 남겨놓은 그들의 재산에 대한 권리주장을 할 수도 있다. 미군정이 몰수했고, 오래전 일이니 그리고 우리가 적산(敵産)으로 처리했으니 아무런 문제가 없다고 안심할 수 있겠나. 소멸시효는 신의칙으로 배척하고, 미군정의 몰수나 우리나라의 적산처리는 그들의 공서양속에 반한다고 하면 우리는 또 새로운 법 논리를 고민해 보아야 한다. 판결을 내 수용으로 쓸 수는 없는 것이다.

국가의 일괄처리협정을 통한 개인 청구권 제한의 합법성

개인의 청구권을 국가가 조약을 통해 일괄해서 처리해서 개인의 청구권이 막혔다고 잘못되었다고 하기도 어렵다. 이와 관련하여 환송 후 상고심의 반대의견은 충분한 설시(說示)를 하고 있고, 그 취지에 공감하므로 이를 그대로 인용한다.

국제법상 전후 배상문제 등과 관련하여 주권국가가 외국과 교섭을 하여 자국국민의 재산이나 이익에 관한 사항을 국가 간 조약을 통하여 일괄적으로 해결하는 이른바 '일괄처리협정(lump sum agreements)'은 국제분쟁의 해결·예방을 위한 방식의 하나로서, 청구권협정 체결 당시 국제관습법상 일반적으로 인정되던 조약 형식이다[국제사법재판소(ICJ)가 2012. 2. 3. 선고한 독일 대 이탈리아 주권면제 사건(Jurisdictional Immunities of the State, Germany v. Italy : Greece intervening), 이른바 '페리니(Ferrini) 사건' 판결 참조]. 청구권 협정에 관하여도 대한민국은 일본으로부터 강제동원 피해자의 손해배상청구권을 포함한 대일청구요강 8개 항목에 관하여 일괄보상을 받고, 청구권 자금을 피해자 개인에게 보상의 방법으로 직접 분배하거나 또는 국민경제의 발전을 위한 기반시설 재건 등에 사용함으로써 이른바 '간접적으로' 보상하는 방식을 채택하였다. 이러한 사정에 비추어 볼 때, 청구권 협정은 대한민국 및 그 국민의 청구권 등에 대한 보상을 일괄적으로 해결하기 위한 조약으로서 청구권 협정 당시 국제적으로 통용되던 일괄처리 협정에 해당한다고 볼 수 있다.

목적을 실현하기 위한 도구로서 판결이 활용되는 것은 피해야 한다

징용된 사람들에 대한 보상의 필요성에 대하여서는 비록 이견은 있을 수 있으나, 또 많은 사람이 공감할 수 있는 부분이다. 그리고 이렇게 공감하는 사람들의 의지를 담아 판결하고 싶은 충동이 드는 법관이 있을 수도 있다. 그렇지만 그렇게 못하는 것은 법률과 법원칙이 있기 때문이다. 대법원 상고심 판결 이후에는 대법원의 판결 취지에 따를 수밖에 없을 것이지만 그것은 대법원의 판결에 동의하는 것이 아니라, 하급심이 상급심에 기속되어야 하는 심급제를 존중하기 때문이다. 판결을 이용해 판사가 의도하는 바 또는 판사가 바람직하다고 생각하는 바를 실현하는 것은 바람직한 모습이 아니다. 판결이 법관의 이상을 구현하기 위한 도구가 아니다.

판결을 통해서 이상을 구현하고자 한다면 그것은 평생 판결에 묻혀 지내는 판사들의 좁은 시야에서 기인하는 것일 수도 있다. 판결이 사회의 분쟁을 해결하는 중요한 수단인 것은 맞지만 그것이 전부일 수는 없다. 세상의 분쟁은 당사자들의 협상, 정치적 타협, 국회의 입법, 정부의 정책, 외교적 협상 등 다양한 방법을 통해 해결된다. 판결을 통해 바람직한 결론을 도출하는 것이 불가능하더라도, 그것이 법의 일반원칙에 따라 불가능한 것이면 법관은 그냥 그 일반원칙에 따라 판단하면 되는 것이다. 그리고 법이 관여할 수 없는 부분은 사회 일반의 다른 분쟁해결 방법을 믿고 기다리는 수밖에 없다. 세상 대부분은 법관 아닌 사람들에 의하여 움직여 가고 그들의 지혜가 결코 법관의 그것에 뒤지지 않는다.

대법원은 2012년 상고심을 통해서 보충적인 법원리로 원칙을 무너뜨리는 판결을 하였다. 원고들의 억울한 사정이 풀어졌는지는 모르겠지만, 그것을 통해 대한민국 국민 모두에게 적용되는 법의 기본원리가 상당 부분 흔들리게 되었다. 그 상고심 판결이 결국 일반 국민 모두에게 공통되게 적용되고, 향후 벌어질지 모르는 또 다른 역사적 사건에 대한 분쟁의 기준이 된다. 이러한 것에 주의하며 더 신중하게 하였어야 했다는 아쉬움이 있다. 일본제국주의의 침략으로 고통을 받았던 많은 국민 중에서 원고들과 같은 입장이었던 사람들뿐만 아니라, 이미 보상을 받았던 사람도 그 형평성을 문제 삼아 다시 법적 분쟁을 일으킬 수 있다.

그리고 그 숫자는 수십만이 될 수도 있다. 6·25사변으로 고통받았던 사람들도 기존 보상체계를 문제 삼으면 정서적 형평성을 고려하여 달리 보아야 할 수 있다. 과거뿐만 아니라 미래의 문제도 남아있다. 향후 통일이 이루어질 경우 남북한 국민 사이에 분단으로 왜곡되었던 재산권 분쟁이 일어날 경우 또 어떻게 처리할 것인가의 문제가 남는다. 그 복잡한 내용은 결국 법률로 해결할 수밖에 없는데 그 법률을 민법의 보충원칙 등으로 흔들어 버렸다는 생각이다.

일각의 대법원 판결에 대한 비판 중에는 대법원이 외교부 등 행정부와 의견조율이 없이 판결하여 국제법에서 일반적으로 용인되는 '한목소리 원칙(One voice doctrine)'을 지키지 않았다는 비판도 있다. 그러한 비판에 반대하지 않지만, 법의 일반원칙만 지켰어도 그러한 원칙을 차용함이 없이 정상적인 판단할 수 있었다는 생각이다.

대법원의 2012년 최초 제3심 판결로 어찌 보면 법원은 감당하기 힘든 실수를 한 것일지도 모른다. 그리고 그 제3심 판결이 환송 후 제2심의 판결을 거쳐 다시 대법원으로 올라왔을 때 대법원이 종전 대법원 판결을 그대로 수용하기가 어렵다는 것을 인식했을 수 있다. 그래서 판결 이외의 정책적 외교적 해법을 기대했을 수도 있겠다. 그러면서 시간이 흘러갔고 결국 대법원은 정권과 재판거래를 했다는 오명을 쓰고 당시의 사법부 수장이 구금되는 참담한 지경으로까지 흘러갔다.

마지막으로 유사한 미국의 판례 하나를 소개한다. 1941년 12월 경에 남태평양 전쟁에서 포로가 된 당시 20세의 제임스 킹(James King)이라는 미군 병사가 종전(終戰)까지 낮에는 철강회사에서 일하고 밤에는 포로수용소에 수감되어 고통받으면서 지내다가 종전과 함께 석방되었는데, 그를 포함한 피해자들이 캘리포니아 연방법원에 일본 회사를 상대로 소를 제기한 사건이 있었다. 이 사건에서 미국 연방법원은 판결의 마지막을 다음과 같이 쓰고 있다.

    일본과의 평화협정이 원고들이 주장하는 주장을 막고 있으나, 그를 통해 원고가 받아야 할 충분한 보상은 앞으로 올 평화와 교환되었다. 경제적인 측면에서는 원고들이 받은 고통에 대한 보상이 부정되었고, 전쟁포로였던 사람들과 헤아릴 수 없는 전쟁생존자들도 그러하지만, 그들 자신과 그들의 후손들이 자유롭고 더 평화로운 세계에서 살아가는 무한한 포상은 그러한 빚을 갚을 만한 것이다[In re World War II Era Japanese Forced Labor Litigation 114 F. Supp. 2d 939 (N.D. Cal. 2000)].

원고들의 희생에 무한한 감사를 표하면서도, 그들의 청구는 기각한 것이다.

미중갈등, 남중국해에 관한 국제중개재판소 판결

미국과 중국의 갈등이 트럼프 대통령 재임 중에 심화되었고, 차기 미국 대통령에 의해서도 그 강도가 개선될 것으로는 크게 기대되지가 않는다. 힘센 나라들 사이에 패권 경쟁으로 크게 접근할 수 있는데, 실제 나타나는 모양은 홍콩과 대만 문제를 둘러싼 외교분쟁, 화웨이 등 중국기업에 대한 제재를 포함한 경제분쟁, 근자에 우한 코로나가 세계적으로 확산되면서 건강의 책임소재를 둘러싼 분쟁까지 다양하다. 하지만 국가 간의 갈등 중에서 가장 위험한 형태는 당연히 군사적인 대결이다.

최근에 중국이 남중국해에서 군사훈련을 강화하고, 그에 대응해서 미국은 자유의 항행작전을 계속하면서 남중국해 해역 내에서 미 항공전단이 군사훈련을 하는 등 두 나라 사이의 군사적 대립이 고조된다. 미국과 중국의 군사적 갈등이 북한을 매개로 한 한반도뿐만 아니라 남중국해에서도 첨예하게 나타나는 것이다. 두 나라의 군사적 갈등의 또 다른 대결장이 된 남중국해에 관하여 살펴보는 것은 이러한 국제정세에 비추어 의미가 있다. 남중국해의 분쟁과 관련해 국제중재재판소에서 판결이 나온 적이 있어 이를 소개하려 한다. 다만 이 결정에 나타나는 분쟁의 당사자는 중국의 상대로 미국이 아니라 필리핀인데, 남중국해의 법률적인 문제점을 살펴보는 데에는 이처럼 분쟁 당사국이 필리핀이라는 사실이 아무런 장애가 되지 않는다.

우리나라 해양수산부 공무원이 동해나 서해 대부분을 펜 하나 들고 쭉쭉 단선(dash line) 몇 개를 그으면서 그 대부분을 대한민국의 바다라고 하면, 우선 동해나 서해에 접하고 있는 일본과 중국은 바로 반발할 것이고, 우리 국민도 기분이야 나쁘지 않지만 그래도 대부분 사람은 그건 너무했다고 하지 않을까 생각된다.

남중국해(南中國海, South China Sea)는 중국, 베트남, 말레이지아, 인도네시아, 브루나이, 필리핀 등의 많은 국가가 접해 있고, 그 면적이 350만 km²에 달하는 반폐쇄해(semi-enclosed sea)이다.

많은 나라가 바다를 가운데 두고 둥그렇게 둘러서 있는 형상이니 당연히 이 바다는 이 인근의 나라들이 서로 나누어 영해나 배타적 경제수역(EEZ)를 두고 있겠구나고 생각하게 되는데, 정작 상황은 그렇지가 못하다.

중국은 남중국해의 지도 위에 U자형의 아홉 개의 끊어진 선(단선)을 긋고 그 안을 모두 중국의 영해로 선언한 것이다. 그리고 그 안에 있는 많은 사구와 암초들에 대하여 중국의 영유권을 주장하는데, 중국은 여기에 많은 인공섬을 설치하여 군사기지, 활주로, 선박의 피난처 등을 건설하여 사용하고 있다. 필리핀, 베트남 등의 남중국해를 접하고 있는 다른 나라들이 반발하고 있지만, 중국은 전혀 개의치 않는 모습이다.

　국가의 영해나 EEZ(배타적경제수역) 등 해양경계를 설정하는 것은 해양 분야의 국제기본법이라고 할 수 있는 '유엔해양법협약(UNCLOS)'에 의하여 결정되고 있다. 해양경계는 복잡한 과정을 통해 확정되는데, 먼저 각 국가는 자신들 영토의 외부 연결선인 '기선(基線)'이라는 것을 정하고 그 기선으로부터 12해리까지를 영해로, 그로부터 200해리까지를 EEZ로 정한다. 그리고 국가 간에 중첩되는 부분이나 섬으로 볼 수 있는 것들에 대하여는 또 그것 나름대로 복잡한 기준을 적용하여 해결하고 있다.

　그러니 남중국해에서도 당연히 유엔해양법 협약이 정하는 법에 따라 영해나 EEZ가 정해질 것이라고 주변국은 기대할 것인데, 중국은 이러한 유엔해양법 협약의 기준을 무시하고 구단선이라는 전혀 국제적 동의를 얻지 못한 방법으로 경계를 정한 것이다.

　처음에 '구단선(九斷線)'이라는 용어를 한글로만 접하였을 때는 정확한 한자의 의미를 잘 몰랐고, 또 해양경계를 표시하면서 그렇게 엉성하게 하지는 않았을 것이라 생각했다. 그래서 눈으로 보면서도 그것이 구단선인지를 몰라 관련 문헌을 찾아보던 중에 경계로 표시된 선이 9개로 나누어진 것을 보고 설마 하면서 의문을 가졌다. 나중에 논문 등을 찾아보고 그것이 처음에는 11개의 단선으로 그려졌는데, 나중에 두 개를 줄여 9개로 표시했다는 것을 확인하고는 혼자 실소(失笑)하였다. 아래 남중국해 그림에서 녹색으로 된 아홉 개의 끊어진 선이 구단선이다. 펜을 들고 대충 그린 듯한 이 선이 중국의

"PCA '중 남중국해 구단선 법적근거 없어'… 필리핀 승" © 위키피디아

영해를 정하는 경계선인 것이다.

중국의 주장은 대충 이러하다. 중국은 기원전 141년 한무제(漢武帝)시대에 남사군도를 발견한 이래로 그 안의 사구나 암초에 대하여 지속적으로 관리를 하여왔고, 이러한 사정은 많은 사료를 통해 확인된다. 유엔해양법 협약이 1982년에 만들어지기는 했지만, 이미 그 이전에 중국의 영유권이 인정되어 왔으므로 위 협약을 남중국해에는 적용할 수 없다. 따라서 유엔해양법 협약에도 불구하고 남중국해의 구단선 내는 전부 중국의 영해이다. 이런 주장이다.

사실 중국의 사료가 풍부하다고 하지만 베트남 등 다른 나라라고 이 지역에 대한 사료가 없을 리가 없다. 그리고 이 지역의 모래섬이나 암초는 사람이 거주할 수 있는 정도의 환경이 되지 못한다. 중국이 역사를 두고 여기에 사람을 정주시키고 영속적으로 살아가도록 하였다는 사료가 확인되는 것도 아니다. 결국 중국이 그곳에 사구나 암초가 있다는 것을 확인하고 이것을 기록에 남긴 정도가 다인데 이 정도를 두고 그들이 이 지역을 영토로 관리하여 왔다고 보기는 어렵다. 이 정도의 관리라면 인근의 다른 나라들도 당연히 하였을 것이다. 그러나 중국은 유엔해양법 협약에는 가입하면서 전혀 객관적으로 확인되지 않는 과거의 행적을 이유로 남중국해의 해상경계에 대하여는 자신들만의 예외를 주장하는 것이다. 논리가 약하다.

이러한 중국의 영유권 행사로 인해 주변의 많은 나라가 직접적인 피해를 보고, 또 거기에 대하여 대항하였는데 그 대표적인 나라가 필리핀이다. 애초에 필리핀이 남중국해 내에서 어로 활동을 하고 그 안에 있는 사구나 암초를 활용하는 것에 대해 중국은 문제 삼지 않았다. 그런데 필리핀 내에서 반미감정이 고조되고 미군 철수를 요구하는 여론이 높아지면서, 1992년 경 미군이 필리핀에서 철수하자 상황은 완전히 달라졌다.

힘의 공백이 원인이 되었다고 생각할 수 있는데, 미군이 필리핀에서 철수하자 남중국해 내에서 중국 해군의 출현과 활동이 증가하였다. 대표적인 사건으로 2011년 2월 25일 필리핀 어부들이 잭슨 산호초에서 중국 프리킷함의 사격을 받는 사건이 발생하였고, 2011년 3월 2일 팔라완 동쪽 250km 지점에서 석유탐사를 위해 파견된 필리핀 관측선이 중국 해군에 의해 활동을 방해받았다. 필리핀과 중국 사이 분쟁의 수위가 더해가다가 본격적으로 분쟁이 격화된 것은 2012년 4월 남사군도의 스카버러 암초 인근 해역에서 조업 중이던 중국 어선 8척을 필리핀 해군이 나포하려고 시도하면서부터이다. 당시 중국은 조업 순찰 중이던 자국의 해양감시선 2척을 파견하여 필리핀 해군의 나포 시도를 저지하였다.

이처럼 분쟁이 계속되어 가는 중에 필리핀은 중국의 지속적인 도발과 남중국해에 대한 지배에 대하여 법적인 분쟁 해결을 시도하였는데, 이를 위해 필리핀은 국제중재재판소에 남중국해에서의 중국의 행위의 부당함에 대하여 문제를 제기하면서 제소하였다.

필리핀은 중국이 남중국해의 구단선 안쪽 부분에서 필리핀의 권리를 침해한 것이 유엔해양법 협약에 위반하는지, 구단선 내에 산재하는 사구와 암초는 위 협약에 따르면 어떠한 지위를 가지는지, 중국이 인공섬을 준설, 군사시설 등을 설치하는 것이 위 협약에 위반되는지 등에 대하여 제소를 하였는데, 이에 대하여 중국은 무대응으로 일관하였고, 오히려 인공섬을 건설하는 등의 행위를 전혀 중단하지 않았다.

국제중재재판소는 2016년 7월 12일 최종적으로 필리핀이 완전히 승소하는 판결을 하였지만, 중국은 이를 전혀 수용하지 않았고 오히려 위 판결이 선고될 무렵 남중국해에서 대규모 군사훈련을 실시함으로써 물리적 시위를 하였다.

유엔해양법 협약에서 '섬'이라 함은 바닷물로 둘러싸여 있으며, 밀물일 때에도 수면 위에 있는, 자연적으로 형성된 육지 지역을 말하는데(협약 제121조 제1항), 이러한 섬도 인간이 거주할 수 없거나 독자적인 경제활동을 유지할 수 없는 암석은 배타적 경제수역이나 대륙붕을 가지지 아니한다(협약 제121조 제3항). 즉 우리가 섬이라고 알고 있는 것들도 그 섬에서 사람들이 살면서 경제활동을 유지하는 것이 가능해야 한다. 그리고 그러한 것이 가능하지 않으면 영해는 가질 수 있지만, 배타적 경제수역이나 대륙붕은 가지지 못한다. 이러한 사정으로 우리도 독도에 주민이 등록하고 거주하는 것을 중요하게 생각하는 것이다.

그리고 인공으로 섬을 만드는 것은 배타적 경제수역이나 대륙붕은 당연하고 영해조차도 인정받지 못한다. 우리가 이어도라고 부르는 것도 단지 수중에 있는 암초에 지나지 않아 당연히 섬이 아니며 국제법상 해양 경계의 확정에 아무런 기준이 되지 못하고, 그 위에 설치된 해양연구기지의 구조물도 국제법상 영토로 인정받기 위한 아무런 조건을 갖추지 못하였다.

국제중재재판소는 남중국해 구단선 내에 있는 사구, 해양환초,

간조 노출지 등의 해양 지형에 대하여 어느 것도 200해리 배타적 경제수역을 설정할 만한 법적 요건을 갖추지 못하였으며, 12해리 영해를 주장할 만한 해양 지형도 없다고 판단하였다. 즉 구단선 내에 모든 지형물 중에서 중국의 영토라고 볼 만한 것이 단 하나도 없으며, 혹여 그 지형물 위에 군사기지나 활주로 등을 건설하였다고 해도 이것을 영토로 인정해 줄 수는 없다고 판단한 것이다. 그도 그럴 것이 남사군도 내 가장 큰 암초인 이투아부 섬(Itu Abu Island)의 면적이 우리 독도의 4분의 1을 조금 넘는 정도에 그친다.

참고로 이 판결에서 국제중재재판소는 '인간이 거주할 수 없거나 독자적인 경제활동을 유지'라는 표현에 대하여 아주 엄격한 기준을 적용하였다. 이러한 기준에 의하면 우리의 독도도 암석 이상을 넘어 배타적 경제수역이나 대륙붕을 가질 수 있는 섬으로의 지위를 인정받기 쉽지 않다.

국제중재재판소의 최종적인 판단은 중국이 주장하는 구단선을 인정할 수 없고, 그 구단선 내에 영토라고 할 만한 것도 하나도 없으니, 중국이 구단선에 대하여 사실상의 지배를 하면서 필리핀의 권리를 침해하는 것은 위법하다는 것이다.

필리핀은 법적으로는 모두 승소하였지만, 현실적으로는 중국에 대하여 지극히 무기력하게 대응하고 있을 뿐이다. 오히려 구단선 내에서의 중국의 무력 시위나 섬에 대한 개발은 더 강화되고 있다. '만국공법(국제법)이 대포 한 발보다 못하다'는 경구가 실감 나는 부분이다.

중국의 남중국해 개발로 인해 아름다운 환초들은 콘크리트 구조물로 바뀌어 가고, 해양오염과 해양자원의 소진이 이루어지고 있다. 가끔 미국 등 서방국가에 의해 중국의 팽창을 저지하기 위한 항행의 자유 작전 등이 행해지고 있을 뿐이다.

 우리도 중국과의 해양경계분쟁에서 완전히 자유로울 수는 없다. 이어도는 앞서도 언급하였듯이 수중 암초에 지나지 않아, 그 위치가 우리 본토와 좀 더 가깝다는 것이 큰 방패막이가 되지 못한다. 중국과의 대륙붕 문제에 대해서도 우리는 쉽게 중국 동해안과 우리의 서해안의 중간선 정도로 생각하고 접근하고자 하겠지만 중국 입장은 서해의 대륙붕을 형성하는 토사의 대부분이 중국에서 황하와 양자강을 통해 유출된 것이라는 등의 이유를 내세우고 있어 양국의 중간선으로 설정하기가 쉽지 않다. 바다 안에 있어도 그 흙이 중국 땅에서 훨씬 더 많이 왔다고 말하는 것이다. 배타적 경제수역도 여전히 타협하기 쉽지 않은 부분이다.

 필리핀의 사례에서 보듯이 영해를 수호한다는 것이 그리 쉬운 일이 아니다. 국제법이 중요하기는 하지만, 국가가 나서서 통치권에 근거하여 그 집행을 강제하는 국내법과는 전혀 성격이 다르다. 국가는 정부를 가지지만, 국제사회는 무정부 상태이다. 국제법이 실효를 가지기 위해서는 자국의 국력과 국방의지 그리고 외교적 노력 등이 원만하게 잘 작동하여야만 한다. 미국에 의한 힘의 공백이 생길 경우, 중국으로부터의 해상경계에 대한 위협뿐만 아니라 정치적 경제적 종속의 위험도 고려하여야 한다. 그리고 그러한 종속이 우리에게 미칠 의미에 대하여서도 고민해야 한다. 일본 역시도 미국에 의한 공백이 발생하면 당장 독도에 대한 실질적인 점거를 시도할지 모를 일이다. 근본적으로는 해양세력과 대륙세력의 거대한 충돌(The Great Game) 속에 우리는 또 한 번 중요한 선택을 강요당할지도 모르겠다. 국제정치학에 문외한이라 구체적인 현상 파악과 바람직한 해법을 제시하지는 못하지만, 복잡한 국제정세 속에 우리의 현명한 판단과 결정이 한 번 더 요구되는 시대를 맞이하였다. 국제정세를 읽지 못하고 세상과 단절되어서, 자기들만의 세계에 갇혀 명분만 따지고, 제 백성 착취해서 권세를 유지하는 데만 눈이 멀었다가 국권을 잃은 고종과 그를 추종한 양반 벼슬아치들의 어리석음을 다시는 반복하지 않기 위해서라도 그러하다.

내정불간섭과 인권

국내문제 불간섭의 원칙이 심대한 인권침해에 대한 면죄부일 수 없다

국내문제 불간섭의 원칙, 대개 사람들에게는 내정불간섭 또는 내정간섭금지로 더 많이 표현되고 있다. 모든 국가는 국가의 의사를 결정하는 최고의 독립적이고 불가분적(不可分的)이며, 불가양적(不可讓的)인 권리인 주권(主權)을 가지고 있다. 또 국제법적으로는 독립권(獨立權)을 가지고 있어 국가는 다른 국가나 국제기구의 간섭을 받지 않고 자신의 국내 업무를 처리할 자유를 가지고 있다.

이러한 주권과 독립권을 가지고 있는 국가가 자신의 국내문제에 대하여 행사하는 의사결정이나 처분에 대하여 다른 국가나 국제기구가 간섭하지 못하도록 하는 것을 '국내문제 불간섭의 원칙'이라고 한다. 대표적인 법적 근거는 유엔헌장 제2조 제7항으로 아래와 같이 규정하고 있다.

"이 헌장의 어떠한 규정도 본질상 어떤 국가의 국내관할권 안

에 있는 사항에 간섭할 권한을 국제연합에 부여하지 아니하며, 또는 그러한 사항을 이 헌장에 의한 해결에 맡기도록 회원국에 요구하지 아니한다. 다만, 이 원칙은 제7장에 의한 강제조치의 적용을 방해하지 아니한다(Nothing contained in the present Charter shall authorize the United Nations to intervene in matters which are essentially within the domestic jurisdiction of any state or shall require the Members to submit such matters to settlement under the present Charter; but this principle shall not prejudice the application of enforcement measures under Chapter Vll)."

이 조항은 원칙적으로 국내문제에 대해서 간섭을 금지한다. 다만, 단서로 국제연합의 근본 목적이 국제평화와 안전을 유지하는 데 있으므로 그러한 목적을 침해하는 행위에 대하여 예외로 집단적인 간섭을 허용한다. 단서에 규정된 강제조치의 근거가 되는 제7장은 '평화에 대한 위협, 평화의 파괴 및 침략행위에 대한 조치'에 대하여 규정하고 있다.

제7장이 제시하고 있는 '강제조치'로는 권고, 경제 관계 및 철도·항해·우편·전신·무선통신 및 다른 교통통신 수단의 전부 또는 일부의 중단, 외교관계의 단절, 공군, 해군 또는 육군에 의한 시위, 봉쇄 및 무력의 사용 등 다양한 방법이 제시되고 있다.

이런 유엔헌장의 규정에 따라서 어느 국가가 특정사안을 내정간섭이라고 하려면 그 사안이 국내문제인지가 결정되어야 한다. 그런데 국가의 작용이 무수하게 많아서 그 모든 국가작용을 국내문제와 국제문제로 제대로 분류하는 것이 여의치 않다.

인권 문제도 국내문제가 아니라고 단정하기 어렵다. 그렇지만 인권이라는 것이 인류 보편의 가치로 받아들여지고 있고, 국제법의 영역에서도 인권의 중요성이 강조되면서 더는 인권을 오로지 국내문제로만 보려는 입장은 거의 없는 듯하다.

쿠르드족 탄압, 시리아 난민 문제 등과 같이 주변 다수의 국가가 분쟁에 참여하거나 국경을 월경하면서 인권의 침해가 이루어지는 경우가 있을 뿐만 아니라, 인권침해가 한 국가 안에서만 이루어지는 경우라 하더라도 이를 국내문제라고 치부하고 국제사회가 그 위법에 대하여 완전하게 면책을 부여하기 어려운 예도 있다.

모든 국가는 기본적으로 자국민을 보호하고 자국민의 인권이 유린 되지 않도록 노력하는 것이 그 기본 책무라고 할 수 있다. 그런데 이러한 국가가 오히려 나서서 자국 영역 내에 거주하는 자의 인권을 국가권력을 이용하여 침해하고 그에 대한 다른 국가나 국제사회의 간섭에 대하여는 '내정간섭금지'를 방패로 내세운다면 그런 국제법적 원칙을 인류가 수용하기는 어렵다.

물론 모든 국가가 온전하게 모든 인간의 권리를 보장하고 지켜주고 있다고 보기는 어렵다. 어느 나라건 인권침해가 일어나는 부분이 있다. 그러나 일부 나타나는 그러한 인권침해를 이유로 해서 국제기구나 타국(他國)이 일국(一國)의 국내문제에 간섭하고자 한다면 그것은 내정간섭이 될 수 있다.

그러면 그 어느 한 지점에서 기준을 정하고 나누어 그 기준에 따라 사안별로 달리 봐야 할 필요가 생기는데, 일반적으로 받아들여지고 있는 기준은 '조직적이고, 대규모이며, 명백한(systematic, large-scale, flagrant) 인권침해'에 대하여는 국제사회가 내정간섭금지라는 원칙을 포기하고 간섭을 허용하는 것으로 보고 있다.

간섭과 주권에 관한 국제위원회(International Commission on Intervention and State Sovereign)는 '국가의 집단학살에 대한 의도적 행동, 태만, 무능력으로 인해 대규모의 인명 손실이 실제 발생하거나 발생할 우려가 있는 상황과 살상, 강제 추방, 테러, 강간에 의한 대규모 인종청소의 발생 또는 발생이 우려되는 상황'에 대해서는 군사적 개입도 허용하는 것으로 정하고 있다.

내정간섭금지라는 말이 특정 국가가 그 국내에서 인권유린을 하는데 필요한 전가(傳家)의 보도(寶刀)가 될 수는 없다. 이러한 이유에서 북한의 정치범 수용소, 중국의 위구르족 집단 수용시설, 미얀마의 로힝야족 집단학살 등과 같은 조직적이고 대규모이며 명백한 (systematic, large-scale, flagrant) 인권침해는 국제사회의 간섭으로부터 자유로울 수 없다(물론 이들 국가는 그 사실관계 자체를 부인하고 있어서 전제된 사실관계의 인정 여부는 별개의 문제로 다루어져야 한다). 미얀마 민주화의 상징이자 노벨평화상 수상자인 아웅산 수치가 로힝야족 문제를 방관하였다는 이유로 국제사법재판소(ICJ)에 제소된 것도 '내정간섭금지'의 원칙으로 인권 문제를 피해 갈 수 없다는 전제에서 이루어지는 예이다.

북한이나 중국도 인권침해에 대한 국제사회의 비난에 대하여 나름의 변명을 여전히 하고 있다. 국제사회가 보편적 인권의 침해를 문제 삼자, 북한과 중국은 상대적 인권이라는 접근법을 내세운다.

중국은 천안문 사태로 국제적인 비난을 받자 자국의 특수한 사정과 역사적 문화적 특성을 고려한 인권을 내세우면서 자신들의 인권침해를 정당화하고자 시도하였다. 북한도 인권침해에 대한 비난에 이러한 태도를 취하며 강력히 반발한다.

보편적인 인권이 아닌, 어떤 국가의 특수한 상황과 독자적 필요를 고려한 인권이 있다는 말은 받아들일 수 없다. 인권보장을 피하기 위한 우회로를 확보한 것이다. 이런 억지를 대한민국 안에서 동조하고 있는 자들이 있다는 것이 안타깝다.

강대국이 내정간섭을 위한 도구로 인권침해를 활용한다는 의심

강대국들이 한 국가의 인권침해를 본래의 순수한 의도를 가지고 고려하지 않고, 자신들의 국제정치적 이익을 지키기 위한 도구로 이용한다는 비판이 있다. 그리고 그러한 비판은 경청할 만하다. 그렇지만 대개 그러한 정치적 의도라는 것이 정확히 확인될 수 있는 것이 아니고, 혹여 확인된다고 하더라도 그러한 정치적 의도가 있으니 인권침해에 대하여 수수방관 해도 된다고 말할 수도 없는 노릇이다.

오히려 국제정치적으로 다른 국가에 전혀 영향을 못 미치거나 이익을 줄 수 없는 수준의 국가에서, 정권이 국가권력으로 국민에 대하여 조직적인 대규모의 인권유린을 하더라도 어떤 국가나 국제조직도 관심을 보이지 않아 그 인권침해 상황이 방치된다면 그것이 더 큰 불행일 수 있다.

대규모의 중대한 인권침해에 대하여 다른 국가나 국제조직이 간섭하는 것을 두고, 단지 필요의 범위를 넘어 하나의 의무로 이해되

어야 한다는 주장이 나오는 것도 이러한 의미에서 납득할 수 있다.

중국은 홍콩과 위구르의 인권 문제에 대하여 단지 내정의 문제로 인식하고 있다. 앞서 언급한 이유로 중국의 이러한 입장에 전혀 동의하지 않는다. 홍콩의 자유화는 이루어져야 하고, 위구르의 조직적인 대규모의 인권침해는 중단되어야 한다. 북한의 인권침해도 말할 것이 없다. 그리고 국제사회는 이러한 집단적 인권침해를 방지하는 데 필요한 조치를 해야 한다.

의사가 전쟁터에서 적의 생명을 살피며 인명의 구제에 제한을 두지 않는 것처럼, 모든 사람은 국가, 인종, 이념에 따른 차별이나 정치적 고려 없이 인권의 문제에 접근하여야 한다.

인류 보편의 합리적 이성이 지배해야만 하는 현대사회를 살아가지만, 여전히 보편적 인권이 여지없이 침해되는 현장에서 고통받으면서 살아가는 사람들의 수는 헤아리기 어렵다. 많은 정치인들이 정치적 수사로 인권을 말하지만, 정치적 셈법에 도움이 되지 않으면 이런 대규모의 조직적인 심각한 인권침해도 관심을 가지지 않는다. 과거 수십년 전 시위 중에 입은 인권침해에 대해서는 두고두고 그 목청을 높이면서, 북한에서 고문당하고 굶주리며 그래서 탈출하다 죽어가는 사람들의 인권에 대해서는 고개를 돌리면, 그 사람의 인권 인지감수성을 의심하게 된다.

여기에 더하여 우리에게는 앞서 언급한 대북전단금지법의 문제가 여전히 있다. 그 입법에 대하여 미국, 영국, 캐나다, 체코, EU 등의 국제사회에서 비난이 높아지자 우리 정부는 이를 두고 내정간섭이라고 주장하는데, 부끄러운 일이다. 인권과 관련한 국제사회의 비난에 대하여 내정간섭이라고 주장하는 것은 궁색한 변명이다.

　이러한 변명을 대한민국이 하고 있다는 것은 국격을 한참 떨어뜨리는 짓이다. 물론 우리나라가 대규모의 조직적이고 명백한 인권침해를 하는 것은 아니다. 그렇지만 북한 정권에 의한 이러한 인권침해가 이루어지고 있다는 것은 분명한 사실인데, 이러한 북한 정권의 위협에 못 이겨 인권침해를 방기(放棄)하는 입법을 하는 것은 문명국가가 할 일이 아니다.

흔들리지 않는 대한민국의 주권

　대한민국의 주권은 준엄하고 결코 흔들리지 않는다. 그럼에도 불구하고 마치 대한민국이 미국의 신식민지이니 반식민지이니 하면서 자조 섞인 말을 하는 이들이 많이 있다. 경제적으로 의존하고 있다느니, 군사적으로 아직 작전통제권이 미국에 있다느니, 미군이 한국 내 주둔하면서 점령군 행세를 한다느니 하는 등의 사정을 들어 나름의 논거로 삼고 있다.

　대개 586세대들이 80년대 대학가에서 좌익사상을 학습하면서 익힌 신식민지 국가독점 자본주의 이론이니, 반식민지 종속이론이니, 신제국주의론이니 하는 등의 80년대 학생운동권 식의 국제질서 인식법이 그대로 투영된 결과라고 본다. 그리고 그들 586세대의 영향을 받은 탓으로 그 시절을 경험하지 못한 세대조차도 심심찮게 한국이 미국의 식민지라 운운하는 표현을 쓰는 경우를 쉽게 볼 수 있다.

　당시를 기준으로도 바른 국제질서의 인식이라고 보기 어려운데, 30년 내지 40년이 지난 현재에도 그러한 진부한 상황인식이 쉽게 받아들여지는 것은 그만큼 한국사회의 지식 계층이 정직하지 못하고, 사회 전반의 패배 의식이 만연히 깔려있다는 생각이 들어 유쾌하지 못하다.

모든 국가는 주권을 가지고 있다. 그리고 유엔헌장 제2조 제1항은 '이 기구(유엔)는 모든 회원국의 주권평등 원칙에 기초한다(The Organization is based on the principle of the sovereign equality of all its Members)'라고 규정하여 주권평등의 원칙을 선언하고 있다. 이를 통해 GDP 19.49조 달러(2017년 기준)의 미국이나 12.01조 달러(2017년 기준)의 중국과 불과 11.37억 달러(2017년 기준)의 사모아가 유엔에서 권리를 행사하는 데에 대등한 것이다. 유엔헌장 제18조 제1항은 '총회의 각 구성국은 1개의 투표권을 가진다(Each member ot the General Assembly shall have one vote)'라고 규정하고 있다. 미국도 한 표, 중국도 한 표 그리고 사모아도 한 표이다.

이렇게 작은 남태평양의 나라도 평등권과 함께 대외적 독립권, 자위권, 영역고권 등의 권리를 가진다. 그래서 필요하다면 선전포고를 할 수도 있다. 인구 불과 20만 명의 사모아가 강대국인 미국이나 중국과 필요하다고 생각하면 전쟁을 할 수도 있는 것이다. 약 4,000만의 인구를 가진 캘리포니아 주의 주지사나 인구 2,000만이 넘는 베이징 시의 시장은 할 수 없지만, 사모아공화국의 국가 원수는 전쟁을 선포할 수도 있다. 전쟁의 승패는 현실의 문제이지 법적 권한의 문제는 아니다.

국가 간에 분쟁이 발생하면 그것을 해결하는 방법은 다양하다. 평화적인 방법으로는 교섭, 심사, 중개, 조정, 중재재판, 사법적 해결, 지역적 기관 또는 지역적 약정의 이용 또는 당사자가 선택한 다른 평화적인 수단이 있다(유엔헌장 제33조 제1항 - The parties to any dispute, the continuance of which is likely to endanger the maintenance of international peace and security, shall, first of all, seek a solution by negotiation, enquiry, mediation, conciliation, arbitration, judicial settlement, resort to regional agencies or arrangements, or other peaceful means of their own choice).

그리고 분쟁 당사국은 이러한 평화적인 분쟁 해결 방법이 실패할 경우 강제적인 자력구제의 방법을 쓸 수 있다. 외교적 단절, 보복(retortion, 타국의 합법적이지만 비우호적인 유해행위에 대하여 그와 비슷한 성격의 합법적이지만 비우호적인 유해행위를 가하는 것), 복구(reprisal, 타국의 위법행위가 있을 때 이를 구제하기 위하여 피해국이 앞서 이루어진 타국의 위법행위에 대하여 대등한 조치를 취하는 것) 등의 방법을 쓸 수 있다. 복구에는 선박억류, 보이콧(boycott, 자국민과 가해 국민 사이의 통상을 중지시키는 것), 조약의 이행정지, 가해국 국민의 억류, 가해국 자산의 동결 또는 재산의 억류 등의 방법이 있다. 상대국의 항구 또는 해안을 해군력을 동원하여 봉쇄하는 방법도 강제적 자력구제의 방법으로 사용할 수 있다. 유엔헌장에서 무력의 사용을 통한 분쟁의 해결을 제한하고 있지만 자위적인 조치로 실제 물리력이 사용되고 있고, 지금 이 순간에도 지구 그 어디에서는 전쟁을 하고 있다.

국가에게 주권이 있으니 가능한 일이고, 우리에게도 모두 인정되는 권리이다. 북한 정권과 친해지고 싶고 그들이 주장하는 내용을 추종하고 싶은데, 미국과의 동맹이 장애가 되는 듯하고 그게 싫은 모양이다. 그런데 이것을 두고 주권 침해까지 운운하는 것은 지나치게 과민한 반응이다.

　동맹국의 그러한 처사가 못마땅하면 그 동맹국과 동맹관계를 끊으면 된다. 대한민국과 미합중국간의 상호방위조약 제6조는 '본 조약은 무기한으로 유효하다. 어느 당사국이든지 타 당사국에 통고한 후 1년 후에 본 조약을 중지시킬 수 있다'라고 규정하고 있다. 따라서 미국과 협상을 할 필요도 없다. 일방적으로 통고하고 1년만 지나면 상호방위조약은 무효로 되고 동맹관계는 끝나는 것이다. 당연히 미군의 철수도 요구할 수 있다.

　그래도 불만이 해소되지 않고 도저히 미국과 국교를 유지하는 것도 불필요하다 싶으면 앞서 본 것처럼 강제적 분쟁수단으로 외교적 단절을 채택하면 된다. 그래서 아예 미국과 국교를 단절하면 된다.

　미국이 세컨더리 보이콧 등으로 우리를 경제적으로 압박하면 우리 역시도 그 나라를 상대로 그 나라의 국민과 우리 국민 사이의 통상을 중지하는 보이콧 조치를 하면 된다. 또 나아가 미국민을 억류하고, 국내에 있는 미국의 자산을 동결하거나 재산을 억류하는 조치를 하여도 된다. 필요하다면 우리 해군을 파견하여 미국 샌프란시스코 항을 봉쇄해도 된다. 그래서 급기야 미국과 도저히 서로를 용인할 수 없는 적대적인 단계에 이르면 그들을 상대로 선전포고를 하고 전쟁을 해도 된다. 이 모든 것들이 주권이라는 법적 도구가 당당히 인정되는 대한민국에게 허락된 것이다.

　도대체 국력으로 비교가 안 되는데, 그런 제안을 하는 것은 괜한 어깃장이라고 생각할 수도 있다. 그러면서 사실상 아무것도 할 수 없는 지경에 처해 있으니 여전히 주권이 침해되었다고 같은 논리를 반복할 수도 있다. 이렇게 되돌이표 논리가 나오는 것은 법적 권리와 사실상의 국제적 정치현상을 혼동하는 결과다.

타국과 분쟁이 발생하고 그 해결을 위하여 강제적 수단을 사용하다가 경제적 고통을 당하게 된다면, 외교적 고립을 초래하게 된다면, 그리고 경우에 따라 국가의 존립이 위협 지경에 처하게 된다면 그것은 주권이 침해된 결과가 아니다. 국제정세의 판단이 부족하고, 외교력이 부족하며, 국가의 정책 결정이 잘못된 결과가 현실 세계에 나타난 것일 뿐이다.

지구상에 존재하는 주권을 가진 국가 중에서 자기 원하는 대로 뭐든지 할 수 있는 국가는 없다. 타국과 분쟁이 생겨서 갈등하고, 강제적 분쟁 해결 수단을 쓰기도 하고, 나아가 전쟁을 하기도 한다. 그러나 자국의 이익을 위해 다른 나라와 국교를 맺기도 하고 공동의 적에 대응하기 위하여 동맹도 맺기도 한다. 또 중립을 천명하기도 한다.

경제적으로 의존하고 있어 주권이 제한된다고 하려면 지금의 시점에서 한국은 중국의 신식민지라고 봐야 할 가능성이 높다. 군사적으로 아직까지 작전통제권이 미국에 있다는 것이 문제가 된다면 미국의 주도하에 나토군을 운영하고 있는 유럽의 모든 나라는 주권을 제대로 못 갖춘 나라라고 봐야 한다. 한국 내 군대가 주둔하는 것이 문제이면 역시 미군이 주둔하고 심지어 독자적으로 국군이라고 칭하지도 못하고 자위대만 가지고 있는 일본은 아예 미국의 속국이라고 봐야 한다. 미국이라고 동맹국들의 지원이나, 적성국들과의 타협 없이 국제질서를 마음대로 할 수 있으며, 중국이라고 해서 그러한 것들을 마음대로 할 수 있겠는가를 생각해 보면 된다.

국가가 주권이라는 것을 명분으로 자국이 하고 싶은 대로 뭐든 하는 것으로 이해한다면, 두 가지 방법 정도밖에 떠오르지 않는다. 미국이나 중국을 초월하는 지구상의 모든 국가가 연합해도 꺾을 수 없는 상상 속의 절대 초강대국이 되거나, 북한, 이란과 같이 세상과 닫고 그 어떤 나라와도 일전을 불사하겠다는 각오로 폐쇄된 국가를 운영하면 된다.

이러한 모든 것을 무시하고, 잘못된 외교적 결과를 주권 침해로 호도하는 것은 헌법과 국제법으로 인정된 대한민국의 신성한 주권을 핑곗거리 허울 정도로 여기는 것이다.

동맹이 적국이 될 때 초래될 혹독한 결과를 알면서 동맹을 비난하는 것은 '판단력 부족'일 수 있다. 그리고 동맹이 적국이 되지 않으리라는 것을 알면서 동맹을 비난하는 것은 '응석부림'일 수 있다.

주권이라는 것이 세상 모든 국가와 등지고, 국제질서를 무시하며, 고립무원(孤立無援) 지경에서 무엇이든 내 맘대로 할 수 있는 것으로 오해되어서는 안 된다.

조금만 생각해 보면, 그런 오해로 국가를 운영한 결과 북한이 어떻게 살아가는지, 또 무작정 외교를 무시하고 나라를 닫아걸었던 우리 조상들의 잘못된 판단의 후과(後果)가 어떠했는지 바로 확인할 수 있다. 주체사상이나 자력갱생, 위정척사와 쇄국정치가 어떤 결과를 가져오는 바보짓인지를 생각해 보면 된다.

04

당신이
인권변호사라고…?

법규정에도 없는 '농단'과 '적폐'의 잣대

　최근 4년 동안 우리 사회 내에서 빈번하게 사용되는 용어 중에서 대표적인 것을 꼽으라면 상당수의 사람이 '적폐'와 '농단'이라는 단어를 들지 않을까 싶다. 역대 대한민국의 정권 중에서 이번 정권처럼 적폐와 농단이라는 표현을 선호했던 정권도 없는 듯하다.
　적폐라는 것의 사전적 의미는 한자 그대로 '쌓인 폐단'일 것이고, 농단은 대강 '이익이나 권리를 독차지한다.'라는 의미가 있는 모양이다. 이 두 단어는 다른 단어와 합쳐져 새로운 조어가 되기도 하는데 그 형태가 다양하다. 국정농단, 사법농단, 검찰농단, 헌정농단, 법치농단, 사법적폐, 검찰적폐, 언론적폐, 친일적폐, 적폐수사, 적폐청산, 적폐세력 등등이 그러한 예이다.
　적폐나 농단이라는 용어가 가지는 부정적인 이미지에 더해서, 그것을 바로잡는 방법도 '청산'이라는 날카롭고 무자비한 용어가 사용된다. 가끔 "적폐세력을 청산하자!", "(무슨) 농단세력을 척결하자!"라는 말을 들으면, "반동분자들을 처단하자!", "반혁명분자를 척결하자!"라는 말로 들려 화들짝 놀라기도 한다.

물론 어느 시대나 어느 사회든 부정적인 말이야 있게 마련이어서, 사람들의 인구(人口)에 많이 회자된다. 지역을 이유로 '경상도 보리 문둥이', '멍청도', '서울 뺀질이' 등등의 용어가 사용되고, 남녀 간에는 '된장녀'니 '한남충'이니 하는 말도 사용된다. 더 심한 용례도 많이 있지만 글의 거칠기를 조절하는 차원에서 이 정도에 그친다.

이러한 용어들은 서로를 비난할 때 사용되지만 때로는 농담의 강도를 높일 때 사용되기도 한다. 그러나 이러한 용어의 주체를 처단하거나 척결하여야 한다고 말하지는 않는다. "보리 문둥이를 처단하자!"는 말을 들어보지는 못했고, "한남충을 척결해야 한다!"는 말도 들어보지 못했다. 적폐나 농단이라는 용어들이 불편한 것은 그 주체가 척결이나 처단의 대상으로 자연스럽게 받아들여진다는 점이다.

척결이나 처단의 방법으로 상상해 볼 수 있는 것은 법의 영역 밖에서 물리력을 동원하는 것과 법의 영역 내에서 형사사법제도를 이용하는 것이 있다.

먼저, 법의 영역을 벗어난 방법들은 굉장히 불편한 장면들인데, … 죽창을 드는 것, 문화혁명처럼 광장에서 비난하고 쳐 죽이는 것, 킬링필드와 같은 무자비한 살인극, 히틀러 돌격대의 몽둥이질 등등 … 그 어느 것도 정상일 리 없고, 편할 리 없다. 그리고 이러한 방법도 가끔은 합법을 가장하기도 한다. 이러한 방법들은 대한민국에서 상상조차 되어서도 안 되겠다.

다음, 법과 제도를 이용하는 방법인데, 아마 적폐 청산이니 무슨 농단의 척결이니 하는 것들을 주장하는 사람들도 이 방법을 염두에 두고 있을 것이다. 이 방법을 채택하면 이제 적폐와 농단에 대한 논의가 법제도 안으로 들어오게 된다. 그러나 그렇다고 해서 괜찮다고 안심할 수 없다.

현재 문명국가의 사법제도는 우리 인간들이 오랜 역사를 통해 오류와 실수를 보완하고 수정하여 마련한 것이다. 때로는 불편해 보이고 때로는 아무 실익도 없어 보이는 수많은 법적 장치들을 복잡하고 정교하게 엮어 놓은 것은 다 나름의 이유가 있고 그냥 복잡하게 해서 지적 향유를 누리자고 만든 것이 아니다.

대한민국에서 벌어진 적폐나 농단에 대한 현상을 보면서 걱정스러웠던 것은 그 나타나는 방식이 정비된 법제도 안에 정상적으로 이루어진다고 보기 힘들었기 때문이다.

죄를 법에 정하지 않고는 처벌할 수 없다는 죄형법정주의의 원리에서 보면 '적폐'나 '농단'을 말하는 것은 터무니없다. 대한민국 형법과 수많은 형사특별법을 모두 찾아보아도 '적폐죄'나 '농단죄'라는 것이 규정되어 있지 않다. 앞서도 보았듯이 죄형법정주의라는 개념을 과하게 표현하면 사람을 살해하거나 물건을 훔쳐도 법률에서 그러한 범죄를 처벌한다고 규정하지 않으면 처벌할 수 없다는 의미다. 그러니 법전에도 없는 적폐죄나 농단죄로 처벌하는 것은 당연히 불가능하다. 이처럼 형법에도 없는 적폐나 농단이 우리 사회에서는 중대한 범죄로 인식되고 반드시 청산되어야 하는 것처럼 대중에게 받아들여지고 있다. 이러한 현상은 비문명(非文明)이다.

적폐나 농단이 문제가 되는 사안에서 대개 당사자는 직권남용죄, 강요죄, 뇌물수수죄 등으로 처벌된다. 이러한 범죄들을 '적폐죄'라는 신종 범죄군(犯罪群)으로 묶어 놓은 느낌이다. 물론 이러한 범죄 분류가 법학적으로 존재하지도 않고 필요하지도 않다. 사법질서가 엄정하고, 죄형법정주의가 잘 지켜지는 나라라면 굳이 온갖 부정적인 이미지와 저주까지 담긴 듯한 용어를 사용하여 새로운 범죄군(犯罪群)을 만들 필요가 없다.

이런 부적절한 용어가 실제 형사사법 절차에도 침투하여 그 공정성을 오염시키고 있다. 일례로 공소장 일본주의(公訴狀 一本主義)라는 것이 있다. 검사가 공소를 제기할 때 공소장 하나만을 제출하고 다른 증거나 관련 자료는 제출하지 말라는 제도이다. 검사가 공소를 제기할 때 살인 피해자의 선혈이 선명한 사진을 증거로 제출하면 판사는 첫 재판기일 전에 이미 피고인에 대하여 나쁜 예단을 가질 수 있다. 공소를 제기할 때 증거를 붙이지 말고, 공소장 한 장만 제출하며, 공소장에 적는 내용도 범죄 구성요건에 꼭 필요한 사실만을 적게 하는 것도 이런 부작용을 막으려는 취지이다.

이처럼 공소장 일본주의는 우리 형사소송법에서 피고인의 인권을 위하여 중요한 원칙으로 다룬다. 그런데 그런 나라에서 공소장에 적폐니 농단이니 하는 말들이 별 거부감 없이 들어가고 판사도 별생각 없이 받아들이며 그 사건 전체에 대하여 잔뜩 부정적인 인상을 가진다. 형사사법을 운용하는데 아무런 도움이 되지 않는 용어가 아무런 제재나 비판 없이 그대로 사용하는 것이다.

마치 저주스러운 주문이라도 걸어놓은 듯한 이 용어가 많이 사용되는 것은 사법제도가 격하게 운용되어 주기를 바라는 무리가 있기 때문이다. 그리고 그들의 마음속에는 통상적으로 처리되는 사법

제도 내에서의 처벌보다 이러한 주술이 걸린 적폐 사건은 더 엄하고 혹독하게 처벌되기를 바라는 바람이 있다.

　복잡하고 엄격한 형사사법 절차의 방패를 많이 걷어내 주길 바라는 것이다. 적폐들에 대해서는 압수수색 영장의 발부도 좀 더 쉽게 되었으면 하고, 피의자나 피고인의 신병이 구속되는 기준도 좀 더 낮아졌으면 하며, 재판에서도 좀 더 강한 처벌이 이루어졌으면 하는 것이다. 그렇게 하면 미움으로 차곡차곡 쌓여있던 자신의 감정이 더 많이 해소되고, 그래서 자신이 생각하는 정의가 더 많이 구현되었다고 믿고 싶은 것이다.

　이렇게 자신의 굳어진 감정에 대한 갈증을 채워가다 보면 욕심의 크기는 커지게 마련이다. 적폐라 불리는 특정인 하나로 만족하기 어렵다. 자기 생각에 거슬리는 무리를 일거에 청산하고 싶어지는 것이다. 이른바 적폐나 농단을 저지른 모두를 뭉뚱그려서 적대세력으로 규정하고 그들을 효율적으로 한꺼번에 처리하고 싶어지는 것이다. 적폐가 된 그 사람 하나뿐만 아니라 그를 변호하거나 동정하거나 일부 생각을 공유하는 사람들을 모두 묶어 그냥 하나의 세력으로 규정하고, 그 세력 전체를 처벌할 뿐만 아니라, 이 사회에 부정적이거나 적응하지 못하는 세력으로 단죄하고 싶어지는 것이다.

　내란죄나 범죄단체조직죄 등과 같이, 단체로 이루어지는 범죄행위에 가담한 개인을 처벌하는 범죄가 있다. 그러나 이 경우도 그 집단이나 세력 자체를 처벌의 대상으로 처벌하는 것이 아니고, 참여한 개인의 행위를 처벌하는 것이다.

　그런데 단지 생각이 다르다는 이유로 저주의 세력으로 단죄하고 척결되어야 할 대상인 것처럼 취급하는 것은, 다양한 사고의 자유를 인정하는 자유시민의 공동체에서 참 견디기 어려운 대우이다. 적폐나 농단이라는 용어를 통해 사회적 연좌제가 만연해진 듯해서 유쾌하지 않다.

우리는 자유민주사회에서 살아가고 있고, 근대 문명 사법제도의 혜택을 받으면서 살아가고 있다. 한 개인의 행위가 법률에 비추어 범죄로 규정되고 합당한 처벌이 정해져 있다면, 그 한 개인에 대한 처벌을 통해 사회의 잘못된 어느 한 부분을 정상으로 돌리면 되는 것이다. 그러한 행위를 법에도 없는 비난이 가득 섞인 적폐라는 용어로 묶어 내고, 또 그러한 용어의 범주 내에 드는 사람 모두를 포섭해서 척결의 대상으로 삼는 것은 우리 헌법 질서가 예상하는 모습이 아니다.

적폐를 청산해서 사회를 정의롭게 하고자 하는데 무엇이 문제냐고 공격하는 이들이 있다. 인류 역사에서 온갖 비인간적인 행위들이 자행될 때 그 선두에 선 자들도 그들 나름의 정의를 내세우지 않은 자가 없었다. 잔혹한 독재자들도 그들 나름의 선의를 내세우면서 대중을 선동하고, 대중도 거기에 호응하면서, 결국 그들은 스스로 인간답기를 부정하는 결과를 초래했다. 정의는 독점되는 것이 아니다. 척결하고 청산해서 남은 그들만의 세상이 과연 정의로운 사회일지 돌아볼 필요가 있다.

'적폐'나 '농단', 이제 이 저주를 가득 담은 용어를 우리 사회에서 조금씩 걷어 낼 때도 되지 않았나 하는 생각이다. 자유롭고 활기가 넘쳐야 할 우리 공동체의 대기권 안에 적폐나 농단이라는 어두운 기운이 가득 찬 것이 반갑지 않다. 또 우리 후대에 전해 주고 싶지도 않다. 본래의 법과 제도로 회귀하고, 그러한 참담한 용어를 앞에 내세우며 미워하는 일은 그만할 때도 되었다.

촛불 부대 vs 태극기 부대

"검사님, 구형하세요."

"변호인, 변론하세요."

형사재판의 모든 사건에서 재판장이 검사와 변호인에게 변론 말미에 하는 말이다. 별 특별한 점이 없어 보이는 이 표현을 두고 형사합의부 배석판사 시절에 동료 판사와 논의를 한 적이 있다. '두 표현에 형평성에 문제가 있지 않으냐?'는 것이 우리 논의의 내용이었다.

직업으로 검사와 변호사가 있는데, 이들이 형사 법정에 서면 검사는 검사의 자격으로, 변호사는 변호인의 자격으로 변론에 임하게 된다. 우리말에 '~사' 뒤에는 '님'자가 쉽게 붙는데, '~인' 뒤에는 '님'자가 잘 어울리질 않는다. 그러니 검사님이라는 표현은 자연스러운데, 변호인님이라는 표현은 좀 어색하게 들린다. 그래서 '검사님'이라고 부르고, '변호인'이라고 부르는 것이 우리말의 씀씀이에는 크게 벗어나지 않는 것처럼 보인다.

그런데 이 존칭 '님'자라는 표현이 우리 신경에 거슬린 것이다. 국가기관인 검사의 호칭에는 '님'이 붙고, 사인인 변호인의 호칭에는 '님'이 빠지니 그 자체로 형평에 맞지 않고, 호칭을 듣는 당사자뿐만 아니라, 피고인이나 방청객에게도 차이를 둔다는 인상을 줄 수 있다. 일본어에서는 검사, 변호인이라고만 해도 충분히 존중하는 의미가 있지만, 우리말에서는 '님'이라는 표현이 들어가야 왠지 완전히 존중의 의미를 담은 것으로 느껴진다. 이러한 미미한 호칭까지 따지고 들면, 아마 '참, 쓸데없는 걱정을 한다'는 말이 나올지 모르겠다.

또 하나 차별로 오해될 만한 내용이 있다. 형사 법정에서 판사들과 법원참여관은 법복을 입고, 검사도 법복을 입는다. 다만 판사는 법복 앞 중앙 부분에 자주색으로 된 띠가 있는 반면에, 검사는 빨간색으로 된 띠가 있다. 그런데 변호사는 법복을 입지 않는다. 대신 양복 깃에 변호사 배지를 달고 법정에 출석한다.

공판을 진행하는 검사는 대개 한 법정에 온종일 머물면서 그날 그 재판부에서 일어나는 모든 사건을 진행하는 데 반하여, 변호인은 자신이 수임한 한두 사건만 그 법정에서 변론하고 또 다른 법정으로 이동하여야 하므로, 치렁치렁한 법복을 입는 것이 오히려 번거로울 수 있다. 그래서 대체로 법조인들은 법정에서 검사가 법복을 입고 있고, 변호인이 법복을 입지 않는 것을 두고 크게 차별로 느끼지 않고 자연스럽게 수긍하는 편이다.

그런데 어느 날 법원을 견학 온 대학생이 이러한 식의 복장의 차이가 차별이고, 국가기관을 우위에 두는 것이 아니냐는 질문을 한 적이 있다. 학생은 더하여 변호사 사무실들은 다 법원 앞에 있는데, 왜 검찰청 건물은 법원 옆에 있느냐는 질문도 하였다. 나름의 설명이야 하였지만, 충분히 수긍하는 것으로는 보이지 않았다.

　사람들이 차별 여부를 판단할 때는 먼저 형식적인 면에 많이 치중한다. 아무래도 실질적인 평등은 구체적인 내용을 하나하나 따져 보아야 하는데, 반면 형식적인 평등은 그 구체적인 내용을 따질 것 없이 외관만으로도 쉽게 판단할 수 있으니, 공평의 평가가 쉽다. 또 쉽게 구현할 수 있는 형식적 공평조차 구현되지 못하였다면, 나아가 실질적 공평까지 담보되기 어렵다는 계산도 함께 작용하는 것 같다.

　그러니 용어에 '님'이라는 존칭을 붙여 사용하는지, 복장을 똑같이 입는지, 건물이 같은 위치에 지어져 있는지 하는 것과 같은 외관상 분명히 드러나는 차이가 보이면, 그것이 전체에서 작은 부분을 차지하더라도 그 공평성에 의심을 가지는 것이다.

　공평을 생명으로 해야 하는 법관이 사소한 호칭조차 대외적으로 오해를 사지 않으려 노력하는 모습은 의미가 없지 않다. 개인적으로 형사재판장을 하면서 항상 변호인, 검사라고 대등하게 호칭하였다.

　굳이 용어, 복장 등 사소한 내용의 공평에 대하여 장황한 설명을 이어온 이유는 용어의 공평이 비단 법관에게만 엄격히 요구되는 것이 아니기 때문이다. 공공에 봉사하는 공적 제도나 기구 및 구성원이라면 공평에 대한 경각심이 남달라야 한다. 이런 의미에서 대중의 여론을 형성하는 언론도 그러한 공평이 여전히 요구될 필요가 있다.

　언론에 대하여 전문지식이 없어 조심스럽기는 하지만, 개인적으로 언론에서 사용되는 용어 중에 대표적으로 그 공평성에 왜곡이 있다고 생각해 오던 부분이 있어서 문제를 제기해 보고 싶다.

　오래전부터 상당수의 언론에서는 '시민단체'라는 표현을 사용했다. 그리고 그렇게 시민단체라는 용어를 선점한 단체와 견해가 다르거나 반대되는 시위가 나타나자, 언론은 그 주체에 대하여는 시민단체에 대응하는 용어로 보수단체, 우익단체, 때로는 극우단체라는 용어를 사용하였다.

시민에 대치되는 말은 외국인, 외래인, 공무원, 관료 등등의 단어에서 골라야 할 듯한데, 언론이 이것을 잘 고려하지 않고, 문제의식도 없이 표현한다. 근자에 광장의 정치가 언론에 상시로 언급되는데, 어떤 집회나 시위는 그 행위 주체에 포착하여 시민단체라고 표현되고, 또 어떤 집회나 시위는 그 추구하는 가치나 방향성에 터 잡아 보수단체, 우익단체라고 표현된다.

보수단체나 우익단체라는 표현이 나쁜 것은 아니지만, 시민단체가 시민 일반을 포괄하는 의미인데, 반면 보수단체나 우익단체라는 표현은 전체의 일부분을 표현하는데 지나지 않아 그 대표성에서 우선 차이가 난다. 게다가 대중적 이미지가 좋은 '자유'나 '민주' 등의 수식구를 덧붙여 주는 것도 아니다.

보수단체, 우익단체라는 표현이 사실 정확한 개념 정의가 이루어져 사용되는 것도 아니다. 보수와 진보의 개념이 상대적인 데다가, 같은 단체나 무리라 하더라도 정책이나 사안에 따라 각각 다른 모습을 보이기도 하고, 또 보수를 표방하면서 지극히 진보적인 태도를 보이거나, 진보를 표방하면서 보수적인 태도를 보이는 경우도 많이 볼 수 있기 때문이다.

좌익과 우익이라는 구별도 역사적, 사상적, 철학적, 정치적 의미에서 어떻게 개념 정의를 하느냐에 따라서 동일한 대상에 대하여 서로 다른 평가가 가능할 수 있다. 그래서 어떤 개인이나 단체를 좌나 우로 개념 지우기는 쉽지 않고, 조심스러운 분석과 평가가 따라야 한다.

반문할지 모르겠다. '어떻게 나누면 되겠느냐'고, 또 '성격이 다른 것을 어떻게 구별해서 표현하느냐'고 말이다. 하지만 대한민국 언론인들의 학식과 혜안으로 겨우 그만한 고민을 해결하지 못하리라 생각하지 않는다. 정치, 역사, 사상, 철학에 큰 식견이 없지만 그래도 나름의 답을 찾을 수 있을 것 같다. 다만 전문 영역에서 더 의미 있는 답이 나오기를 기대한다.

다만 양보하더라도 이 정도는 할 수 있지 않을까 생각이 된다. 시민단체의 반대가 무엇인지는 잘 모르겠지만, 그것이 보수나 우익은 아니다. 그리고 보수나 우익의 반대말이 진보와 좌익이라는 정도는 크게 다툼이 없다. 공평을 위한 최소한의 외관은 필요하다. 그러한 외관에서의 공평이라도 이루어내어야 공기(公器)가 부당하게 이용된다는 말은 듣지 않게 된다.

요즘 주변인들과 대화 중에 '태극기 부대'라는 표현을 쓰시는 이들을 본다. 그럼 가끔 물어본다. 혹시 '촛불 부대'라는 표현도 쓰느냐고 말이다. 그 어느 쪽도 표방하는 가치의 당부를 따짐은 별론으로 하고, 우선 그 외관의 공정은 갖추어야 한다.

인권변호사, 그 어색한 용어의 불편함

"변호사는 기본적 인권을 옹호하고 사회정의를 실현함을 사명으로 한다."(변호사법 제1조 제1항)

"변호사는 기본적 인권의 옹호와 사회정의의 실현을 사명으로 한다."(변호사 윤리강령 첫 문장)

"변호사는 공공성을 지닌 독립된 법률 전문직으로서 국민의 기본적 인권을 옹호하고 사회정의를 실현하며, 사회질서 유지 및 법률제도의 개선에 노력하여야 할 사명이 있다."(대한변호사협회 사이트에 소개된 변호사 제도 중 일부 인용)

변호사란 존재에 대한 이 정도의 소개면 '기본적 인권의 옹호'라는 것은 변호사 자체에 내장된 분리 불가능한 구성요소임을 알 수 있다. 좀 더 직설적으로 표현하면 변호사가 인권을 무시한다면 그는 더는 변호사가 아니라고 말할 수 있고, 변호사라면 당연히 인권에 대한 민감도를 높여야 한다. 그래서 "모든 변호사는 인권변호사이다"라는 표현이 가장 정확하다.

변호사는 부당한 권력, 재력, 조직, 집단 앞에 무기력하게 놓여 있는 시민들의 인권을 보호해 그들이 그런 부당한 힘 앞에서도 당당할 수 있도록 하는 독립되고 전문성을 가진 중요한 공기(公器)이다.

그 범위에도 제한이 있을 수 없어, 극악하고 흉포한 범죄를 저지른 자라 하더라도, 그런 자의 인권조차도 함부로 다루어지지 않도록 노력해야 한다. 변호사에게 "왜 그런 나쁜 놈을 변호하느냐"라고 못마땅해하는 사람도 있지만 잘못이다. 그 나쁜 놈의 변호를 포기하면 그 다음은 그놈보다 좀 덜 나쁜 놈의 변호도 포기해야 한다. 그렇게 조금씩 양보하다 보면 그 어느 순간에 나를 변호해 줄 변호사마저도 남아 있지 않게 된다. 그래서 변호사가 보호해야 할 인권의 범위에 제한을 둘 수 없다.

이처럼 무한한 인권옹호의 의무를 부담하고 있는 모든 변호사의 지위를 외면하고, 인권이라는 멋진 수식어를 독점하는 표현이 있는데 그것이 '인권 변호사'라는 용어이다. 그래서 이 표현을 불편하게 느낀다.

대개 과거 586운동권을 위해서 변론하던 '운동권 변호사'나 노동 관련 사건을 담당하던 '노동계 변호사'들에 대해서 '인권변호사'라는 표현을 붙이는 경우들이 많은데, 정확한 표현인가 의문이 있다.

이런 표현이 일상화되면서 운동권이나 노동계를 대변하지 않는 대부분 변호사는 마치 인권과 크게 상관이 없는 '평범한 변호사'로 강등된 느낌이고, 심지어 극빈층, 탈북자, 난민, 노숙자, 성매매 여성, 가정폭력 피해자 나아가 북한 및 국외 인권피해자 등 다양한 인권에 취약한 사람들을 위해 노력하는 변호사들조차 왠지 인권변호사의 반열에서 배제되는 느낌이다. 실제 법조인들 사이에서는 "아무개 변호사가 인권변호사이다"라는 표현을 잘 쓰지 않는다. 아마 무의식으로라도 그것이 의미하는 바를 알기 때문이 아닐까 생각된다.

좋은 말인데 그냥 좀 쓰면 되지, 괜히 시비를 건다고 말하는 이들이 있을 법하다. 그 비판이 수용할 만하다. 그래서 모든 변호사가 인권변호사이지만, 그래도 유독 인권 분야에서 두드러진 활약을 보이는 변호사가 있으면, 그 공을 치하하는 의미에서라도 각별히 '인권변호사'라 불러 주자고 제안한다면 납득할 수 있다. 주위에 인권적 구조를 필요로 하는 사람들을 위해 남달리 노력하는 변호사가 있다면, 그래서 그를 '인권변호사'라고 불러 준다면, 아마 본인도 자신의 아름다운 노력을 보상받는 듯해서 충분히 흡족할 것이다.

그런데 이러한 인권변호사라는 표현이 대개는 주변 사람들이 칭찬의 의미로 불러 주는 경우는 드물고, 오히려 자신이 과거 운동권이나 노동계를 변론하였다는 이유에서 자랑삼아 본인 스스로 인권변호사라고 칭하는 경우가 더 많다. 그리고 그렇게 자칭하는 사람 중에 많은 사람은 이제 정치인이 되어 있는 경우를 볼 수 있고, 자신의 정치적 위상을 자랑하고 치장하기 위한 장식구 정도로 사용하는 듯이 보여 그 부분이 씁쓸하다.

그렇게 인권변호사라고 자신을 잘 치장하고, 그래서 정치적으로 성공하여 대통령이 되고, 광역단체장이 되고, 국회의원이 되신 분들, 그분들이 지금도 사회 각 층의 다양한 인권 사각지대를 잘 살펴보고 있는지 의심스럽다.

JUSTICE

05

판결문에 낙서하지 마라

'양심 없는 법관'이 되어야 한다

'법관은 헌법과 법률에 의하여 그 양심에 따라 독립하여 심판한다.'

대한민국 헌법 제103조는 이렇게 규정하여 법관의 직무상 독립을 보장하고 있다. 즉 법관은 어떠한 외부의 간섭도 받지 않고 헌법과 법률에 의하여 그 양심에 따라 독립하여 심판하는 판결의 자유를 가진다. 애초 우리 건국헌법에서는 '법관은 헌법과 법률에 의하여 독립하여 심판한다'라고 규정되어 있었다. 그러던 것이 1962년 12월 26일 개헌을 통하여 '그 양심에 따라'라는 표현이 추가되었다.

미국은 그 어느 나라보다도 사법부의 독립이 잘 보장되는 사법부 우위의 국가이지만, 정작 헌법을 통하여 법관에게 직무상의 독립과 판결의 자유를 보장하는 위와 같은 규정을 두고 있지는 않다.

일본은 '모든 재판관은 그 양심에 따라 독립하여 그 직권을 행사하고, 이 헌법과 법률에만 구속된다(일본국 헌법 제76조 제3항)'라고 규정하고 있다. 우리와 비슷한 규정 방식이다. 일본에서는 이 조항에 규정된 양심의 의미에 대하여 논의가 있었는데, 통상 받아들이는 학설은 재판관의 개인적인 양심이 아니라 법관으로서의 객관적인 양심을 의미하는 것으로 이해한다.

독일은 '법관은 독립이며 법에만 따른다(독일 기본법 제97조 제1항)'라고 규정하고 있다. 독일에서도 기본법 초안에서 법 이외에 '양심에 구속된다'는 표현을 포함할 것인지가 논의되었지만, 나치 시대에 '건전한 국민감정'이라는 법개념을 통해 법의 파괴가 이루어진 경험을 고려하여 양심에 따른다는 것이 법치의 파괴로 이어질 수 있다는 우려에서 '양심'이라는 표현은 사용하지 않고, 법에만 구속되는 것으로 규정하였다.

그러면 우리 헌법에서 표현하고 있는 법관이 따라야 할 양심은 어떠한 것이 되어야 하는가를 살펴보아야 하는데, 이와 관련하여 대표적 헌법학자인 허영 교수가 밝힌 표현을 인용하고자 한다.

양심은 옳고 바른 것을 추구하는 윤리적·도덕적 마음가짐인데 법관의 재판에 영향을 미칠 수 있는 가장 최후적인 작용요인이다. 모든 인간은 양심의 주체이기 때문에 당연히 인간으로서 양심을 갖는데, 법관도 법관이기 이전에 한 인간으로서 양심을 갖는다. 그러나 법관이 재판을 함에 있어서 기속되는 양심은 누구나가 갖는 인간적인 양심이라기보다는 법관이라는 직업이 요구하는 직업 수행상의 양심을 뜻한다고 보아야 하기 때문에 특별히 공정성과 합리성이 요구되는 법관으로서의 양심이라고 할 것이다. 법관의 재판에 엄정중립적인 공정함과 강한 합리성이 요구되는 이유도 그 때문이다(허영 교수 저서 『한국 헌법론』 본문 중에서 발췌).

위의 표현에서 추출할 수 있는 법관의 양심은 직업 수행상의 양심이고, 공정성과 합리성이 요구되는 법관으로서의 양심이다. 일반인이 느끼는 인간으로서의 양심, 도덕적으로 가슴을 조이고 아픔을 느끼게 되는 그러한 양심과는 차이가 있다.

그럼 '법관의 양심'이라는 그 실체를 구체적으로 어떻게 표현하겠느냐고 물으면 참 묘사하기가 쉽지 않다. 판사도 사람인데 인간적인 양심이 없을 수 없다. 재판하다 보면 온갖 인간사를 접하게 된다. 이해관계가 가장 첨예하게 대립될 때, 사람들의 억울함과 안타까움이 최고조에 이르렀을 때, 그즈음 사람들은 법원을 찾게 된다. 그러니 그 사연 하나하나를 듣다 보면 가슴이 먹먹해지는 경우가 수시로 생겨난다. 그렇지만 그것이 그냥 한껏 눈물샘을 자극해서 소송당사자와 함께 목 놓아 울면서 공감하라는 의미는 아니다. 그래서 법관의 양심은 인간으로의 양심과는 다른 법률적 객관적 양심이 되는 것이다. 그냥 그 사람이 불쌍하니 봐주면 되지 않겠느냐고 쉽게 답할 수 있는 것이 아니다.

많은 소송관계인이 법원에 탄원서를 내면서 '양심에 따라 공정하게 판단해 달라!'고 한다. 그러한 주문에 따라 공정하게 하려고 온갖 노력을 기울이겠는데, 그래서 나온 판단이 그 탄원서를 낸 사람이 말하는 양심에 따른 것인지는 장담할 수 없다. 그 사람은 인간적인 양심에 따라 주문한 것이고, 또 그러한 양심에 따라 자신의 안타까운 사정을 살펴달라고 요구하는 것인데, 판사는 직업적 양심에 따라 공정한 판단을 하는데 더 주의를 기울일 것이기 때문이다.

법관이 인간적인 양심으로 소송당사자의 한쪽을 완전히 이해하여 동조하고, 동시에 그 상대방도 완전히 이해하여 동조하는, 그래서 양쪽의 요구를 모두 만족시키는 판단을 한다는 것은 서로 모순되어 아무런 판단에 이르지 못한다.

'양심'의 문언상의 의미는 '사물의 가치를 변별하고 자기 행위에 대하여 옳고 그름을 판단하는 도덕적 의식'이다. 추상적이고 막연해서 그 개념 자체가 잘 이해되지 않는다. 그런데 여기에다 '법관의 직업적'이라는 수식어구를 더하면 혼동은 훨씬 더 심해진다.

이러한 혼동의 틈새 속에서, 대한민국 헌법 제103조에서 나오는 법관의 양심을 맘대로 해석하려는 시도가 가끔 있다. 이념집단이나 정치세력이 양심을 내세우며 법관이 헌법과 법률에 따라 판단하는 것을 방해하고 압박한다. 때론 법관들조차 양심을 앞으로 내세우면서 그 뒤에 숨어 헌법과 법률을 외면하려는 모습을 보일 때가 있다.

법관이 헌법 조항을 왜곡하는 것은 훨씬 더 우려스럽다. '양심'이라는 개념이 분명하지 않고 혼란스러우니까, 그 단어 속에 온갖 이물질들을 섞어 넣는다. 법관 개인의 정의감, 법관 개인의 인생관, 법관 개인의 자의적인 연민, 법관 개인의 정치관, 법관 개인의 사상과 이념, 법관 개인의 소신 등과 같이 다양한 무형물을 마구잡이로 섞어 그것을 양심이라는 이름 아래 자신의 사법적 판단의 기준으로 삼는 것이다.

요즘 언론이나 항간의 사람들 구전으로 자주 듣게 되는 말이 '재판에 앞서 판사의 성향을 살펴야 한다.'는 것이다. 과거에 전혀 듣기 힘들던 이러한 말이 요즘은 자주 회자되는 것을 두고, '단지 법관들도 이제 개성이 강해져서 그렇지'라고 치부할 일만은 아닌 듯하다. (개인적으로는 개성이 강해졌다기보다는 개성이 없어져서 자신이 지지하는 무리로부터 소외되기 싫은 마음에서 특정 이념에 따라 판결하는 경향이 더 높아졌다는 생각이다)

판사가 출세에 크게 관심 없고, 온 세상이 뭐라 하든 말든 그냥 증거로 나오는 사실에만 기초해서, 정해진 법과 법리를 엄격하게 적용하는, 그래서 답답하기 그지없이 샌님 같은 판사를 두고 '딸깍발이 판사'라고 부르는 경우를 가끔 본다. 판사가 이러한 성격을 가지면 위로 옆으로 오는 다양한 압력에 아랑곳하지 않을 것이고, 세상이 원한다고 해서 만들어서 그 답을 내놓지 않을 것이다. 그래서 아마도 수시로 대중으로부터 넉넉한 욕지거리를 얻어먹을 공산이 크다. 그래도 성향을 의심받는 판사보다는 자신이 판사라는 직업적 구속감과 법이라는 정당성에 기대어 살아가는 딸깍발이 판사가 더 많은 세상이 바람직하다.

딸깍발이 판사라고 해서 그저 법만 알고 세상의 물정과 이치는 몰라서 맹하기만 하지 않다. 그런 판사라 해도 아마도 내심은 다양한 생각과 가치를 가지고 있을 것이다. 하지만 그러한 개인적 소신과 판사로서 하는 법적 판단은 전혀 다른 것임을 알고 있다. 그래서 법적 판단에서는 자신의 개인적 소신과 가치관에 기초하는 양심을 한없이 양보하는 것이다. 그리고 오로지 법관으로서 직업적 양심만을 앞으로 내세우는 것이다. 그렇게 함으로써 판단의 공정을 보장한다. 그것이 판사가 가져야 할 양심의 심리적 저지선이다.

대한민국의 많은 판사가 '딸깍발이 판사'라는 소리를 들을 정도로 고지식한지는 구체적 통계수치로 답할 수 없다. 그러나 많은 판사가 법관의 양심을 인간적 양심과 혼동하지 않고 있다고 생각한다. 만약 대부분 법관이 그러하다면 대한민국의 법률이 이만큼이라도 서 있을 수 없을 것이며, 국가 또한 유지되기 힘들 것이다.

문제는 비록 그 숫자가 작다고 하더라도 법관이 직업적 양심을 벗어나 그 양심을 핑계 삼아 자신의 개인적 양심, 소신, 가치관, 이념을 판결의 기준으로 삼는 경우가 발생한다는 것이다. 작금에 판사가 어떠한 판단을 하면 때로는 우파 측에서, 때로는 좌파 측에서 그 성향을 문제 삼는 모습을 자주 본다. 물론 그러한 비판 자체가 잘못되거나 바람직하지 않은 경우가 많지만, 법관도 스스로 끊임없이 주의하고 신중해야 할 일이다. 그러한 모습이 대중에게 자주 노출되는 것 자체가 법원의 존재에 대한 위협이 될 수 있다.

양심을 핑계로 자신의 이념이나 소신을 실천하는 법관에 관한 구체적 사례를 드는 것은 그 법관에 대한 개인적인 인신공격을 하는 것이 되므로 피하고, 다른 예를 하나 들고자 한다.

2018년 전국법관대표회의에 울산지역 법관대표로 참석하면서 가장 많이 들었던 말 중 하나가 회의에 참석한 판사들이 "국민의 뜻을 존중해야 합니다"라고 말하는 것이었다. 예를 들면 어떤 토론자가 자신의 의견을 표시하면서 "국민의 뜻을 존중해서, 이 안건을 통과시켜야 합니다"라는 식이다. 그런데 찬찬히 그 토론 내용을 살펴보면 과연 그가 말하는 국민이 대한민국 전체 국민을 말하는 것인지 아니면 자신이 지지하는 이념적 성향의 진영을 말하는지 헷갈릴 때가 많이 있다. 또 그가 발표한 내용이 건전한 상식을 최대한 동원하더라도 과연 국민에게 이로운 것인지가 의문이 들 때가 많다.

물론 토론의 장이었고 재판을 하는 것은 아니었으므로 달리 볼 여지는 있지만, 당시 법관이 저렇게 국민의 뜻을 핑계 삼아 자신의 의견을 정당화할 수도 있다는 사실에 많이 놀랐다. "도대체 어떤 국민의 뜻이 그러하냐? 내가 아는 국민은 전혀 그렇게 생각하지 않고, 오히려 반대로 말하고 있다. 당신이 아는 국민과 내가 아는 국민은 다른 사람들인가 보다"라고 반론을 하지만, 그 뒷맛이 개운할 리는 없다.

법관도 그렇게 자신의 가치관과 이념을 국민이라는 추상적인 개념을 빌려 정당화하고 그것을 양심이라고 말한다. 그래서 헌법 조문에 표현된 법관의 양심에 대하여 지극히 조심해서 접근하여야 한다.

앞서 언급하였듯이 독일은 기본법에서 '법관은 양심에 따른다'는 표현을 넣지 않고 단지 법에만 구속되는 것으로 규정하였다. '건전한 국민감정'이라는 모호한 개념으로 법치를 파괴하였던 나치의 경험을 반복하지 않으려는 노력으로 '양심'이라는 모호한 표현을 피한 것이다.

법관이 양심을 과하게 내세우거나, 이를 핑계로 자신의 가치나 이념을 구현하고자 한다면, 또 아니면 자신이 지지하는 정치세력의 이익을 대변하고자 한다면 그것이야말로 법치의 종막이다. 법관의 양심은 헌법과 법률을 해석하는 데 있어 그 미흡함을 보완하기 위해 존재하는 것이지 그것이 헌법과 법률을 대체하거나 그것의 지도원리로 작동하는 것이 아니다.

법관이 헌법과 법률보다는 양심에 자주 호소하고 그것을 핑계로 헌법과 법률의 양보를 자꾸 요구하면 의심의 눈초리로 보아야 한다. 법의 원형질 속에 사람의 양심이 없을 수 없지만, 법이 나서야 할 곳에 사람과 양심을 너무 내세우며 법을 숨기려 들면 대개 다른 뜻이 있다.

추억 하나를 소환하면 법과대학을 다닐 당시 교수님 중에 '김스필드'라는 교수님이 계셨다. '하버드 대학의 공부벌레들'이라는 오래된 미국 드라마에 나오는 '킹스필드'라는 무서운 법대 교수에 빗대어 학생들 사이에 회자 되던 별명이다. 이분께서 어느 학생이 질문 중에 법학이 사회과학이라는 표현을 하자 호되게 혼을 내신 적이 있다. '법이 왜 사회과학이야 기술이지!'라고 말이다. 법률가 중에 이 표현에 동의하지 않으실 분들이 많이 있겠지만 그것은 가치관의 영역이라 유보하고, 그분이 하신 본의를 고민해 보면 이런 것이 아닌가 생각된다.

법학이 사회과학이라는 분류를 통해 지나치게 가치지향적으로 흐르고, 법의 논리적 가치중립적 성격을 경시하여 법 앞에 사상이나 이념을 앞세우는 우를 범하지 말라는 취지에서 그리 말씀하신 것으로 이해된다.

앞서 허영 교수의 지적에서 보듯이, 양심은 법관의 판단에 영향을 미칠 수 있는 가장 최후의 작용요인이다. 공정을 생명으로 하는 재판이 독립된 법관에 의하여 구현될 수 있도록 법관에게 법과 양심에 따라서만 재판하면 된다고 면죄부를 주었는데, 정작 최후의 관문인 법관 스스로 양심이라는 쪽문을 통해 자신의 오염된 온갖 가치관을 등장시킴으로써 재판의 공정을 침해한다면 법관의 직무상 독립을 보호하고자 했던 모든 노력이 허사로 돌아가게 된다.

개인적으로는 우리 헌법의 해당 규정이 '헌법과 법률에 따라 독립하여 판단한다.'는 정도로만 규정되어도 되겠다는 생각이다. 양심 없이 판단하겠다는 취지가 아니라는 것은 설명하였다. 법관이 헌법과 법률에 따라 판단하면서 직업적인 양심을 따르는 것은 어찌 보면 당연하다. 직업적인 양심은 외면하면서 인간적인 양심을 핑계 삼아 온갖 정치적 신념을 실천하고자 하는 법관을 사전에 경계하자는 의미로 하는 말이다.

'판새'라는 빈정거림에 반박할 말이 없다

SNS를 통해 누군가가 '판새'라는 단어를 쓴 것을 처음 보았을 때 오타로 그리 쓴 줄 알았다. 그런데 찬찬히 내용을 살펴보니 판사를 비하하는 비속어였다. 네 음절의 '판사 새X'가 두 음절로 줄어든 것이다. 기자를 비하해서 '기레기'라고 부르듯이 판사를 조롱하며 그렇게 부른 것이다.

사람들이 이처럼 비속어를 만들어야 할 정도에 이르렀다면, 단지 '판사놈' 정도로는 가슴에 응어리가 풀리지 않을 만큼 판사들에 대한 불신이 깊다는 것을 나타낸다. 판사도 사람인 줄 아는데 한두 번의 실수나 잘못으로 이러한 비속어가 만들어졌을 리가 없다.

기자가 사실에 기초하지 않고 진실의 파수꾼 역할을 포기한 채 소문에 터 잡아 선동을 일삼으면서 기사를 쓰다 보면 기레기라는 오명을 얻는다. 판사들의 과책도 그에 필적할 만하거나 이상이었을 것이다. 법의 본지를 추구하지 않고 의도하는 목적에 맞추어서 법의 의미를 축소하거나 과장하고, 궤변으로 법을 왜곡하며, 동일 사안에

들이대는 잣대를 늘리고 줄이는 등으로 직업이 가지는 본질을 훼손할 만한 행위들을 한 것이다. 그런 수준에 근본적인 회의가 있지 않고는 판새와 같은 조어가 만들어지지 않았을 것이다.

판사 입장에서도 잘 납득 안 되는 판결을 자주 본다. 그렇다 보니 이런 용어가 회자되어도 사람들을 원망하기보다 오히려 판사들의 잘못에 눈이 간다.

아래는 판사들의 터무니 없는 판결을 보면서, 더욱이 최고 법원이라고 하는 대법원의 대법관들조차도 이념이나 정치적 목적에 윤색된 판결을 하는 것을 보면서, 답답한 마음에 언젠가 SNS에 올렸던 글이다. 시적 감성이 충분하지 않아 문학적으로 유려하게 표현하지는 못하였지만, 당시의 심정을 드러내고 싶어 그대로 인용한다. 더 아쉬운 것은 이 글을 쓸 당시에 법원 판사들에 대하여 느꼈던 안타까운 심정이 지금도 그대로 유지되고 있다는 것이다.

〈 고 백 〉

"일부 판사들의 판단력을 의심하고 믿지 않습니다."

이런 생각에 이른 것이 비단 최근의 일만은 아닙니다.

그 어느 시점 불현듯,

판사들의 짧은 생각, 폭 좁은 시야 그리고 치우친 생각에 기초한 판결이 하나 둘 등장하면서 마음에 동요가 일기 시작했고,

그러한 엉터리가 차곡차곡 쌓여가는 것을 보면서

제 마음이 굳어져 갔습니다.

어쩌면 세상 사람들 다 알고 있는 사실을…
동료 판사라는 생각에, 동료에 대한 신뢰를 접기가 두려워서,
제 하의식이 제대로 작동하지 않았던 건지도 모릅니다.

이제 그 임계점을 봅니다.

그래도 대부분의 판사들이 자신의 소임에 충실하고,
때로는 죽음에 이르는 과로를 마다 않고 성실히 일하고 있는 탓
에, 그분들의 노고에 누가 될까 하는 생각에,
또 저의 경솔한 말이 법원에 대한 근거 없는 불신을 만드는데
장작만 더할까 하여,
여태껏 이런 말을 눌러왔습니다.

이제 굳이 그러한 필요를 느끼지 못합니다.
이성을 잃고 머리를 풀어 헤친 채
미쳐 춤추는 '정의의 여신'의 형상만 제 머릿속에서 명멸합니다.

아! 먼 훗날 그 어느 시점에 역사가, 또 아니면 신의 섭리가,
이들 판사의 어리석음을 판단하리라 믿습니다.

법관이면 세상 이치가 저절로 오나

특별히 거친 사회 경험을 통해 능란한 경륜을 쌓은 것도 아니고, 오랜 수련을 통해 자신에 대한 심오한 성찰을 한 것도 아닌, 그저 법서(法書)에나 매달렸던 책상물림들을 법관으로 임관하여 주고, 그들의 판결에 따르는 이유는 그들의 '전문지식'에 기초한 판단을 존중하기 때문이다.

그런데 이런 책상물림들이 판사만 되고 나면, 마치 없던 경륜은 저절로 생겨나고, 구차한 성찰 따위는 필요도 없으며, 더해 고귀함까지 타고난 것처럼 행세하려 든다는 생각이 들 때가 있다. 그러면서 세상의 모든 정의로움까지 전유(專有)하려는 오만함까지 보인다. 때론 전문지식도 뒤로 물리면서 말이다. 세상 사람들이 이들의 높은 경륜, 성찰 따위는 크게 기대하지도 않았을 터이니, 그저 법의 본지(本旨)에나 더 충실하면 어떨까 하는 아쉬움이 있다. 과거 선배들의, 법에 충실하려 했던 그 겸손함이 요즘은 자꾸 희귀해져 가는 듯한 불안감이 든다.

최악의 사법파동

건국 이후 최악의 사법파동과 그 주역들의 거취…

대한민국 건국 이후에 대여섯 차례의 사법파동이라고 할 만한 사건들이 있었다. 그런데 그 대부분은 정권이나 사법부 수뇌부의 압력에 대하여 저항하는 의미가 있었고, 그래서 법원 내부의 법관들도 대체로 동조하거나, 무관심한 태도를 보이기는 했어도 그 방향성에 대하여 의문을 제기하는 경우는 크지 않았던 듯하다.

그런데 2017년에 시작된 사법파동은 이전의 사법파동과는 성격을 달리했다. 그 주도 세력이 오히려 법원 내에서 주류적 위치를 차지하고 있었고, 오히려 법원 수뇌부의 지지를 받거나 입장을 같이하고 있었다. 그리고 그 공격의 대상은 이미 법원을 떠났거나 법원 내에 잔류하고 있더라도 크게 목소리를 낼 수 없는 비주류들이었다. 사법파동의 한가운데에서 어떠한 권한을 행사할 수도, 저항할 수도 없는 이들에 대하여 그들의 과거 행위를 문제 삼고, 그 책임을 물으며 척결하는 모양새를 취하였다. 좀 정확하게 표현하면 마치 과거의 복수라도 하려는 모습으로 비추어졌다. 그렇게 거칠게 몰아붙이는 일단의 법관들에 대하여 일부 청와대 인사나 일부 여당 국회의원들도 지원하면서 화력을 더하였다.

종전 사법파동들과 다른 현상을 보이면서, 그 진도(震度)의 깊이나 폭은 훨씬 크게 나타났다. 법원은 두 토막이 났고, 법원 내 이념 분화의 양상까지 대두되었으며, 일부 법관들은 동료 법관들에 대하여 '법관 탄핵'까지 거론하였다. 이런 가운데 법원 수뇌부는 이 사태를 수습하기보다는 주류를 옹호하거나 주류의 행위를 묵인하는 태도를 취하여 법원 스스로 자해하는 모습을 대중에게 보여 주었다. 그러니 일부에서는 이러한 특이한 현상을 두고 '법원 자살'이라는 표현까지 사용한 것이다.

이런 혹독한 혼란으로, 법원 안에서 법관들 사이에 서로 말하지는 않으나 편나눔의 현상이 나타났고, 그런 편나눔이 소송 결과에까지 영향을 미치는 외양이 만들어지자, 소송당사자들은 법관의 성향까지 살펴야 하는 부작용이 보이는 것이다. 대법원의 대법정에 시위대가 난입하고, 법관에 대한 공공연한 위협이 따르며, 대법원장의 차량에 대하여 화염병을 던지는 물리력의 행사까지 나타난다. 대한민국 건국 이래 최악의 사법파동이었다.

이러한 최악의 사법파동의 첫 발단은 2017년 2월경에 시작한다. 법원행정처가 법원 내부통신망에 법관들이 전문분야연구회(법관들의 학회)에 중복으로 가입하는 것을 방지하기 위한 전산상의 조치를 예고하는 공지를 하자, 이에 대하여 같은 달 15일 당시 김○○ 부장판사가 내부통신망에 법원행정처의 이러한 조치는 국제인권법연구회(이 학회는 부인하지만 언론 등에서는 우리법연구회의 후신으로 보고 있다)

에 가입하는 등의 활동을 견제하기 위한 것으로 의심된다는 글을 올렸다. 그러자 일부 언론사가 '법원행정처가 양승태 대법원장에게 비판적인 국제인권법연구회의 학술대회를 견제한다'는 내용의 보도를 하였다.

이렇게 언론을 통하여 사태가 커지고, 이어 김○○ 부장판사가 진상조사를 요구하는 청원문을 게시하면서, 일부 판사들에 의해 진상조사에 대한 요구가 커졌다. 이렇게 해서 2017년 3월 13일 이○○ 전 대법관을 위원장으로 하는 진상조사위원회(제1차 위원회)가 꾸려지고, 같은 달 24일부터 본격적인 조사가 이루어졌다. 이렇게 조사가 이루어지던 2017년 4월 7일경에 다시 법원 내에 법관 블랙리스트가 있다는 의혹이 제기되었다. 여담이지만 제1차 위원회를 구성할 때 그 위원회에 참가하겠다고 신청한 적이 있는데, 선정되지 않았다. 그리고 후에 선정된 위원들 명단을 보았을 때 내가 세상물정도 모르고 무리하게 신청했다는 생각을 하였다.

제1차 위원회는 2017년 4월 18일 조사결과를 발표하면서 "국제인권법연구회와 학회 내의 소모임인 '인권보장을 위한 사법제도 소모임(소위 인사모)'에 대한 부당견제나 압박은 없었다"라는 결론을 내었다. 그리고 새로이 제기된 법관 블랙리스트의 존재에 대해서도 없다고 결론을 내렸다. 제1차 위원회는 또 그 조사과정에서 조사대상 법관들의 사무실 컴퓨터 등을 본인들의 동의가 없어 열어보지 못하였다고 했다. 당연히 법원 내 특정 성향의 판사들은 법관들의 컴퓨터도 열어보지 못해 조사가 충분하지 못하였고 제대로 된 진상규명이 이루어지지 않았다고 반발하면서 재조사를 요구했다.

이렇게 재조사가 요구되는 가운데, 2017년 6월 19일 제1차 전국법관대표회의가 개최되고, 여기에서 법관 블랙리스트 조사를 요구하면서, 더하여 위 전국법관대표회의의 상설화도 요구한다. 그 후 2017년 7월 24일 열린 2차 전국법관대표회의에서도 법관 블랙리스트 의혹에 대한 추가조사를 다시 요구하였다.

그러는 중에 새로이 취임한 김명수 대법원장은 2017년 9월 25일 대법원장으로서의 첫 출근과 함께 블랙리스트 의혹에 대하여 추가조사를 검토하겠다는 발언을 하였다. 그리고 2017년 11월 13일에는 사법부 블랙리스트 의혹을 추가 조사한다는 이유로 추가조사위원회(제2차 위원회)를 구성하고 민○○ 서울지방법원장을 위원장(당시 고등법원 부장판사)으로 임명하였다. 그런데 제2차 위원회는 법관들의 사무실 컴퓨터를 사용자들의 동의를 받지도 않고 그 파일을 열어 보기로 결정하였다.

아무리 법원 사무실 내에서 업무용으로 사용하는 것이라고 하더라도 법관이 개인적으로 사용하는 컴퓨터를 영장도 없이 함부로 열어보는 것은 영장주의에 위반될 위험이 상당히 크다. 그리고 법원의 법집행은 사회의 다른 모든 영역에서 모델이 될 수 있으므로 영장주의라는 중요한 법원칙이 조금이라도 위배될 위험이 있으면 이를 자제하는 것이 맞다(이것에 대하여는 앞서 '영장주의를 마음대로 한다'라는 주제에서 이미 언급한 바 있다). 그러나 제2차 위원회는 이러한 사정을 고려하지 않고 일방적으로 법관의 개인 컴퓨터를 열려고 시도하였고, 법률가로서 또 법관으로서 이러한 부당한 상황이 벌어지는 것을 묵과할 수가 없어서 며칠을 뜬눈으로 지새우다가, 결국 법원 내부게시판을 통하여 그 부당함을 알리는 글을 게시한 적이 있다.

더하여 당시 조사대상 법관들은 법원 안팎에서 압박을 받는 상황이었는데 이러한 상황에서 그 법관들이 동의한다고 하더라도 그것이 자의적으로 이루어진 것이라고 보기 어려웠다. 당시 어느 야당 의원도 대법원장과 조사위원이 법관의 컴퓨터를 본인의 동의도 없이 강제로 개봉하였다는 이유로 이들을 검찰에 고발하였다.

한편 제2차 위원회는 2018년 1월 22일 추가조사에 관한 결과를 발표하였는데, 그 내용은 '법관의 동향을 파악한 문건이 다수 발견'되었다는 것이다. 이 발표로 사태는 수그러드는 것이 아니라 오히려 더 확대되었다.

결국 2차에 걸친 조사에 이어 2018년 2월 12일 3차로 '사법행정권 남용의혹 관련 특별조사단(편의상 제3차 위원회라 함)'이라는 것을 구성하였다. 제3차 위원회가 꾸려질 때도 법원 내부게시판을 통해 그 조직의 부당함을 지적한 적이 있다. 제1차, 제2차 위원회가 공정성이 담보된 것이 아니고, 오히려 법원 내 주도세력에게 우호적인 인사들로 구성되었다는 것이 일반적인 평이었는데, 그러한 위원회들의 조사 결과에 대해서도 수긍하지 못하고 계속 횟수를 거듭하면서 추가조사를 요구한 것이었다. 어찌 보면 어떤 결과물의 목표치를 정해놓고 그러한 결과가 나올 때까지 계속해서 조사를 요구하는 모습이었다.

법적으로 조직하는 근거도 분명하지 않은 위원회를 만들고, 그 위원들의 공정성도 담보되지 않은 상태에서 차수만 더해가면서 조사를 하는데, 그 조사과정에서 영장주의와 같은 중요한 법원칙의 위반까지 일어난 것이다. 법이성으로 수용할 수 없는 일이 일어난 것이고, 그럼에도 그러한 조사단의 결과조차도 불만을 터트리는 주류 판사들의 행동 방식이 정말 이해되지 않았다.

어찌 되었든 제3차 위원회는 2018년 5월 25일 조사를 정리하면서 "판사 사찰문건은 발견되었지만, 인사상 불이익을 주는 블랙리스트는 발견하지 못했다"는 내용의 조사 결과를 발표하였다. 그리고 그 발표 내용 중에 원세훈 전 국가정보원장의 선거법 위반 등과 관련하여 대법원과 청와대가 교감하였다는 내용이 포함되어 있어, 오히려 논란은 확대되어 갔다.

법원 내부조사가 이렇게 횟수를 거듭해 가는 그 무렵 언론을 통하여 '법원이 상고법원의 설치를 관철시키기 위하여 청와대와 재판거래를 하였다'는 의혹이 불거져 나왔다. 호재를 만난 일부 언론들은 재판거래를 당연한 표현으로 정리하면서 마치 법원이 무슨 큰 부정한 이득이라도 받고 재판을 거래한 것처럼 몰아가는 분위기를 만들었다. 참 서운한 것이 그렇게 재판거래를 했다고 온갖 비난을 받은 그 많은 법관 중에서 한 푼의 돈이나 조금의 경제적 이득이라도 취한 사람이 있는지 묻고 싶다. 어떻든 법원과 법관들은 세상의 모든 악을 원재료로 하여 만들어진 존재들인 양 취급되며 온몸으로 세상의 비난을 감수하여야 하였고, 정권은 이것을 호재로 삼아 법원을 길들이는 데 노력을 기울였다.

대개 사람들이 별 관심도 가지지 않을 법원 내부의 일을 이렇게 시간순에 따라 나열하는 데에는 나름의 이유가 있다. 사태에 어떤 큰 작전이 있다고 인식한 것이다.

처음에는 법원 안에 있는 일개 학회를 압박한다는 것이 구실이었다. 그렇게 시작한 문제의 제기는 그다음에는 법관 블랙리스트가 있다는 의혹으로, 그다음에는 원세훈 국정원장 사건으로, 그리고 급기야는 법원이 상고법원 설치를 위하여 재판거래를 하였다는 것으로 의혹의 몸집을 키워갔다.

이렇게 단계별로 발전해 가는 모습에 어떤 패턴이 있다고 보았다. 누군가 의혹을 제기하고, 그것을 일부 언론이 받아 여론을 증폭시키면, 그다음에 의혹을 제기하거나 거기에 동조한 자들이 조사를 요구한다. 그렇게 조사가 진행되던 중에 새로운 의혹이 등장하고, 그 의혹을 다시 언론을 통해 증폭시키면서 추가조사를 요구한다. 이러한 과정을 반복하면서 공격대상의 도덕성에 치명상을 입히고 그의 부정적인 측면을 확대 과장하며 대중의 비난을 극대화하고, 나아가 검찰의 수사를 유도한다. 단순히 개인적인 가설이라 동의하지 않는 이들이 많을 것이다. 그렇지만 당시 사태를 바라보는 생각은 그러했다.

이러한 생각을 나름대로 굳히게 된 배경에는 당시의 사회적 상황이 크게 작용하였다. 법원뿐만이 아니라 행정부와 다른 국가기관들에서도 적폐몰이 숙청이 이루어지면서 이미 비슷한 현상들이 나타나고 있었기 때문에 그것이 법원까지 확장되고 재연되는 것을 쉽게 감지할 수 있었다. 그리고 사태가 이렇게 흘러가는 것이 아무런 목적이나 지향 없이 우연히 흘러가는 것으로 보이지 않았다. 어떤 목적을 가지고 이루어지고 있으며 단계에 따라 사태의 강도를 심화시키는 것은 이런 목적으로 가기 위한 명분을 쌓는 과정으로 보였다.

우연이 아니고, 전 사법부의 수장을 비롯한 일단의 법관들을 공격하고 그러한 과정을 통해 사법부를 정권에 복종하는 세력으로 바꾸어 가는 것으로 생각되었다. 당시 법원 내부게시판에 글을 쓰면서 그러한 의혹을 제기한 적이 있다. 그중 일부를 인용한다.

제가 혹시나 하며 우려하는 것은 ① 법원 내부의 갈등을 필요 이상으로 부각시켜 부정적인 이미지를 더해 법원 스스로 문제해결의 능력이 없는 것처럼 명분을 축적하는 것 ② 그리고 그러한 명분 위에 사법개혁 등의 기치를 내세우며 다수의 외부인사가 참가하는 위원회를 만들어 법관의 인사 등에 관여할 수 있는 제도적 장치를 만드는 것 ③ 그런 다음에는 그 위원회 안에 정치적 성향의 인사들을 채워 법관의 인사를 포함한 법원의 행정사무가 그들의 정치적 입김에 휘둘리는 것입니다. 이런저런 정치적 인사들이 법원 내부의 행정사무에 관여하면서 법원을 자신들의 정치적 지향에 맞도록 조정해 나가려 한다면 이것은 사법부의 위기가 아니라 국가와 국민의 위기가 됩니다.

2018년 11월경 국회 공청회에 참석하여 어떤 여당 국회의원으로부터 질의를 받은 적이 있는데, 당시 이 의원은 위의 모든 사실을 나열하면서 마치 이 땅에서 법원이라는 것이 모든 부패의 근원이고 없애야 하는 조직인 것처럼 공격한 적이 있다. 황당한 생각에 "애초 이 사건이 학회 압박으로 시작한 것이 아니냐?, 그런 것이 지금은 재판거래까지 있는 것으로 확대되었다. 그 과정에서 제대로 된 공정한 조사가 있었는지 의문이다. 단계마다 일부 언론을 동원한 선동이 있지 않았나, 그리고 그러한 과정을 통해 마치 더는 진실을 따질 필요도 없이 모두 진실인 것처럼 호도된 것이 아니냐"는 취지로 반문한 적이 있다.

맨 처음 특정 성향의 판사들이 국제인권법연구회를 탄압한다는 것을 거론하고 나올 때부터 의구심을 가졌다. 국제인권법연구회라는 것을 처음 알게 된 것은 2017년 사법파동이 시작할 시점으로부터 그리 멀지 않은 시기였다. 이때 같이 근무하던 후배 법관이 설문지를 내밀면서 설문에 답을 해달라는 것이다. 장문의 설문지에 답변하는 것을 귀찮아하고 있는데 이 친구가 계속해서 채근하는 바람에 하기로 하고 내용을 보는데 사법개혁이라는 주제로 법원 내부의 문제에 관한 내용으로 채워져 있었다. 그래서 다소 못마땅한 표정으로 "학회의 이름이 국제인권법연구회인데 국제인권법이 사법개혁과 무슨 상관이 있느냐"고 말하자, 그 친구가 '다 연결됩니다'라고 말한 기억이 있다.

적어도 내 기준으로는 그 학회의 그러한 활동이 본래의 설립 목적에 부합하지 않는다는 생각이었다. 그리고 그것이 결국에는 양승태 대법원을 무너뜨리고 자신들이 의도하는 방향으로 법원을 유도해 보겠다는 의도에서 이루어지는 활동으로 보였다. 아쉬운 것은 언론이 이 학회가 본래의 설립 취지와 동떨어져 보이는 활동을 하고 있었다는 사실에 대하여 별로 관심을 기울이지 않았다는 점이었다.

현재 그렇게 자신들의 학회가 억압을 받았다고 목소리를 높이던 사람들은 정치인이 되거나 법원의 요직을 차지하고 주된 목소리를 내고 있다. 이제 국민 대부분이 국제인권법연구회를 알고 있고, 일부 세상사에 관심이 있는 사람은 그 안의 인사모가 법원의 핵심세력이라고 느끼는 상태가 되었다. 법원의 주요 결정사항이 다양한 회의나 위원회를 통하여 이 학회에 소속하고 있는 사람들의 이해에 부합하게 이루어진다고 느끼면 너무 과민하다고 말하려나 모르겠다.

누군가는 반문할 수 있다. 그러면 전 대법원장 시절의 모든 의혹이 거짓이냐고 말이다. 정확한 사실관계를 알지 못하는 상황에서 그리고 현재 법원의 재판이 진행되고 있는 상황에서 나서서 그것이 진실이 아니다 말하는 것은 가능하지 않다.

다만 너의 믿음은 어떠하냐고 물으면 이렇게 말하고 싶다. 대법원 안에서 재판거래를 하려면 그 개성 강한 대법관들 14명이 모두 한통속으로 의기투합해야 한다. 그리고 그들이 얻고자 하는 이익이 모두 서로 간에 모순 없이 구현되어야 한다. 게다가 그 대법관들 개개인에게 소속된 서너 명의 재판연구관(재판연구관은 모두 판사들임)의 눈을 피해야 한다. 더 많은 물리적 제약이 있지만 이 정도의 물리적 제약만 언급하여도 그것은 거의 가능성이 없다고 볼 수 있다. 물론 가능성이 현저히 희박하다는 것과 완전히 불가능하다는 것은 다르다고 말할 사람도 있을 터이니 현재는 기다려 보는 외에 다른 방법이 없다.

상고법원을 왜 욕심 내었나…

조금 논의를 바꿔서 상고법원을 얘기해보자. 현재 대법관 한 명당 1년에 3500건에서 4000건에 이르는 사건을 처리하고, 이것을 365일로 나누면 휴일 없이 매일 일을 해도 하루 10건의 사건을 처리해야 하는 것이 우리 대법원의 현실이다. 사정이 이렇다 보니 대법원만 가면 사건이 언제 끝날지 기약을 할 수가 없고, 또 다행히 다소 신속히 사건이 종결되어도 그 판결문을 보면 심리불속행(심리 없이 상고심을 기각하는 것)으로 끝나거나 간단한 판결 이유만 붙어 있는데 그치는 경우가 많다. 대법원의 3심까지 가보았던 시민이라면 상고심의 고충을 경험하였을 것이고 상당한 불만을 가졌을 공산이 크다. 양승태 대법원장 시절의 대법원은 이것을 해결하고자 하는 의지가 지극히 컸고, 그러한 의지의 강도를 감안하면 다소 부적절한 시도는 있지 않았겠느냐 추측해 볼 수 있다. 그렇지만 말했듯이, 아직 재판 진행 중이므로 그 위법이나 부당뿐만 아니라 그 부적절함조차도 함부로 언급하는 것을 자제한다.

세간에 말하기 좋아하는 호사가들이나, 그저 남의 말을 별 고민 없이 옮기는 범부(凡夫)들이 읊조리는 재판거래라는 표현이 법관들에게는 목을 겨누는 비수와 같은 것이다. 인터넷을 검색하다가 재판거래에 대하여 이런저런 글들이 올라온 것을 보면 가관이다. 재판거래라고 하면서 법관들이 무슨 돈이라도 받고 재판을 거래한 것처럼 비치게 글을 쓴 것이라든가, 세계에 유래 없이 우리나라에만 있었다는 등 차마 눈 뜨고 보기 힘든 지경의 글들이 올라 있다.

그러기에 더 엄정하고 바른 판단을 기다리고 있다. 그것이 과거 대법원의 허물을 과장하여 벌주고 창피를 주는 재판이 되지 않아야 한다. 물론 단지 과거에 판사였다는 이유만으로 봐주기 재판을 해서도 안 된다. 그래서 참된 진실을 알고 싶다.

그리고 그렇게 진실이 밝혀졌을 때 그것이 도저히 수긍할 수 없는 명백한 위법의 재판거래라면 그때는 그 당시 사법부에 몸담았던 자라는 사실만으로도 도의적 직업적 책임을 져야 하지 않겠나 생각한다. 법원을 해산하고, 모든 법관이 그 직을 내려놓는 것이 바람직할 수도 있다.

그렇게 무서운 일은 벌어졌고, 그 혼란은 여전히 진행형이다. 마무리가 언제쯤 이루어질지 아직도 가늠하기가 어렵다. 다만 그때 비난을 온몸으로 감수하던 법관 중에 몇 분은 최근에 그 기소된 내용에 대하여 무죄 선고를 받았다.

전국법관대표회의와 국제인권법연구회 해산

법원 내의 최고 의사결정기구는 대법관회의

2017년과 2018년 최악의 사법파동을 거치면서 국민의 인식 속에 많이 각인된 법원 내의 조직이 전국법관대표회의이다. 그렇다 보니 아마도 많은 사람은 법원 내의 집행기구로서 대법원장과 법원행정처가 있고, 법원 내의 최고의결기구로서 전국법관대표회의가 있는 것으로 오해하고 있을 듯하다.

그러나 법원 내의 최고의결기구는 헌법에 그 근거를 두고 있는 대법관회의이다(헌법 제104조 제3호). 반면에 전국법관대표회의는 대법원 규칙에 근거를 두고 조직된 기구에 불과하여, 국회에서 입법된 법률의 근거도 갖추지 못하고 있다. 그리고 그 기관의 위상도 "사법행정 및 법관독립에 관한 사항에 대하여 의견을 표명하거나 건의(전국법관대표회의 규칙 제6조 제1항)"를 할 수 있는 '건의기구'에 지나지 않는다. 마찬가지로 대법원 규칙에 기초하여 조직된 기구이지만 "사법행정사무에 관하여 대법원장 또는 법원행정처장이 부의(附議)한 안건에 대하여 자문(전국법원장회의 규칙 제2조)"을 할 수 있는 '자문기구'로 되어 있는 법원장 회의보다도 낮은 위상을 가지고 있다.

문제는 이처럼 법률의 근거도 없이 단지 대법원 규칙에 의존하여 구성되었고, 기관의 위상도 단지 건의기구에 지나지 않는 전국법관대표회의가 법원의 주요 결정사항에 대부분 관여하고 중요한 영향력을 행사하고 있다는 점이다. 최고의사결정기구인 대법관회의는 사실상 형해화(形骸化)된 것이 아닌가 의심이 들 정도이고, 대부분이 전국법관대표회의에 의해서 좌우되는 느낌이다. 최종적인 결정권은 여전히 대법원장에게 있고, 대법관회의도 어떻든 거칠 것이기 때문에 그리 문제가 안 된다고 생각할 수 있다. 그러나 각 기구는 그 기구가 만들어진 본래의 취지에 맞는 적정한 권한을 행사하여야 한다. 더욱이 '최종적으로 법을 해석하는 기관'이고, 법이 기관의 존립 근거인 법원에서 법 본래의 취지를 왜곡하여 법을 운용하는 것은 잘못이다.

가장 법의 본지를 쫓아야 할 법관들이 법은 겉치레로 여기고, 편의대로 기관을 만들어 그 기관으로 하여금 예정치도 않았던 권한을 행사하게 한다면 이것은 법관들이 스스로 법을 위반하는 것이다.

국민이 주는 민주적 정당성은 전국법관대표회의보다 대법관회의가 훨씬 무겁다

다수결의 원리에 대한 맹신에 매몰된 사람이라면, 아마 대법원장을 포함한 대법관 14명보다도 3,000명의 법관을 대표하는 100여 명의 법관대표가 더 큰 민주적 정당성이 있다고 주장할 것이다.

물론 법원이라고 해서 국민으로부터 주어지는 민주적 정당성으로부터 완전히 자유로울 수는 없다. 그렇지만 민주적 정당성만으로 모든 국가기관을 구성해야 한다고 여기는 것은 문제가 있다. 더욱이 단지 숫자만 많다고 해서 민주적 정당성이 구현되는 것이라 이해하는 것도 아주 잘못이다.

법원이 존재하는 이유는 법치의 구현에 있다. 그것을 위해 사법권을 독립시키고, 정치적 중립성을 요구한다. 또 다수의 횡포를 법의 적용을 통해 제약함으로써 소수의 권리가 함부로 침해되지 않도록 한다. 이러한 것을 무시하고 법원에서 오로지 수의 정당성만을 강조하는 것은 결국 법치를 파괴하고 다수의 지배를 강요하는 것으로 이해될 수 있다. 법원의 존재 이유가 법치에 있기에 그런 법원에 요구되는 민주적 정당성은 국민으로부터 직접 주어지지 않고 국민의 대표인 국회와 국민이 선출한 대통령을 통하여 간접적으로 주어져도 되는 것이다.

또한 국민으로부터 주어지는 민주적 정당성과 관련하여 대법관회의가 전국법관대표회의보다 훨씬 더 우위에 있다. 대법원장, 대법관 그리고 법관으로 구성된 법원 내부만을 고려하면 전국법관대표회의가 더 민주적 원리가 잘 작동하는 기관이라고 말할 수 있을지 모른다. 그 구성분자 사이에 그들만의 관심사를 결정하는 데는 그들 사이의 토론과 다수결이 의미를 가질 수 있다. 그러나 이것은 오로지 그 안건이 법원 내부의 문제일 때에 한정되는 것이다.

법원이 국민으로부터 주어지는 임무를 수행하는 영역에서는 전혀 그렇지 않다. 법원을 구성하는 대법원장, 대법관을 포함한 모든 법관은 국민로부터 직접 민주적 정당성을 부여받은 것이 아니고 헌법이 정하는 바에 따라 간접적으로 민주적 정당성을 부여받는다.

법관 중 대법원장은 국회의 동의를 얻어 대통령이 임명하고(헌법 제104조 제1항), 대법관은 대법원장의 제청으로 국회의 동의를 얻어 대통령이 임명한다(같은 조 제2항). 비록 간접적이기는 하나 국민의 대표인 국회로부터 그 민주적 정당성을 부여받은 것이다. 그러나 일반 법관은 대법관회의의 동의를 얻어 대법원장이 임명하도록 하고 있다(같은 조 제3항).

대법관회의는 국민을 대표하는 대의기관인 국회의 동의와 국민에 의하여 선출된 대통령의 임명으로 구성된 대법원장과 대법관들로 구성된 회의체 기관이다. 그리고 국민의 근원적 결단인 헌법이 그 기관의 존재를 규정하고 있다.

반면 일반 법관들은 법률관료로 임명된 사람들이지 국민이나 그 대의기구인 국회에 의하여 선출된 공무원들이 아니다. 그리고 이들이 모여 만들어진 전국법관대표회의는 법관들의 대표기관이지 국민의 대표기관이 아니다. 민주적 정당성의 관점에서 전국법관대표회의의 무게는 대법관회의의 무게에 비할 바가 아니다. 국민의 대표들로부터 정당성을 부여받은 대법관들의 집합체가 그들의 권능으로 법관을 임명하는 것이다. 결국 국민이 주는 민주적 정당성은 14명의 대법관이 가지는 무게가 나머지 3,000명에 가까운 법관들이 가지는 것보다 더 무거운 것이다.

숫자상으로 14명의 의미가 어떻게 3,000명의 의미를 초과할 수 있느냐고 의문을 가질 수 있지만, 법원이란 조직은 수에 의하여 좌우

되는 조직이 아니기 때문이다. 이미 수의 정당성은 국회가 법을 만드는 과정에서 반영되었다. 법원은 그 국회가 만든 법을 가지고 무엇이 법인가를 최종적으로 확인하는 기관이다. 기관 작동의 원리가 다르기 때문이다. 그래도 무언가 억울한 생각이 든다면 그것은 수가 많으면 무조건 정당한 것으로 생각하는 사고에 너무 치우친 것이 아닌가 반추해 볼 필요가 있다.

그렇다고 하여 법원 안에서는 무조건 수를 통한 의사결정이 필요 없다고 비약할 필요는 없다. 어느 조직이나 단체 안에서도 다수결의 원리가 작동하는 것은 의미가 있다. 비록 국민 전체가 주는 민주적 정당성과는 무관하더라도 어떤 조직이나 단체 내부구성원들 사이에 그들 간의 의사결정이 다수결의 원리로 작동하는 것은 의미가 있다. 대법관회의를 두는 것도, 대법관회의 내부 의사결정이 다수결로 이루어지는 것도, 이러한 다수결의 원리가 작동하는 탓이다. 그래서 법관들이 자신들의 현안에 대하여 다수결의 원리로 의사결정을 하는 것은 그러한 수준에서 용인될 수 있다.

전국법관대표회의를 비판적으로 바라보는 것은 법관들이 자신들의 내부적 이해관계로 회의체를 구성하여 다수결의 원리로 해결하는 것을 문제 삼자는 것이 아니다. 그 회의체가 국민의 대표로부터 민주적 정당성을 부여받은 대법관회의를 대체하고 무력화하려는 듯한 태도를 보이는 것을 문제 삼는 것이다. 그리고 헌법과 법률에 규정되어 있는 원리를 법관들이 오히려 무시하는 현상을 우려하는 것이다.

전국법관대표회의는 법관들의 노조라는 평가를 거부할 수 있나

　과거에도 사법파동은 있었다. 그리고 그때마다 일단의 판사들이 회의를 소집하고 대책을 세우며 자신들의 세(勢)를 모아 그 의지를 관철하려고 하였다. 정상적인 법원의 의사결정과정을 통해서는 부당함을 저지할 방법이 없을 정도의 비상한 상황에서 법관들 역시도 예외적이고 특별한 형태로 다수를 모아 그들의 목소리를 낼 필요가 있었기 때문이다. 그리고 그러한 목소리가 힘이 있었던 것은 그들이 많이 모였기 때문이 아니라 그들이 말하는 내용이 대체로 정당했기 때문이다.

　현재 전국법관대표회의는 스스로 법원의 모든 사안에 대하여 의사결정을 하고자 한다. 즉 저항기구에서 나아가 독자적인 사법행정기구의 하나로 인정해달라는 취지인데, 그러려면 그만한 마음가짐과 태도를 갖추어야 한다. 그런데 지금 전국법관대표회의가 그만한 준비가 되었는지 되돌아봐야 한다.

　과거에는 사안이 나타날 때마다 부정기적으로 법관들이 회의체를 조직하였다. 그러다가 2017년 일단의 법관들이 사법파동의 불을 당기기 시작하면서, 그들이 요구하여 만든 것이 전국법관대표회의의 상설화이다. 당시 양승태 대법원장은 이들의 압력을 이기지 못하고 이를 수용하겠다고 발표하였고, 2018년 3월 7일 관련 대법원규칙을 만들면서 그 상설화가 이루어지고, 2018년에 상설화된 전국법관대표회의의 제1기가 출범하였다. 그리고 개인적으로는 그해에 이 회의의 울산지역 대표로 참석하였었다.

2018년은 이미 김명수 대법원장이 취임한 상태였고, 2017년 초에 학회를 탄압했다고 소리 높이던 사람들은 이제는 새로운 대법원장의 출현과 함께 법원 내에서 주도적인 세력이 되어 있었다. 전 대법원장 시절에 이루어지는 하나하나의 처분이 불만이고 부당하다고 외치던 사람들이 현 대법원장이 들어서자 오히려 현 대법원장이나 법원행정처의 처분에 적극적으로 편들기를 하고 나섰다.

　전국법관대표회의에 올라오는 안건 대부분은 새로운 대법원장에 우호적인 법관들에 의하여 제안되었고, 그 안건들은 어떤 토의를 거치더라도 전체 대표의 3분의 2 정도의 찬성으로 거의 가결되었다. 다른 일반 법관대표들은 어렵게 의안상정(議案上程) 요건을 갖추어 안건을 내더라도 표결에 붙이는 것 자체에 제동이 걸리거나, 표결에 붙여지더라도 압도적인 표 차이로 부결되었다.

　전국법관대표회의가 상설화됨으로써 법원 내 정치조직이 하나 탄생했다고 볼 수 있다. 그래서 자신들의 성향이나 이념과 같지 않은 대법원장이 들어서면 한없이 공격하고, 자신들과 이념을 같이하는 대법원장이 들어서면 지지하고 동조하며 회의체의 이름으로 명분을 주는 것이다.

　회의장의 모습도 수준 낮은 정치판을 상상하게 하는 모습이다. ① 반대 발언 나오면 자신들에게 유리한 발언을 할 듯한 대표 여럿에게 연달아 발언권을 주어 반대주장 덮기, ② 반대주장이 지나치게 강하면 아예 무시하고 그림자 취급하기, ③ 자신들의 주장을 강화하기 위하여 회의에 참석한 행정처 심의관을 동원하기 등 다양한 방법이 동원된다. ④ 본인들은 당연히 부인하겠지만 회의에 앞서 사전에 표 단속을 하였다는 의혹까지 있었다. 회의가 진행되는 내내 편파적 대우를 받거나 무시 받는다는 느낌을 받는 경우가 많다. 다만 부당한 이런 의사진행도 외관상으로는 의장의 정상적인 의사진행권의 행사라고 하면 그만이라. 문제를 제기하기도 애매하였다. 당시 그 의장은 현재는 여당의 국회의원이 되어 있다.

　사정이 이렇다 보니 어떤 법관대표는 "자기들끼리 다 정해놓고 할 거면 회의는 뭣하러 하느냐!"고 분통을 터트린 적이 있다. 회의 일자도 자기들끼리 미리 정했는지 임시회의 개최 여부는 회의 제일 마지막에 결정하는데 회의 중간에 어느 주류 법관이 회의가 길어지자, "이 문제는 9월에 열릴 임시회로 미룹시다"라고 발언하였다가 말꼬리를 숨긴 적이 있다. 이미 길어질 경우를 대비해서 자기들끼리 임시회의 날짜까지 정해 둔 것이다. 어처구니가 없어 "당신들끼리 회의 일자도 다 미리 정해두었나 보다"라고 하자 별말이 없다. 회의록에는 그러한 내용을 제대로 적었나 모르겠다.

　이러한 절차상의 불이익뿐만 아니라 실체에서도 회의가 정파적으로 움직인다. 이재용 삼성전자 부회장 관련 판결이 잘못되었다는 청와대 청원이 20만을 넘기자 청와대가 법원에 이런 사실을 알린 것에 대하여 대한변협까지 나서서 사법권의 독립을 침해할 수 있는 부적절한 행위라고 지적을 하였다. 그럼에도 불구하고 그렇게 사법권의 독립을 외치던 전국법관대표회의에 참석한 법관들이 압도적인 표(거의 8:2 이상의 차이) 차이로 청와대를 비판하는 성명서의 채택을 부결시켰다. 대한민국의 법관들이 법원 수뇌부의 호위에서 더 나아가 청와대 심기 보필까지 하였다고 볼 수 있다. 대통령이 사법부를 향해 촛불혁명 정신에 부합하게 재판해야 한다고 말하는데 그 취지를 쫓은 것이다. 그리고 대통령의 이러한 발언이 사법부의 공정과 정치적 중립에 대한 얼마나 심대한 침해인지에 대하여 아예 관심조차 없다.

올라오는 안건의 내용도, 사법행정권 남용, 그에 대한 검찰수사 허용 여부, 그 관련 파일 공개, 전관예우 근절방안, 지역법관제 재도입 등 현 대법원이 관심 있는 이슈를 대법원이 의도하고 있는 내용으로 선언해주는 것이 대부분이다.

국회조차도 이렇게 독단적으로 어떤 특정 세력이 완전 장악하고 반대의 목소리를 완전히 덮어버리지는 않는다. 초등학교 학급 회의를 하더라도 "우리 저 친구의 말도 들어줍시다"라는 말이 나올 법한데, 그 수준이 안 된다.

회의에도 엄청난 시간을 들이고 있는데 그 대부분은 "주어가 누구냐", "'즉시에'라는 단어를 넣어야 하느냐", "'충분히'라는 단어를 넣으면 여론이 가만 있겠느냐" 같은 대화로 이루어져, 문장 뜯어고치는 것으로 시간을 낭비한다. 자칫 표현으로 현 대법원장의 대법원이나 자신들에게 비난이 들어올까 걱정하는 모습이다. 그러면서 자못 진지해서 언성을 높여가는 모습을 보면 저들이 대한민국의 법관들이라는 생각에 그냥 실소가 난다.

전국에서 100명 이상의 법관이 다급한 국민의 걱정거리를 해결하는 업무를 미루고, 국민 세금으로 마련한 그 많은 출장비 써가면서, 경기도 일산에 있는 사법연수원에 모여서 이런 쓸데없는 짓을 하고 있다는 것이 한심하게 느껴질 뿐이다.

저들은 사법권의 독립, 법관의 독립을 이야기하지만, 정파적 이해만을 대변할 뿐이다. 아무리 사법권을 침해하는 내용이더라도 자신들의 정파적 이해와 일치하는 외부기관이나 세력의 말은 적극적으로 옹호하고, 특별히 사법권의 침해가 문제 되지 않는 사안도 자신들의 정파적 이해와 배치되면 득달같이 공격한다. 대법원장이나 법원행정처가 자신들과 코드를 같이하면 홍위병이나 전위대가 되고, 코드를 달리하면 정치적인 성향의 법관노조가 되는 징후들이 포착된다. 언론은 이미 법관노조라는 표현을 쓰고 있고, 정파적 이해가 없는 일반 법관들은 사석에서 농담으로 홍위병이라는 표현을 수시로 쓴다.

전국법관대표회의가 전체 법관들의 진정한 대표기구가 되려면 정파성을 벗어나야 한다

국제인권법연구회의 탄압을 주장하던 판사들이 주도하여 상설화를 요구하고, 그래서 조직된 전국법관대표회의의 성격에 대하여 처음부터 의심을 가지고 보았다. 비록 외관은 일반 법관들이 참석하는 전국적 단위의 회의체라는 모습을 갖추고 있지만, 그 회의를 주도할 사람이 누구일지는 충분히 알 수 있었기 때문이다.

그럼에도 불구하고 그 회의에 울산법원의 대표로 참석한 이유는 단순했다. 전국법관대표회의라는 모양새를 취해 자신들이 원하는 대로 회의를 이끌어 가면서 언론이나 일반에는 마치 대한민국 전체 법관의 의중이 그러한 것처럼 포장할 것으로 보였기 때문이다. 그래서 법관들의 다른 목소리가 있다는 것 그리고 아무런 저항이 없을 정도로 주류 법관들의 주장이 옳은 게 아니라는 것을 보여 줄 필요가 있었다. 모든 법관이 같은 법복을 입는다고 해서 유니폼을 입고 하나의 지시에 따라 일사불란하게 움직이는 그래서 다른 목소리가 없는 존재라는 인식이 만들어지는 것이 싫었다 하나의 목소리만이 있고 그것만이 절대 정당하다고 인식되는 사회나 조직은 이미 심각하게 병들어 있다는 것을 보여 주는 것이다.

울산지방법원 대표로 1년간 여러 차례 이 회의에 참석하였지만, 남은 인상은 주류 판사들의 정치적 놀이터 외에는 다른 의미를 찾기가 어려웠다. 다만 그런 와중에도 균형감을 가진 판사들이 소수 있어 법원에 대한 모든 기대를 접기보다는 희망을 버리지 않아야겠다고 생각한 것이 큰 위안이었다.

이미 만들어진 기구라서 없애지 않을 것이라면 이제라도 잘 활용하여야 한다. 그저 특정 성향의 판사들이 자신들의 정치적 운동장으로 사용하고, 그래서 정치노조라든가 홍위병이라는 평판은 듣지 말아야 하겠다. 그러기 위해서는 회의에 다양한 목소리가 울릴 수 있게 하여야 하고, 공정하게 회의체가 운영되고 있다는 인상을 전체 법관에게 줄 수 있어야 한다.

세상이 걱정스럽게 쳐다보고 우려하는 것은 전국법관대표회의가 정치화·집단화·세력화되어 운영되는 것이다. 이것을 방지하기 위해서는 그 대표들이 어떤 학회에 가입되어 있는지를 모든 법관에게 공개하고, 국회, 언론, 시민단체 등에서 그 대표자들의 학회 가입현황 등을 요구할 경우 그 명단 등을 제출하도록 할 필요도 있다.

참 어려운 말인데, 지나치게 정치적으로 평가된 조직의 자발적

해체도 고려하여야 한다. 우리법연구회는 1988년 노태우 대통령이 대통령 직선제 개헌요구를 받아들인 6·29선언 이후에 만들어졌다. 당시 사법부 수뇌부가 유임되자 그에 반대한 서울지방법원 소장 판사들이 모여 만들었다. 이후 2010년 '법원 내 하나회'라는 논란 끝에 해체되었다. 선례가 있으니 지금이라도 그러한 의심에 놓인 국제인권법연구회는 해체될 필요가 있다.

사법행정위원회 등, 정권의 법관 통제기관들

　자유민주국가에 모든 국가기관은 권한을 독점하고 전횡하기 어렵도록 국가시스템이 갖추어져 있다. 권력은 부패한다. 절대 권력은 절대 부패한다. 그러니 어떤 국가기관에 권력이 집중되는 것을 좋아할 리 없다.
　법원도 다를 수 없고, 법원을 견제하는 장치도 수없이 많다. 그리고 그러한 견제와 균형을 이룰 수 있는 제도는 오히려 필요하다. 이러한 견제는 국가기관들뿐만 아니라 국가조직 밖의 사적인 영역에서도 여전히 이루어진다.
　언뜻 떠오르는 법원에 대한 감시 및 견제의 장치만 생각해 봐도 다음과 같다. 대법원장 및 대법관 임명에 국회와 대통령의 관여, 국회에 의한 법관탄핵, 국회의 국정감사, 행정부에 의한 예산 편성, 언론의 지속적인 법원에 대한 비판적 태도, 외부인에 의한 법정 모니터링, 변호사 단체의 법관 평가 등 다양한 수단이 있는 것이다. 그리고 자체적인 재판에 대한 평가와 대국민 설문조사도 지속적으로 이루어지고 있다.

게다가 요즘은 청와대 국민청원이라는 제도를 통해 사실상 재판에 대한 부당한 압력까지 가해지고 있고, 때로는 인터넷 댓글 등을 통해 법관이나 그 가족에 대한 위해까지 공공연히 밝히고 있다. 물론 이 부분은 견제와 균형이 아니라 부당한 겁박이다.

판사들은 언론, 청원, 국회, 청와대에 대한 눈치에, 신변의 위협까지 더해지면서, 오히려 지나친 외부의 간섭과 압력으로 제대로 재판하기가 무섭다는 소회를 밝힐 때가 많다. 이처럼 소신껏 재판하는 데 있어서 애로를 겪고 있는 법관들에게 그 부담을 덜어 주지는 못할망정 오히려 아예 사법행정에 외부인을 데려와 그 의사결정에 관여하게 하겠다고 하는 것은 그나마 조금 남은 법관의 독립마저 빼앗겠다는 것과 다르지 않다. 물론 그러한 압력과 위협에 쉽게 굴복하는 법관들의 나약함도 이러한 현상을 초래하는데 기여했다.

법관 아닌 누구든지 들어와서 법원의 사법행정에 참여하면 마치 이들이 국민의 의사를 대변하는 듯한 외양은 만들어 내지만, 실상 이들을 국민의 대표로 보기 힘들다. 국민 누구도 그 외부인사를 사법행정권 일부를 담당하는 자로 임명하지 않았다. 그는 그저 한 명의 외부인일 뿐이고, 또 그 임명은 다분히 정치적 이념적 이해에 따라 결정될 가능성이 크다.

중앙행정부처에, 또 국회사무처에 외부인사가 개입하여 최고의사결정을 한다는 것도 상상하기 어려운데, 소극적인 기관이고 외부에 대하여 물리력을 행사하는 것이 불가능한, 그래서 가장 그 독립성이 보장되어야 할 법원에 외부인사가 개입하여 의사결정에 참여한다는 것은 도저히 수긍하기 어렵다.

특정 성향의 변호사단체나 시민단체에 소속된 인사들이 사법행정위원회에 참여하는 경우 이들에 의한 사법행정은 심각한 정치화를 초래할 위험이 있다. 그래서 사법행정위원회라는 임의조직을 만들어 여기에 외부인사를 들어오게 하고 이들로 하여금 법원의 의사결정에 영향을 미치게 하는 것에 대하여 부정적 입장이다.

좌익 정권이 들어서면 좌익 성향의 변호사단체가 들어오고 온갖 좌파 시민단체에 소속된 인사들이 들어와 법원의 사법행정에 간섭할 수 있다. 또 우익 정권이 들어서면 우익 성향의 변호사단체가 들어오고 온갖 우파 시민단체에 소속된 인사들이 들어와 법원의 사법행정을 간섭할 수 있다. 실상이 이렇게 흘러가면 법원은 결단코 정치바람으로부터 자유로울 수 없다. 항상 정치의 방향계에 따라 법원도 좌우를 왔다 갔다 할 우려가 있다. 이러한 위험한 일을 자초할 필요가 없다.

촛불정신을 받들라는 대통령의
사법부 70주년 기념사

"지금 국민은 나라다운 나라를 염원하며, 정의로운 대한민국을 만들어 가고 있습니다. 1천 7백만 개의 촛불이 헌법정신을 회복시켰고, 그렇게 회복된 헌법을 통해 국민주권을 지켜내고 있습니다. … 저는 촛불정신을 받든다는 것이 얼마나 무거운 일인지 절감하고 있습니다. 그 무게가 사법부와 입법부라고 다를 리 없습니다."

이 글은 2018년 9월 13일 대법원 중앙홀에서 열린 대한민국 사법부 70주년 기념식에서 대통령이 한 기념사의 전문 중 일부를 발췌한 것이다. 아마 어떤 이는 이 글을 읽으면서 전하고자 하는 메시지에 크게 감동하면서 전율할지도 모르겠다. 그렇지만 이날 사법부의 구성원으로서 이 기념사를 접하고 받은 모멸감은 상당하였다.

정치적 상징물을 존중하고, 정치적 의사표시가 주는 메시지를 수용하라는 의미이니, 법관과 법원에게는 금기와도 같은 말인데 그것을 대통령이라는 사람이 그것도 사법부의 심장부인 대법원에서 거리낌 없이 하는 것을 보고 순간 아연실색하지 않을 수 없었다. 위와 같은 내용을 그날 저녁에 뉴스를 통해 보면서 분하고 흥분된 마음에 안절부절 못하였던 기억이 있다. 그리고 그러한 불쾌감은 앞으로도 쉽게 가시지 않을 듯하다.

'촛불정신을 받든다'라는 의미를 아직도 나는 모른다. "~ 을 받든다"는 표현은 전제군주나 절대권력자에게 적합하거나, 그 외의 영역에서 사용하더라도 종교적 절대자나 구원자에게 사용될 법한 말인데, 이런 표현이 큰 고민 없이 사용된 것이다. 촛불정신을 받들라는 말을 들으면서 배화교(拜火敎)를 떠올렸는데, 아마 그 말이 무슨 종교적 표현으로 들렸기 때문일 것이다.

촛불을 든다는 것이 특정 종교의 의식을 의미하지 않는 것은 분명하다. 그래서 그것이 정치적 의미를 담고 있다면, 그것은 정치의 영역에서 다루어져야 하지 사법부의 심장에서 할 말은 아니다. 그것이 헌법의 상징물이라고 한다면 그것은 전혀 수용될 수 없다. 헌법 어디에서도 촛불정신이라는 것이 담겨있다고 보이지 않는다. 대한민국의 자유민주적 기본질서가 촛불로 상징된다는 해석을 들어본 적이 없다. 대한민국의 법치주의, 국민의 인간으로서의 존엄과 가치의 존중, 국민의 기본권 보장, 대의민주주의, 권력분립 등이 촛불정신이라는 것과 등가의 의미를 가진다고 이해되는 것을 본 적이 없다.

최대한 선해하여 박근혜 대통령에 대한 탄핵의 당부로 온 나라가 두 조각이 나는 혼란을 겪고 있을 무렵 나타난 국민 저항을 상징하는 것이라고 보아도 여전히 부적절하다. 그러면 태극기 집회에서 주장되는 내용이 국민 다수의 의사로 나타나면 촛불시위로 정권을 잡은 대통령이 스스로 그것을 헌법정신이라고 말할 것이냐고 의문을 가져보면, 전혀 그렇게 기대되지 않는다.

아마도 촛불정신이라는 실체가 무엇인지는 모르겠지만 어떻든 1천 7백만 개의 촛불이라는 숫자에 그 정당성의 근거를 두는 듯하다. 그러나 다수통치론, 국민주권에 대한 오해, 광장정치의 폐해 등을 고려하면 단지 숫자가 법률적 정당성의 근거라고 이해하는 것은 잘못되었고, 또 위험하다. 그 숫자를 논하려고 한다면 같은 셈법으로 이루어진 시위대의 숫자가 태극기 집회에서도 나타난 적이 있으니 이제 태극기 집회도 정당하다 해야 한다.

나아가서 앞으로 태극기 집회를 지지하는 정치세력이 혹시 집권하면, 그들이 대법원의 심장부에서 그와 같은 취지를 법원이 받들라고 요구하는데 대하여 법원이 수용하여야 한다. 그리고 이를 지켜보는 대한민국 국민 모두가 찬성하고 지지하여야 한다. 이러한 모습을 문재인 정권의 집권자들이 상상하고 있지는 않을 것이다. 조금만 돌아보면 잘못을 쉽게 간파할 수 있는데, 정치인들은 자신의 정치 앞에 사법부의 독립 따위는 눈에 들어오지 않는 것이다.

이날 있었던 대통령의 기념사에 이어 이루어진 대법원장의 기념사도 아쉬웠다. 비록 촛불정신을 받들겠다는 발언은 없었지만, 대체로 대통령의 기념사에 화답하는 형식이라 그 부적절함이 그대로 전달된 느낌이었다.

그중에서 다소 오해될 만한 한 부분만을 인용하면, "국민이 피와 눈물로 국민주권의 회복을 이루었듯이, 사법부의 신뢰 회복도 거저 얻어질 리 없습니다"라는 부분이다. 원론적 수준에서 대한민국의 주권이 성립하는데 국민의 피와 눈물이 있었다고 한다면 수긍할 수 있다. 그런데 주권의 회복이라는 표현으로 그것이 마치 대한민국의 주권이 침해되었다가 촛불정신으로 인해 회복되었다는 의미로 사용된 것이라면, 그것은 부적절하다.

그 주권이라는 표현이 대한제국의 주권이 일제의 침략으로 침탈당한 상태로 지내다가 1948년 8월 15일 대한민국의 건국으로 회복되었다는 의미라면 수긍할 수 있다. 다만 광무개혁으로 전제군주정을 표방하던 대한제국의 국체를 공화정을 선택한 대한민국이 이어받은 것이라고 보는 것이 어색할 수 있으므로 적어도 법학적 관점에서 주권의 성립으로 이해하는 것이 더 적절하다.

그런데 굳이 주권의 회복이라는 표현을 쓴 것은 고려 속에 대한제국의 국권을 회복했다는 의미보다는 이른바 촛불정신이라는 것을 통해 국민의 주권을 회복했다는 의미를 담은 것으로 볼 여지가 훨씬 크다. 그리고 만약 그러한 것이라면 앞서 촛불정신을 거론한 대통령의 기념사에 대하여 지적되는 모든 비판이 그대로 대법원장의 기념사에 적용될 것이다. 그리고 이러한 비판은 정치인인 대통령보다, 사법부의 수장인 대법원장에 의하여 이루어지는 기념사에 대하여 더 무겁게 이루어질 수밖에 없다.

제발 간절히 바라건대, 촛불집회나 태극기집회와 같이 정치적으로 이해되어버린 시위나 집회의 가치를 법원에 들이대고 강요하지 않아야 한다. 법원이라는 조직은 애초에 소극적이고 수동적인 조직이다. 이런 조직을 정권이나 의회가 압박하는 것은 그 압박의 강도가 그 나라 법치의 수준을 가늠하게 한다. 법원이 수호해야 할 정신은 자유민주주의적 헌법질서와 그에 따르는 헌법 및 법률, 법 원리만이 있을 뿐이라는 것을 권력자나 정권이 함께 공감하고 법원을 간섭하는 것을 자제해야 한다.

판사들, 과거에는 강압적인 분위기, 지금은 자유로운 분위기에서 재판?

유신 시절이나 군사정부 시절의 판사들은 정권의 강압적인 분위기나 아니면 정권의 직접적인 압력을 받아 어쩔 수 없이 데모한 대학생이나 친북적인 인사에 대하여 유죄로 판단하고 처벌을 하였을 것이다. 그리고 지금의 판사들은 전혀 그러한 분위기가 없어서 얼마든지 자유로운 분위기에서 재판한다.

가끔 현재를 사는 대부분 사람은 과거 판사들이 재판하는 환경과 지금 판사들이 재판하는 환경을 이렇게 차이 나는 것으로 인식하고 있는 것으로 보인다.

물론 그런 생각은 사실일 가능성이 있다. 과거에는 강압으로, 지금은 자유로이 판단하는 분위기가 있을 수도 있다. 그러나 정확히 말하면 그것이 사실인지를 확인할 방법은 없다. 당시의 법관을 모두 만날 수도 없고, 또 그 법관들을 상대로 일일이 자신의 판단 당시의 심경이 어떠했는지 물어보는 것도 현실적으로 어렵다.

그러나 사람들이 생각하는 것처럼 꼭 그런 것은 아니라는 생각이 있다. 현재 사회상황을 살펴보면 586세대의 운동권 정서가 지배하고 있다. 그러다 보니 운동권적 가치가 옳은 것으로 이해되고, 그것에 대항하는 가치에 대해서는 반역사적이고 부정적인 것으로 인식한다. 그리고 이러한 인식은 법원의 판단에서도 자주 확인된다. 상당수 사람은 이러한 사회적 분위기에 부응하여 이루어지는 판결은 다분히 자율적인 바른 판단이고, 과거의 반공이나 친북을 제압하는 판결은 강압에 따른 것이라고 폄훼한다.

이러한 사회적인 분위기의 역사적 정당성을 부여해주는 상징적 사건은 대체로 1980년의 광주사태나 1987년 6월 항쟁을 들고 있다. 2021년을 기준으로 보면 1980년은 41년 전이고, 1987년은 34년 전이 된다. 이러한 시간적 간격을 과거 법관에 대입시켜보자. 유신 개헌이 있었던 1972년의 시대정신을 가늠해보기 위해서 그로부터 41년 전을 계산해보면 1931년이 되고, 34년 전을 계산해보는 1938년이 된다. 1972년에 41세의 법관이 경험하였을 세상은 일제와 6·25사변이고, 34세의 법관이 경험하였을 세상은 취학 전 유년기의 어렴풋한 일제에 대한 기억과 6·25사변일 것이다. 반일감정과 반공의식이 가장 강하였을 것은 당연하다.

시간을 좀 더 늦추어 1987년 정도까지 한 번 늘여보자. 1987년의 41년 전은 1946년이 되고, 34년 전은 1953년이 된다. 1987년의 41세 법관이 경험하였을 세상은 어린 시절 공산주의자들과의 전쟁에 대한 어렴풋한 기억과 그 후 국가 재건을 위해 노력하는 모습이었을 것이다. 33세의 법관은 어른들로부터 자신이 태어나기 얼마 전에 끝난 전쟁에 관한 이야기와 전쟁 이후의 궁핍한 생활과 그것을 극복하기 위해 노력한 사람들의 모습이었을 것이다. 둘 다 전쟁으로부터 그리 멀지 않은 시점에 살았으니 반공의식이나 북한에 대한 적개심은 적지 않았을 것이다.

그 당시 판사들이 남파되거나 자생적으로 발생한 간첩, 친북적인 성향의 인사나 단체에 대하여 어떤 생각을 가졌을지는 충분히 예상된다. 그래서 정권이 나서서 일일이 압력을 행사하지 않더라도 판사들 스스로 국가의 정체성을 지키기 위하여 판단하였을 가능성이 충분하다. 당시는 그것이 시대정신이었다. 이러한 접근으로 당시의 법관들을 바라보면 그들은 정권이 뭐라고 하기 전에 본인들 스스로 반공주의자가 되었다고 볼 수 있다. 정권의 강압만으로 재판하였다고 가정하는 것이 오히려 설득력이 떨어진다.

그럼 지금의 판사들은 과연 온전히 자유로운 분위기에서 판단하고 있고, 그들이 가지고 있는 가치관도 옳기만 할 것인지에 대해 고민해 볼 필요가 있다.

법관이 사회적으로 관심이 집중되는 사건의 판단 앞에 서면 온갖 정치적인 이해관계를 가진 자들이나 집단이 법관에 대하여 위협과 음해를 자연스럽게 하는 사회적 분위기가 되었다. 그것에 대하여 잘못되었다고 지적해 봐야 전혀 사람들에게 먹혀들지 않는다.

2017년 이후 최악의 사법파동을 겪으면서 법관들에 대하여 그들의 과거 행적을 문제 삼아 권한남용 등으로 무더기 기소가 이루어졌다. 비록 그 법관들에 대하여 무죄가 선고되고 있지만, 법관들에게 있어 기소는 그 자체가 공포다. 앞으로는 공수처를 통한 법관들에 대한 압박도 예상해 볼 수 있다. 청와대는 정권의 입장에서 못마땅한 판결에 대하여 청와대 청원을 핑계로 슬쩍 법원에 그 불만을 전달한다. 이러한 분위기에서 법관이 얼마든 자유로운 판단을 할 수 있다고 말하면 거짓이다.

  법관들의 의식 수준도 반드시 공정해 보이지 않는다. 1980년의 5·18사태나, 1987년 6월 항쟁이 투영된 것을 2020년 대의 시대정신이라고 판단하고, 그것에 배치되면 조금도 용서하지 않는 사회 분위기, 그리고 그러한 사회 분위기가 지고지순한 정의이고, 그것에 대하여 어떠한 의문도 제기하면 그것이 곧 악이라고 인식하는 법관들의 숫자가 결코 작아 보이지 않는다. 그러한 법관들이 과거 유신시절이나 군인대통령시절의 법관들을 비난할 자격이 있는지 한 번 돌아볼 일이다.

재판거래

재판거래는 법원 등 사법부가 재판의 판단근거를 반헌법적으로 해석하여, …법관의 해외 파견근무 등 특정한 대가를 조건으로 재판 결과를 거래하는 행위를 말한다.

재판하는 판사가 대가 받고 재판을 거래한 대한민국 이외의 해외사례는 아직 없다. …재판거래 대신에, 정치계에 뇌물이 오가던 중국에서, 뇌물을 받은 고위 관료 사례가 2018년 7월에 있다.

위의 두 글은 검색사이트에서 '재판거래'를 검색어로 찾으면 나오는 내용이다. 이런 글을 보고 있자면 참담한 생각이 든다. 이러한 글을 작성하여 아무런 검증 없이 인터넷상에 올리는 사람에 대하여 참 황당하다는 생각도 든다.

재판의 판단근거를 반헌법적으로 해석하였다고 하는데, 그것이 어떠한 의미인지를 제대로 이해나 하는지, 그리고 어떤 구체적 사건의 어느 부분에서 반헌법적 해석이 있나 지적할 수 있을지 의문이다. 법관의 해외 파견근무 등의 대가를 조건으로 하였다는데 이 부분쯤 가면 그냥 실소가 나온다. 해외에 사례가 없다면서 마치 세상에서 유일하게 부패한 집단이 대한민국의 법관인 것처럼 쓰고는 그것을 중국의 부패한 관료와 비교해서 기술해 놓는다. 인터넷 매체에 올라오는 글들의 수준이 형편 없는 경우가 많다는 것은 안다. 그러나 그런 함량 미달의 글들이 시민들에게 미치는 부정적인 영향을 고려하면, 아쉬움은 여전히 남는다.

거래라는 의미를 재화나 용역을 대가를 주고 교환하는 정도로 대강 정리하고 나면, 재판거래라는 것은 재판을 대가로 하여 다른 무엇인가를 얻었다는 것이 된다. 법관의 판단이 법과 증거에 따라 이루어지지 않고, 대가에 맞추어져서 대가를 지급한 자에게 유리하게 판단하였다는 것이다. 간단히 말하면 법관이 재물을 받고 재판을 봐줬다는 것이다. 그냥 뇌물죄라고 하면 된다. 재판거래라는 신조어를 만들지 않아도 되고, 뇌물죄로 의율(擬律)해 처벌하면 된다.

해외에 사례가 없다고 했는데, 그럴 리가 없다. 돈을 받고 재판을 유리하게 판단해주는 예는 인류가 생긴 이래, 그리고 지금도 지구 어디에서는 분명히 일어나고 있다. 중국 고위 관료의 뇌물 수수를 예로 들었는데 굳이 고위 관료랄 것도 없이 그냥 법관을 얘기해도 법관이 뇌물죄를 저지르는 경우가 없을 리가 없다. 한 20년 전쯤에 중국에서 판사를 했던 한 조선족 변호사로부터 자신이 판사를 할 당시에 아예 중국 판사들이 변호사에게 돈 얼마를 들고 오라고 말했다는 얘기를 듣고 웃어버렸던 기억이 있다.

뇌물죄는 중대한 공무원 범죄이고, 그것이 인정되면 그저 수개월의 감옥살이로 쉽게 끝날 일이 아니다. 특히 그 뇌물을 수수한 주체가 법관이라면 그것은 현저하게 심각한 범죄이고 그 처벌은 혹독해야 한다.

  더 나아서 그러한 일이 한 나라의 최고 법원에서 일어났고, 그 최고 법원의 대법관들이 전부 관여되었다면 그러한 법원은 해산하는 것이 맞다. 그만큼 재판거래라는 말은 무서운 말이다. 그런데 그러한 무서운 말이 아무런 거부감 없이 그리고 정확한 사실관계에 관한 확인도 없이 당연시되며 사용하는 것이다.

  재판거래라는 것이 참 기만적인 표현이다. 재판거래라는 것은 앞서도 이야기하였듯이 판사가 재물을 받고 재물을 준 자에게 유리하게 판결해 준다는 것인데, 아직 구체적으로 어떤 판사가 어떠한 이득을 받았는지 아니면 어떠한 이득을 받기로 약속했는지 제대로 나타나지 않는다. 이득을 수수하거나 수수하기로 약속하였다면 의당 뇌물죄를 적용함이 마땅한데, 기소된 법관 중에서 뇌물죄로 기소된 사람이 없다. 대부분 직권남용이나 공무상 기밀누설 등으로 기소되었는데, 그나마도 상당 부분 무죄로 밝혀지고 있다. 그런데도 재판거래라는 표현이 쓰이고, 일반 대중은 법관이 마치 뇌물이라도 받은 듯이 인식한다. 이 용어의 사용에 기만적 의도가 있다고 보는 이유가 여기에 있다. 그리고 이러한 기만적인 용어는 정치적으로 충분히 이용되었다.

  재판거래라는 것이 가능한지는 법원의 업무처리 방식을 조금 알면 쉬워진다. 법원에서 판사가 단독으로 일을 처리할 수 있는 사건은 제1심 사건 일부에 지나지 않는다. 민사소송에서는 원칙적으로 2억 원을 초과하면, 그리고 형사소송에서는 원칙적으로 형의 단기가 1년 이상이면 법관 3명으로 구성되는 합의부에서 재판하도록 규정되어 있다. 그리고 그러한 정도에 미치지 못하는 작은 사건에 한정해서 법관 1명으로 구성되는 단독재판부에서 재판한다. 법관이 혼자서 재판할 수 있는 것은 제1심 법원의 사안이 가벼운 일부 사건에 지나지 않고, 제1심 재판이라고 하더라도 사안이 중한 것은 법관 3명이 관여하게 되어 있다.

그러면 당연히 판사 1명이 모든 결정을 하는 단독재판에서는 그 판사 하나만 돈으로 매수하면 될 정도로 약한 고리이니 재판거래도 가능하겠다고 생각할 수 있다. 판사 3명으로 이루어지는 합의부도 좀 어려운 것은 사실이지만 그래도 3명이 많은 숫자가 아니니 매수하는 것이 가능하다고 생각할 수 있다. 물리적으로 불가능한 일은 아니다.

개인적 경험에 비추어 말하면 대한민국의 어느 법관도 돈을 받고 재판 결과를 바꾸지는 않을 것이다. 대한민국의 모든 법관을 만난 것도 아니고 그들의 일거수일투족을 모두 관찰한 것도 아니니 장담할 수는 없다. 하지만 그게 그리 쉬운 일이 아니라는 나름의 이유는 댈 수 있다.

첫째, 동기가 너무 적다. 단독재판부 관할인 2억 원 미만의 사건에서 얼마의 돈을 받아야 그 사건을 부정하게 처리할 수 있을까 고민해 보면 된다. 불과 몇백, 몇천의 돈을 받고자 법관이 범죄자의 나락으로 떨어질 그런 일을 할 거라고 쉽게 상상이 가지 않는다. 사실은 돈의 금액이 형편없어서 뇌물죄를 저지르지 않을 것이라고 말하는 것 자체가 대한민국 법관들에 대한 심각한 모욕으로 비칠 수 있다. 적어도 일하면서 만난 법관들은 그 누구도 재판의 결과가 금전적 이득과 연계될 수 있다는 생각 자체를 하지 않았던 것으로 보인다. 법원을 떠난 후에도 법원조직에 대하여 그 정도는 신뢰를 줄 수 있을 듯하다.

둘째, 법관의 선의를 믿으라고 말해서는 신뢰하지 않을 것이므로 그 제도적 안전장치를 소개한다. 무엇보다 1심 법관의 판단을 견제하는 것은 심급제도이다. 1심 법관이 부패하여 수뢰(受賂)하고 재판거래를 하였다고 하더라도 그 뇌물을 준 당사자는 2심 법관들을 모두 또 매수하여야 하고, 또 3심의 대법관들 모두를 매수하여야 한다. 그런데 이것이 물리적으로 그리 여의치 않다. 결국 사건 하나에 관여하는 법관의 숫자가 1심에 1명 또는 3명, 2심에 3명, 3심에 대법원 소부(小部)는 대법관 4명, 대법원 전원합의체(全員合議體)는 대법관 13명으로, 작게는 8명의 법관이, 많게는 19명의 법관이 한 사건에 관여하게 되어 있다.

여기에 그치지 않는다. 대법원에는 대법관 외에도 대법관의 업무를 지원하는 수십 명의 재판연구관이 있는데 그들이 모두 다 법관들이다. 그리고 각 심급을 거치면서 그 재판에 관여하는 수많은 참여관(사무관, 주사, 주사보가 담당)과 실무관 등이 있고, 그들 역시 법률에 상당한 전문성을 가지고 있다. 결국 대법원까지 최종적인 판단이 있기까지 하나의 사건에 관여하는 법률전문가나 그에 준하는 공무원들을 모두 합하면 그 숫자는 상당하다. 그들 모두가 유독 한 사건에서만 부패하게 행동하거나, 그 부패를 묵인할 정도에 이르러야 이득을 제공하고 재판을 유리하게 받고자 하던 자는 그 목적을 달성할 수 있다.

셋째, 제도적 장치는 여기에 그치지 않는다. 대한민국의 모든 법관은 판결을 선고하면 그 판결을 모두 법원 내부 전산망에 등록하여야 한다. 즉 내가 오늘 선고한 판결을 재판을 마치고 나서 법원 내부 전산망에 등록하면 그 판결은 대한민국의 모든 법관이 바로 볼 수 있게 된다. 법관 1명이 선고한 판결이 그 등록 즉시 모든 법관의 감시의 눈 아래에 놓인다고 보아도 된다. 수고스러움을 무릅쓰고 그 판결을 모두 검색어를 통해 조사하면, 어느 특정 법관이 동종의 사건을 어떻게 처리하는가를 알 수 있고, 또 동종사건에 관한 평소 판결과 다른 판결을 찾아낼 수 있다. 판결을 작성할 때 항상 이런 부분이 신경이 쓰인다. 판결문을 작성하다가 혹시 이것이 이전에 내가 처리하던 동종사건과 다르지 않을까 걱정되어 자신의 과거 판결을 찾아보게 된다. 괜히 다르게 처리했다가 주변의 보이지 않는 눈으로부터 오해를 살까 조심하는 것이다. 주위의 평판에 지극히 예민한 것이 법관들의 일반적인 성향이다. 자신의 의도와 무관하게 주위 구설에 휘말리는 것을 피하려 노력한다.

판사 3명으로 이루어지는 합의부 재판이나 항소심 재판을 더 살펴보자. 앞서도 이야기하였듯이 3명 정도의 판사를 매수하는 것이 전혀 불가능하지 않을 수 있다. 게다가 재판장인 부장판사가 사실상 모두 결정하니 그 사람만 잡으면 된다고 말하는 사람이 있는지 모르겠다.

합의부의 의사결정 방식을 살펴볼 필요가 있다. 합의부는 판사 3명으로 구성되는데, 부장판사가 재판장을 맡고 두 명의 배석판사가 각각 주심을 맡아 일을 처리한다. 재판장은 재판 진행을 맡게 되기 때문에 그 재판부의 모든 사건을 파악하고 관장한다. 그리고 각 주심 판사는 그 재판부의 전체 사건을 반분하여 그 절반의 사건에 대하여 주심으로 업무를 처리한다. 요즘은 대등재판부라고 해서 부장판사급 3명으로 구성된 다른 형태의 재판부가 있기는 하지만 대체로 그러하다.

이렇게 만들어진 3인의 재판부가 최종적으로 의사를 결정할 때는 합의라는 절차를 거친다. 법원조직법에 의해 그 절차는 비공개로 진행한다. 그리고 그 합의는 원칙적으로 과반수의 방법으로 결정하게 되어 있다(법원조직법 제65조, 제66조 제1항). 재판부 3인의 판사에 의하여 합의에 도달하면, 주심 판사는 자신이 주심인 사건의 판결문 초안을 작성하고, 재판장인 부장판사가 자구 등을 수정하면, 최종적인 판결문이 만들어진다. 주심 판사가 판결 초안을 작성해서 부장판사에게 제출하는 것을 판사 간의 은어로 '납품'이라고 한다. 즉 변론이 종결되면 합의와 납품, 수정의 절차를 거쳐 판결문이 만들어져 선고된다.

재판부 사건의 2분의 1을 담당하는 주심 판사는 자신이 직접 판결문 초안을 작성하기 때문에 자신의 주심 사건에 더 집중하게 되고, 자신이 판결문 초안을 작성하지 않는 나머지 2분의 1의 사건에 대하여서는 상대적으로 관심도가 떨어질 수밖에 없다. 그러다 보니 사실상 의사결정은 재판부의 모든 사건을 파악하고 있는 재판장과 주심

판사가 의견을 주도하게 되고, 그 둘의 의견이 일치하게 되면 재판부 법관 전원의 3분의 2가 동의한 것으로 되어 주심 아닌 법관이 특별히 문제를 제기하지 않는 한 대체로 그대로 결론이 된다. 그러나 만약에 재판장과 주심 판사의 의견이 갈려서 대치하는 상황이 벌어진다면, 그 사건은 주심이 아닌 판사의 의견이 최종적인 의사결정에 영향을 미칠 수 있다.

대개 사람들이 오해하는 것 중 하나가 재판장과 주심의 의견이 갈리면 당연히 재판장의 의견이 우선하겠지, 재판장은 부장판사인데 주심 판사가 거스를 수 있겠느냐고 생각하는 것이다. 그러나 현실은 그렇게 간단하지 않다. 대체로 30대인 주심 판사들의 젊은 신념을 꺾기가 쉽지 않다. 부장판사들끼리 모이는 자리면 자신의 배석판사가 자기 주심사건에서 고집을 꺾지 않는다고 푸념을 늘어놓는 모습을 때때로 보게 된다.

과거 형사합의부의 배석판사로 근무하고 있을 무렵에 주심 사건이 트랜스젠더에 대한 강간죄가 문제 되는 사건이었다. 지금이야 큰 고민이 없지만, 당시만 해도 처음으로 문제 되는 사건이라 부장님과 배석인 내가 유무죄와 형량에서 첨예하게 갈리었다. 급기야 참지 못하고 주심인 내가 고성을 지르며 흥분하는 상황이 벌어졌고, 부장과 주심의 얼굴이 한 치의 양보도 없이 부딪치는 상황이 벌어지자 동료 배석판사가 어떻게 수습하지 못하고 난감해하였던 적이 있다. 다행히 양보가 이루어져서 다소 타협한 형태의 판결이 이루어지면서 수습이 되었다.

당시 부장님은 부산 법조에서는 그 글의 수준이나 인품으로 상당한 존경을 받는 분이셨는데, 별난 배석판사 만나 참으로 난감하셨을 것이다. 지금도 가끔 그때를 떠올리면 자신의 주장을 관철하더라도 그런 태도로 할 일은 아니었다고 후회를 한다. 옛날 일화를 간단히 소개하면서 재판장의 일방적인 주도로 재판이 결론에 이르지 않는다는 것을 말하였다.

판사가 3명이니 이 사람들만 어떻게 매수하면, 아니면 부장판사만 매수하면 자신이 원하는 결과를 얻을 수 있을 것이란 생각은 막연한 상상에 그칠 공산이 크다.

대법원은 근무한 적이 없어 그 속 내막까지 말하기 어렵다. 다만 헌법재판소에서 헌법연구관으로 근무한 적 있고, 그 근무방식이 대법원 재판연구관의 근무방식과 크게 다르지 않아, 그때의 경험과 대법원 의사결정에 관한 기본적인 지식으로 설명하면 대강 이러하다.

대법원은 대법원장 1명과 대법관 13명으로 이루어져 있다. 다만 대법관 1명은 법원행정처장을 맡으면서 법원행정을 담당하기 때문에 재판업무를 맡지 않는다. 결국 대법관 전원이 참석하는 전원합의체 재판은 대법원장과 대법관 12명 합하여 13명이 참여하여 이루어진다. 그렇지만 대법원에서 판단되는 사건의 상당수는 13명의 전원합의체에까지 가지 않고 소부(小部)에서 결정되는 경우가 많다. 소부라는 것은 대법관 3명 이상으로 구성되는데, 현재는 대법원장과 법원행정처장을 제외한 대법관 12명을 3분하여 4명의 대법관으로 구성되는 소부 3개가 있다.

그리고 이 소부에서 어떤 특정사건에 대하여 4명 전원의 의견이 일치하면 굳이 전원합의체로 가지 않고 그대로 결론에 이르게 된다.

즉 소부에서 4명의 대법관의 의견이 일치해서 그들에게서 판결을 받고 그대로 종결되는 경우와 그 4명 중 1명이라도 의견을 달리해서 그 사건이 전원합의체로 옮겨져 13명의 대법원장과 대법관에 의하여 재판을 받는 경우가 있다고 보면 된다. 헌법재판소의 의사결정 방법에서는 이러한 소부제도가 없다. 그래서 헌법재판소에 제기되는 모든 사건은 재판관 9명이 관여하여 이루어진다.

대법원 판단에 있어서 중요한 역할을 하는 자원으로서 재판연구관이 있다. 지방법원이나 고등법원에도 재판연구원이라는 제도가 있기는 하지만 이들은 법관의 신분이 아니다. 그렇지만 대법원에 근무하는 재판연구관은 전원 법관의 신분이고, 법원 안에서도 이른바 잘나가는 판사들이라는 인식이 있다. 판사의 장래가 보장되려면 법원행정처 심의관으로 일하거나, 대법원의 재판연구관으로 일해야 한다고 말한다.

그러므로 대법원은 대법원장과 대법관 외에도 수십 명의 법관이 재판연구관으로 일하고 있는 곳이다. 재판연구관은 특정 대법관 1명에게 소속된 전속조(全屬組) 연구관과 특정 대법관에게 소속되지 않고 각 대법관으로부터 보내진 중요한 사건을 처리하는 여럿이 모여 연구하는 공동조(共同組) 연구관으로 나뉜다. 연구관들끼리의 은어로 전속조는 사노비라고 부르고, 공동조는 공노비라고 부르면서 자신들을 희화화하기도 한다.

결국 대법원에 올라가는 사건은 대법관뿐만 아니라 많은 연구관의 협조로 결론에 이르고, 특히 중요한 사건은 공동조에서 여러 차례의 토론을 거쳐 판단에 이른다.

대법원에서 판단되는 사건은 그 판단의 관여자가 소수가 아니다. 특히 사회적으로 이목(耳目)이 모인 사건으로 전원합의체에 회부된 사건이라면 공동조를 통해 토론이 이루어질 것이고 그러면 그 사건에 관여하는 숫자는 수십 명에 이른다. 그 많은 사람이 모두 부패하고 이득을 수수할 인사들이라서 그들 모두가 재판의 대가를 받고 거래한다는 것은 상상하기 힘들다. 물론 그 숫자가 100명이라고 한들 물리적으로 불가능하지는 않다. 100명이 어떻게 하나같이 부패하고, 원하는 것도 모두 같아서 그들 모두를 매수해 유리한 판결을 받아내는 게 가능하다고 고집하는 사람이 있다면, 그러한 사람까지 수긍하도록 만들기가 쉽지 않다. 그래도 현실 세계에서 그러한 것은 그리 썩 가능하지 않다.

요즘은 그런 사람이 흔치는 않지만, 행여라도 "내가 어떤 사람을 만났는데, 그 사람이 담당 판사를 잘 안다고 한다. 그 사람이 판사에게 돈을 좀 찔러 주고 판결을 유리하게 할 수 있다는데 어떻게 할까?"라는 질문을 받으면, 그 돈이 판사에게 가지는 않을 거라고, 그냥 사기를 당하는 거라고 조언을 해준다.

한 번은 동창회를 나갔는데, 대기업 다니는 친구의 고액 연봉이 대화 주제가 되었다. 대화 중에 어느 한 친구가 나를 돌아보더니 "너는 월급이 얼마냐"고 묻는다. 대기업 임원 급여에는 한참 못 미치는 것이 당연해서 "공무원 월급이 뭐 그리 많겠느냐"면서 대충 얼버무리려는데, 이 대답을 들은 그 친구는 바로 응답하면서 "그래도 너희들은 뒤로 생기는 것이 많지 않으냐?"라고 말하면서 나름 위로 한다. 너무 황당하고 모욕적이라 제대로 대답도 못하고 그 친구만 노려보았던 기억이 있다.

　대한민국 법관 약 3000명의 청렴도를 모두 보장하라고 하면 그럴 자격도 능력도 없다. 다만 20여 년의 법조생활 동안 겪었던 그 많은 사건 중에서 법관이 금전의 유혹에 현혹이 되어 결론을 움직였다고 생각되는 사건은 없었다. 그러니 내 경험에 비추어, 내가 아는 사법부의 자정 시스템에 비추어 대법원의 재판 결과를 두고 재판거래를 운운하는 것은 참으로 무책임하고 무자비하다는 생각이 든다.

　요즘 사법현장에서 법관의 판단을 왜곡하고, 사법부의 독립을 저해하는 요소는 법관에게 재물을 제공하는 데 있지 않다. 오히려 대중이 세를 모아서 법관을 압박하는 것, 법관의 신상을 털고 법관에게 사사로이 협박을 가하는 것, 법관 스스로 세상사에 대한 잘못된 인식으로 사실관계를 제대로 살피지 않고 그릇된 판단을 하는 것, 법관이 자신의 이념적, 정치적 소신을 구현하기 위하여 그 수단으로 재판을 이용하는 것, 이러한 것들이 더 큰 문제라고 생각한다.

청와대 청원으로 사법부 흔들기

"신천지예수교 증거망막성전의 강제해체(해산)을 청원합니다."
"중국인 입국금지요청"
"문재인 대통령 탄핵을 촉구합니다."
"윤석열 총장의 3대 의혹 수사팀을 해체하지 말라."
"성착취 사건인 'n번방 사건'의 근본적인 해결을 위한 국제공조수사를 청원합니다."

글을 쓰고 있는 이 순간에 청와대 국민청원게시판에 답변 대기 중인 청원 5개를 참여자 숫자 크기를 기준으로 기록해 놓은 것이다. 과거에 올랐던 기억나는 청원들을 대충 적어보면 다음과 같다.
"이재용 삼성전자 부회장 사건을 담당한 판사를 파면하라."
"김경수 도지사 재판에 관련된 판사를 사퇴시키라."
"아동성폭행범 감형한 판사를 파면하라."
"국회의원의 급여를 최저 시급으로 책정하라."

"자유한국당을 해산하라."
"더불어 민주당을 해산하라."
"윤석열 검찰총장을 수사하라."
"조국 장관에 대한 인권침해를 조사하라."
"조국 장관의 임명을 반대한다."
"추미애 법무장관을 파면하라."
"조선일보를 폐간하라."
"조두순을 출소시키지 마라."
"제 남편의 억울함을 풀어주세요" 등등.

그 주제 다양함의 폭을 헤아리기 어렵고, 참여하는 사람의 숫자 규모도 가늠하기 어려울 정도로 많다. 그러나 이렇게 많은 사람의 반응에도 불구하고 실제 개별 청원이 그 요구대로 처리되는 경우가 얼마나 될지에 대하여는 회의적이다.

청와대가 실제 권한이 없거나 권한이 있더라도 행사하기가 부적절한 경우가 많은데 이에 대한 고려가 전혀 없이 청원이 이루어진다. 대통령은 비록 국가원수이기는 하나 권력분립의 원리 안에서는 행정부의 수장에 지나지 않아 행정부 영역 밖에서 일어나는 일에 대하여서는 아예 아무런 권한이 없는 경우가 대부분이다. 대강 살펴보면 다음과 같다.

① 법관은 탄핵 또는 금고 이상의 형의 선고에 의하지 아니하고는 파면되지 아니한다(헌법 제106조 제1항). 대통령이 법관을 파면하거나 해임할 수 없다.

② 피고인을 선처해 달라거나, 엄하게 처벌해달라는 등의 청원은 사법권이 법관으로 구성된 법원에 속하기 때문에(헌법 제101조 제1항), 행정부에 속하는 청와대에 그러한 청원에 대하여 아무런 권한이 없다.
③ 정당도 헌법재판소에 의한 해산심판에 의하지 아니하고는 함부로 해산할 수 없다(헌법 제8조 제4항, 제111조 제1항 제3호).
④ 언론사의 폐간은 행정부의 권한일 수는 있으나, 우리 헌법이 언론출판의 자유는 중요한 기본권으로 간주하고 있으므로(헌법 제21조), 그 어느 누가 자신에게 마음이 들지 않는다는 이유로 함부로 폐간할 수 있는 것이 아니다. 그리고 이것은 자유민주질서를 국가의 기본으로 지켜나가는 나라에서는 예외 없이 받아들여지고 있다.
⑤ 종교의 자유도 중요한 헌법상의 기본권으로서(헌법 제20조) 국가가 함부로 특정 종교를 폐지할 수 없고, 대중들의 대부분이 원한다고 해서 달라지지 않는다.
⑥ 대통령에게 스스로 나서 자신에 대한 탄핵 절차를 진행하라거나, 그에게 탄핵을 촉구한다는 것이 얼마나 공허한 것인지는 그러한 청원을 올리는 사람도 알고 있다.

물론 장·차관 및 그 밖의 공무원에 대한 임명과 같이 행정부의 권한에 속하는 것이 없지는 않지만, 그 역시도 임명 동의, 임기 등의 다양한 제약이 있어 그리 쉽지만은 않다.
청와대가 권한을 가지고 있지 않아서 어차피 청원을 해봐야 원하는 대로 되지 않을 것인데 그런데도 청원이 되는 이유는 간단하다. 청와대가 자신의 권한이 아님에도 불구하고 그러한 청원이 올라오는 것을 그대로 두고 있기 때문이다. 그러니 온갖 종류의 청원이 정제되지 않고 마구 올라오는 것이다.

물론 청와대 국민청원 홈페이지에 가면 안내문에는 "재판이 진행 중이거나, 입법부, 사법부의 고유권한과 관련한 내용으로 삼권분립의 정신을 훼손할 여지가 있는 청원에는 답변이 어려울 수 있습니다"라는 안내 문구가 있다. 그렇지만 이런 안내 문구는 청원을 올리는 사람들에게 전혀 제약이 되지 못한다.

청원하는 시민은 어차피 돈이 들지도 않는 것이고, 다행히 자신이 올린 청원 내용이 공감을 받아 많은 동조자를 얻는다면, 그것 자체가 압력이 되어 자신의 의지를 관철하는 데 도움이 된다고 생각하는 것이다.

논의의 범위를 좁히는 의미에서 청와대의 국민청원이 판사의 판단에 대하여 어떤 의미를 가질 수 있는지만 보자.

어떤 소송의 당사자가 판사로 하여금 자신에게 유리한 판결을 하도록 하고 싶은데, 그 사건의 내용 중에 대중의 감정선을 건드릴 만한 좋은 소재가 있고, 자신에게 이 소재를 좋은 글로 드러낼 능력이 있다면 유혹이 들 수 있다. 괜히 판사에게 직접 협박했다가는 처벌을 받기 십상인데, 비용을 들이지 않고 사람들 마음을 얻어 압력을 가할 수 있다면 나쁜 방법이 아니다.

이러한 유혹은 일개인에 그치지 않을 수 있다. 권력자 또는 그를 지지하는 정권 친위세력이 국민청원을 하여 판사에게 심리적 압박을 가할 수 있다. 외관상으로는 일반 시민의 대중적 요구인 것으로 보이지만 그 뒤에는 권력의 요구가 숨어 있다.

판사의 판단에 어떤 형태로든 압력이 행사된다는 것은 곧은 자를 구부러트려 사물을 재려는 것이다. 판사에게 권력자의 압력이 미쳐서는 안 되지만 대중의 압력도 행사되어서는 안 된다. 판사가 그것에 굴복하면 그것은 마녀사냥이고, 그것을 거부하면 판사 자신이 대중으로부터 마녀사냥을 당할 각오를 해야 한다. 판사가 한쪽 눈으로 법의 눈치를 보고, 다른 쪽 눈으로는 대중의 눈치를 보면 진실을 담지 못하는 어정쩡한 타협이 나온다.

개인이 시작한 것이든, 권력이 사주한 것이든, 순수하게 대중적인 바람이 모여진 것이든 그 형태를 불문하고, 대중에 의한 압력은 재판의 독립을 해치는 중요한 원인이 된다.

그래서 정부가 그러한 의견이 모이는 장소를 열어두는 청와대 국민청원의 현재 방식은 매우 부적절하다고 본다. 나아가 이렇게 모여진 결과를 핑계로 법원에 대하여 물리적인 압력을 행사하고자 한다면 이것은 권력분립의 원리와 사법부 독립의 원칙을 정면으로 공격하는 것이다. 단지 법원에 통지만 하더라도 그 자체가 법원이나 사건을 맡은 판사에 대한 간접적인 압력은 여전히 될 수 있으므로 여전히 부적절하다. 앞서도 잠시 언급하였지만 청와대 청원에 중점을 두어 다시 살펴보다.

2018년 2월경 삼성전자 이재용 부회장에 대하여 집행유예를 선고한 항소심 재판장을 파면해달라는 청와대 청원이 23만 명에 달한 적이 있다. 애초 법원의 구체적인 사건과 관련한 청원은 차단하는 것이 맞는데, 이것을 모은 것이다. 더 나아가서 청와대는 이러한 내용을 법원행정처에 전달하였다.

이 사건이 일어나자 이것은 정권의 사법부에 대한 간섭이라는 공감대가 상당히 형성되었고, 결국 대한변호사협회는 재발을 방지하고자 하는 취지에서 2018년 5월 4일 성명서를 내면서 "청와대 관계자가 대법원에 전화한 것이 사실이라면 법원의 독립을 침해할 소지가 있다는 점에서 우려하지 않을 수 없다. … 법원은 다른 국가기관뿐만 아니라 여론으로부터도 독립하여 법과 양심에 따라 판결해야 한다. 조금이라도 사법부 독립을 침해할 수 있는 일이나 국민의 오해를 살 만한 일은 앞으로도 있어서는 안 된다"는 입장을 표명하였다.

당시 대한변호사협회의 이러한 판단에 대하여 공감하고, 당시 전국법관대표회의에 울산 대표로 활동하고 있었던 터라 전국법관대표회의도 청와대의 이러한 처사에 우려를 표하는 취지의 성명서를 발표할 것을 제안하였다.

당시 전국법관대표회의에서 주류를 차지하고 있는 판사들이 정권에 우호적인 입장에 있다는 것을 잘 알고 있었고, 또 법관이 너무 정치적으로 오해될 만한 표현을 하는 것은 적절치 않다는 생각에서 문장은 가능하면 짧고 자극적이지 않게 쓰려고 노력하면서 그 성명서 초안을 마련하였다. 아래의 내용이 당시 마련한 성명서 초안이다.

> 법관의 독립, 사법부의 독립은 양보할 수 없는 중요한 헌법적 가치로 모든 국가권력으로부터 존중되고 지켜져야 한다. 개별 사건의 판결에 관여한 법관을 파면해달라는 청원을 청와대가

수집하고 그 결과를 법원에 전달한 처사는 부적절하다. 전국 법관대표회의는 이에 대하여 우려와 유감의 입장을 표한다."

불과 3개 문장의 짧고 표현도 최대한 완곡하게 하였지만 전국법관대표회의에 참석한 전국의 법관대표들은 이 안건을 압도적인 표차이로 부결시켰다. 표결에 이르는 과정에서 법원행정처 심의관이 출석하여 청와대의 입장을 대변하는 발언을 하는 것을 보면서 그곳에 참석하였던 법관들의 균형감각에 대하여 몹시 실망하였던 적이 있다.

반대로 생각해보면 된다. 법원행정처가 대국민 민원해소와 편의를 위하여 법원행정처 홈페이지에 대법원 국민청원창을 만들고 아무런 제한 없이 청원을 받으면 어떨까. 그래서 한 20만 명 정도가 대통령을 탄핵하라고 하거나, 어느 장관을 파면하라고 하면 법원행정처가 그러한 내용을 청와대에 통지하여야 할까를 생각해보면 되는 것이다.

당시 청와대가 국민청원을 처리하는 방법이 일관성 없이 이루어진 것과 관련해서도 비판이 있었다. 이재용 삼성부회장 사건의 재판장에 대한 국민청원은 청원참여자가 23만이라는 이유로 법원에 알리면서, 청원참여자가 27만인 "국회의원의 급여를 최저시급으로 책정해 달라"라는 청원에 대해서는 권력분립을 이유로 국회에 알리지 않은 것이다. 대한민국에서 가지는 사법부의 위상을 볼 수 있어서 씁쓸하였다.

청와대의 이러한 일처리는 충분히 예정된 일이다. 굳이 현 정권을 지적하지 않더라도 어느 정권이든 권력을 잡으면 국민청원 제도를 통해 자신들에게 유리한 내용이 올라오면 국민의 여론을 이유로 삼아 그것을 정치적으로 이용하려고 할 것이다. 그리고 정치적으로 불리한 내용이면 아무리 많은 사람이 청원에 참여하더라도 외면하고 모른 척하며, 자신들의 권한이 아니라거나 이런저런 애로를 핑계로 피해갈 것이다.

국민의 일상사에서 발생하는 분쟁이나 문제를 처리하는 데 있어서 가장 직접적인 해결방법은 사법적(司法的)인 절차를 통하는 것이다. 법원, 헌법재판소, 검찰, 경찰 등 엄청난 인력과 자산으로 구성된 사법 조직이 있고, 이들 사이에도 다양한 복합적 견제장치를 두어 공정한 해결을 끌어내도록 제도가 마련되어 있다. 여기에 국가인권위원회 등과 각 국가기관 별로 이의제도와 민원수리절차를 가지고 있는 상황에서 청와대 청원은 옥상옥(屋上屋)으로 비쳐질 여지가 있고, 정치적으로 이용되거나 여론을 호도하는 장치로 활용될 위험이 크다. 무엇보다도 청와대 국민청원제도가 사회적으로 가지는 파급력에 비해 법적 근거가 미비하다. 청와대 국민청원제도는 법률에 기초를 두고 만들어진 제도가 아니다.

게다가 국민의 인식 속에서는 조선 태종시절에 만들어진 신문고 제도가 청와대 국민청원제도와 이미지가 겹쳐 보이게 된다. 봉건 전제군주정 시대에 국왕의 의사로 국사가 결정되던 정서가 자유민주정으로 운영되는 대한민국의 국정에 투영되어 보인다. 자유의사를 가진 민주시민이 대통령의 의지만 있으면 입법과 사법의 경계를 넘나들면서 모든 것을 해결해 줄 것처럼 기대하는 것이다. 그렇게 모든 것을 나서서 전지전능하게 해결해 주는 국가원수를 가지고 싶은 사람들이 있지만 그런 국가원수가 있는 나라는 이미 민주국가가 아니다. 그리고 그것을 요구하는 당사자도 더는 민주시민이 아니다.

청와대 국민청원제도가 만들어지고 나서, 이 제도를 제대로 이용하는 곳은 언론뿐인 듯하다. 언론은 참여자가 많은 국민청원은 대중의 관심을 투영한 것이라고 볼 수 있어, 관심을 가지고 기사를 통해 이를 일반에 알린다. 국민청원제도가 기삿거리를 많이 제공하는 것은 분명해 보인다. 이러한 현상 자체를 나쁘게 보지는 않는다. 언론의 이러한 정보의 제공은 대중의 의중을 살펴볼 기회를 주는 측면은 있다.

이미 만들어진 제도라서 그대로 유지하고자 한다면 많이 정비되어야 한다. 시민 각자가 책임의식을 가지고 청원할 수 있도록 유도하고, 청원이 기계적으로 조작되지 않게 하며, 권한을 넘어서는 부분에 대하여는 솔직하게 고백하면서 애초에 청원이 모이지 않도록 하는 등의 조치가 필요하다.

법원의 모든 것을 집어삼킨 대법원장의 거짓

대법원장의 거짓말

"법률적인 것은 차치하고, 나로서는 여러 영향이랄까 그걸
생각해야 하잖아, 그중에는 정치적인 상황도 살펴야하고…."

이런 정도의 표현을 제시하고, 누가 말하였을까 물으면 아마도 법관이 제일 마지막에 오지 않을까 생각된다. 또 실제 법관이 제일 마지막에 와야 맞다. 더 정확히 말하면 법관은 이런 질문과 관련하여 아예 선택지에 없어야 제대로 된 나라이다. 그런데 정작 이 표현이 대한민국의 법관들의 수장인 대법원장에 의하여 이루어졌다. 이 말을 통하여 결국 2017년과 2018년에 대한민국의 법원을 집어삼켰던 사법파동이 더 심한 진폭으로 다가오고 있다. 이른바 촛불혁명이라는 것을 통하여 잉태된 정권과 새로운 사법부가 시작하고 거의 4년이 되어 가는데 사법부의 소란은 되돌이표로 끝날 기미가 보이지 않는다. 여기에 가장 큰 원인을 제공한 것은 위의 표현을 포함한 김명

수 대법원장의 발언이라 생각된다.

애초에 탄핵대상이 된 해당 법관의 사표를 수리했으면 아무 일이 없었다. 이른바 사법 적폐몰이로 마음이 헤어지고 닳아, 결국 몸까지 망가져 담낭절제술을 하는 등으로 고통받은 사람이었다. 인생에 뜻하지 않는 시련으로 늪에 빠져 허우적대다가 빠져나오려는 간절한 심정으로 아마도 거의 30년을 봉직하며 천직으로 알아 온 법원을 떠나려고 하였을 것이다. 그렇게 간절한 심정으로 내놓은 사표가 대법원장의 면전에서 수리되지 않고 멈추어 섰다. 굳이 법률적 평가를 덧붙이면 해당 법관은 자신의 생명과 건강을 지킬 권리 그리고 직업선택의 자유를 침해당하였다. 이렇게 소중한 권리를 거절하면서 대법원장이 내어놓은 명분은 '법은 차치하고 정치적 상황을 살펴야 한다'는 것이고, '탄핵한다고 설쳐대는 국회의원들에게 입장이 곤란하다'는 것이었다. 국가기관의 수장이 소속 구성원의 절박한 사정과 소중한 헌법상의 권리를 정치적 고려와 국회의원들에 대한 곤란한 입장을 이유로 버렸다. 법관에게 정치가 상극(相剋)인 것은 권력분립의 원칙을 거론하기 전의 상식이고, 그런 법관이 정치적 고려를 한다는 것은 독배를 마시는 것과 같다.

법원은 이미 약 2년 전에 '법원자살'이라는 신조어를 만들어 낼 정도로 전직 대법원장과 상당수의 법관을 검찰에 내어주는 어이없는 짓을 저질렀다. 정체도 불분명한 재판거래와 애매한 직권남용 등의 죄목으로 법관들을 청산의 칼날에 내맡기기 위해 온갖 노력을 기울이더니, 이번에는 결국 법원 자체의 정체성에 칼날을 휘두른 형국이 되었다. 그렇게 검찰에 내쳐졌던 법관들 상당수가 지금 재판과정에서 무죄로 밝혀지고 있다.

한심한 것은 대법원장의 입장을 곤란하게 만드는 주체가 대통령도 아니고, 국회의원 300명도 아닌, 여당 국회의원 중에서 법관탄핵에 극성이었던 일부 국회의원에 지나지 않아 보인다는 것이다. 3,000명의 대한민국 법관들은 자신들 수장의 이런 안타까운 모습을 보면서 자신들의 위상을 어느 정도에서 매길지 생각해 보면 처참하다.

법관의 사표를 거부하여 그 법관의 기본권을 침해하는 행위, 법원의 수장으로서 법에 앞서 정치적 상황을 고려한 행위, 이런 행위보다 더 실망스러운 것은 대법원장의 거짓말이다. 당장 동료법관들 사이에 "앞으로 위증죄 피고인이 오더라도 함부로 대하면 안 되겠다."는 쓴 농담이 나온다. 법관의 업무라는 것이 따지고 보면 거짓말을 찾아내는 작업이다. 그런데 법관의 수장이 거짓말을 한 형국(形局)이 되었으니, 이제 법관들이 국민을 상대로 뭐라 말할 처지가 못된다.

물론 대법원장은 해당 법관과의 대화 녹음이 나온 후에 기억이 분명하지 않았다고 변명하였지만, 이미 그러한 변명이 통하기에는 너무 늦었다. 그런 어설픈 변명이 그나마 설득력을 얻으려면 애초부터 기억이 분명하지 않았다고 했어야 맞다. 처음에 혹여 감정이 앞서서, 아니면 정말 착각이라도 해서 말을 잘못했다 생각이 되면, 해당 법관이 구체적인 상황을 묘사하면서 반박할 때라도 자신의 기억에 오류가 있을 수 있음을 인정했어야 했다. 그렇지만 탄핵 표결이 이루어지는 날, 녹음파일이 공개될 때까지도 '사표를 받은 적이 없다'는 입장을 지키다가 결국 해당 법관이 참지 못하고 녹음파일을 공개하자 그즈음 가서 기억이 잘못된 것 같다는 변명을 한다. 물론 그것이 단지 변명이 아니고 사실일 수 있다. 그렇지만 어차피 기억과 내심의 의사는 확인될 수 없고 객관적 정황을 통해 추론(推論)하는 수밖에 없는데, 주어진 정황을 고려해 보면 대법원장의 변명에 대한 신뢰도는 낮아 보인다.

판사들이 재판 진행 중에 증인에게 주의를 줄 때, "알고 있는 사실을 기억나지 않는다고 말하는 것도 위증이 됩니다"라는 말을 종종 한다. 지금 단계에서 걱정되는 것은 대법원장의 기억나지 않는다는 변명이 또 다른 거짓이 되지 않을까 하는 것이다. 9년이 아닌 불과 9개월 전의 일이고, 이른바 사법농단으로 재판이 진행되었던 법관이며, 법원 내 요직을 거친 고위직 법관이었고, 정기인사 때가 아니라 건강상의 이유로 연중에 사표를 제출하는 상황이었으며, 대법원까지 방문하여 대법원장과 독대하면서 대화를 나눈 것이다. 시간적 거리와 제시된 사실들에 비추어 과연 대법원장의 기억이 그렇게 흐릿할 수 있을지 의문이다.

법관이 몰래 대화를 녹취한 것이 상식 없는 짓이라고 몰아붙이는 사람들이 있지만, 이것은 본질이 아니다. 그저 물타기에 지나지 않는다. 사법농단 등을 이유로 공격을 당해 낡은 천 조각같은 지경에 처한 사람이다. 더욱이 상대는 자신을 그렇게 공격하는 무리의 정점에 자리 잡은 사람이다. 녹음 아니라 더한 일을 해서라도 자신을 지키고 싶었을 것이다.

어떤 사람은 대화를 유도했다고 비난하지만, 뭘 한참 모르는 소리다. 부장판사가 대법원장 앞에서 얼마나 현란한 화술을 부릴 수 있을까를 생각해 보면 된다. 공직사회이고, 둘의 신분적 차이를 감안하면 일방적인 대화였을 가능성이 크다.

그렇게 상황에 내몰려 한 녹취이지만, 그래도 내놓지 않으려고 해당 법관은 무던히 애를 썼다. 단지 자신의 진실성을 담보하기 위한 것이 아니라, 그들의 말대로 상대를 협박할 요량이었으면 벌써 상대에게 제시하면서 겁박을 하든지 협상하려 하였을 것이다. 그러나 마지막까지 공개하지 않으면서 거짓말하는 대법원장을 향해 사실과 다르다고 반박하는 선에서 그쳤다. 그러나 대법원장은 녹음파일의 존재를 몰랐는지, 아니면 상대가 그럴 만한 용기가 없다고 과신한 것인지 상대를 계속 압박하였고, 그런 압박 속에서 파일이 공개된 것이다. 이런 상황을 알면 그 녹취가 채집된 것을 비난하기 어렵다.

애초에 정치적 고려를 하지 말고, 해당 법관의 정당한 요구를 수용하였으면 대법원장이 전 국민을 상대로 거짓말을 한다는 이런 참혹한 결과는 초래되지 않았을 것이다. 자신의 정치적인 입장이 곤란해지는 것을 피하려다가, 해당 법관은 건국 이후 최초의 법관탄핵 결의라는 오명(汚名)을 쓰고, 자신도 거짓말하는 대법원장이라는 비난을 감당해야 하는 처지에 놓였다. 또 법원과 법관 모두 국민들 앞에 얼굴을 들 수 없는 지경이 되었다.

탄핵이 가결된 해당 법관의 잘못이 커 보이는지, 대법원장의 잘못이 커 보이는지 비교해 보면 대법원장의 헌법 위반은 너무 심대하고 직접적이다. 양승태 전 대법원장의 잘못도 여기에 견주기 어려워

보인다. 이런 사정을 감안하면 대법원장의 퇴진을 요구하는 많은 목소리들을 두고 결코 무리하다고 말하기 어렵다. 어쩌면 그것만이 대법원장이 자신이 사랑하고 몸담아 온 법원의 정체성을 회복하고, 후배 법관들의 자존심을 되돌려 주는 마지막 희생이 될 수 있겠다는 생각이다.

탄핵대상이 된 해당 법관을 위한 변명

대법원장은 해당 법관 개인의 기본권을 침해하고, 권력분립의 원칙과 법관의 정치적 중립이라는 헌법 대원칙을 무너뜨렸으며, 거짓말을 한 대법원장이라는 치욕에 휩싸이게 되었다. 그런데 이러한 대법원장의 치명적인 허물에 대해서는 애써 눈을 돌리고, 그에 비하면 도대체 그 비위가 무엇인지도 잘 알기도 어려운 해당 법관에 대해서는 탄핵 가결이라는 커다란 멍에를 뒤집어 씌운 국회 여당의 태도에 대해서는 그 사안을 보는 시각의 공정성이나 위법의 경중을 측정하는 균형감에 심각한 의문을 가지지 않을 수 없다.

비록 해당 법관은 항소심 계속 중이지만, 이미 1심에서 무죄가 선고된 사건에 대하여 탄핵을 추진한다는 것 자체가 서로 상응하지 않는다. 애초 무죄추정이 형사법의 대원칙인데, 여기에 1심에서 무죄까지 선고되어 객관적인 비위가 없는 사람에 대하여 탄핵을 가결한 모양새이다.

탄핵을 추진하는 세력은 해당 법관에 대한 제1심 판결문 이유 부분에 방론(傍論)으로 나와 있는 "위헌적 행위"라는 표현에 천착(穿鑿)하는 것으로 보인다. 그러나 판결문이라는 것은 주문에 모든 무게가 실리고, 이유라는 것은 주문에 대한 논리적 근거를 제시하는 것에 지나지 않는다. 이런 사정으로 민사소액(民事少額) 사건에서는 아예 이유를 기재하지 않아도 된다. 그런데 그런 판결문의 이유 부분에서 방론으로 논의된 것을 근거로 법관탄핵을 추진한다는 것은 말이 되지 않는다.

판결문 이유에서 방론은 사실 없어도 판결문 구성에 아무 지장이 없다. 그렇지만 대중적 관심도가 높거나, 비록 패소하지만 상대에게도 나름 수긍할 만한 논거가 있거나, 또 아니면 정권이나 권력의 힘이 너무 센데 그 주장을 받아들이기는 어려운 상태에서 일종의 달래기용으로도 사용할 수 있다. 그래서 대개 표현은 이런 식이다. "비록 ~A의 주장을 수긍하지 못할 바는 아니나, 다른 사정에 비추어 보면", "A의 주장은 일응 인정할 수 있다. 그러나…. ", "A의 주장은 ~ 볼 수 있음은 별론으로 하고… " 등등. 그래서 방론을 판결의 주요 구성부분으로 이해하고 논리를 편다면, 판사들은 방론을 함부로 쓰면 안 된다. 방론은 그저 방론으로 읽기 때문에 다소 편하게 쓰는 것이다.

만약 방론에 법적 구속력이 있고, 그것에 따른 처분이 반드시 이루어져야 한다면 판사들은 방론을 못 쓴다. 1심에서 무죄를 받은 해당 법관은 당연한 법리에 따라 항소할 수 없다. 그런데 판결문 이유 부분의 방론에 법적 구속력이 있다면, 비록 무죄를 받더라도 '이유가 불만이다.'라는 사유로 항소하게 해주어야 한다. 그런데 그런 법리는 어렵다. 결국 무죄를 받고도, 탄핵과 같은 다른 불이익을 받을 위험에 그대로 노출된다. 즉 판결 이유에 비겁하게 불이익을 줄 방론이라는 뒷문을 열어두면서, 정작 판결 이유에 대하여 다툴 기회는 박탈하는 이상한 결과가 된다. 그것을 안다면, 판결 이유의 표현 하나에 기대어 탄핵을 논할 수는 없다.

양보해서 위헌적 행위라고 하니 그렇다고 가정해 보자. 그리 가정해도 탄핵을 논하는 것은 여전히 과하다. 노무현 대통령의 탄핵에서 노 대통령의 행위가 위법하지 않았다고 판단한 것이 아니다. 위법하지만 탄핵에 이를 정도가 아니라는 이유로 탄핵을 기각한 것이다. 과연 판결문 이유 부분에서 방론으로 언급될 정도의 사유가 탄핵에 이를 정도의 중대한 위법이 될 수 있나? 동의가 잘 안 된다.

해당 법관이 다른 법관의 재판에 간섭했다고 하지만 그것도 받아들이기 어렵다. 법관의 판결이라는 것이 법관이 세상과 단절된 채 자신의 사무실에서 하늘이 주신 대단한 혜안으로 결론에 이르는 것이 아니다. 유사한 판결을 찾아보고, 법리를 위해 교과서나 논문 등을 뒤지며, 필요하면 주변의 법관들에게 물어 같이 토론하고, 또 재판에 경험이 많은 선배 법관에게 조언을 구하고 충고를 들으면서 최종적인 판단에 이른다. 시민들이 법관 혼자서 골방에 박혀서 한 판단을 더 신뢰할지, 법관이 리서치와 다른 동료 법관들의 의견을 구해 한 판단을 더 신뢰할지 조금만 생각해 보면 안다.

더군다나 문제가 된 해당 사건에서는 이미 사건의 담당 재판부가 결론을 다 도출하고 있었고, 담당 재판장도 전혀 심리적인 영향을 받지 않았다고 말하고 있다. 선배가 노파심에 나서서 말한 것이 사단이 된 것이다. '판결이 대중에게 오독(誤讀)될 가능성이 있는 것 같다. 판결에서 그런 오독이 생기지 않도록 하는 것이 바람직하지 않겠냐.'고 조언한 것이다. 만약에 이런 것을 문제 삼는다면, 그들은 대중이 판결을 오독해주기를 원했다고 의심할 수밖에 없다. 대중이 판결을 잘못 이해하기를 바랐는데 선배 법관이 나서서 이것을 막아서는 바람에 그럴 기회를 놓쳤다고 화를 내는 것이 된다.

한번 더 양보해서 선배의 그런 행위가 부적절했다고 말한다면 그것도 수긍하자. 그러나 부적절한 것이 불법이 될 수는 없다. 어떤 행위가 잘못되었을 때, 첫 단계는 '부적절'이다. 둘째 단계는 '부당'이다. 그리고 마지막 단계가 '불법'이다. 그런데 부적절해 보인다고 해서 '불법이다'라고 단정하는 것, 그것도 헌법에 위반될 정도로 불법이라고 단정하는 것은 지나친 비약이다.

솔직해지자. 선배가 판결이 오독되지 않도록 하는 것이 좋지 않겠느냐고 조언하는 것이 법관의 독립에 침해가 되겠나, 국회의원들이 판사를 탄핵한다고 하는 것이 법관의 독립에 침해가 되겠나. 당연히 탄핵이라는 법적 수단으로 판사를 압박하는 것이 더 무서울 수밖에 없다. 선배가 혹여 강압으로 영향력을 행사한다고 해도 판사는 얼마든지 '내 사건에 간섭 말라!'며 반발할 수 있고, 때로는 (비록 바람직하지는 않지만) 오히려 괘씸죄를 적용할 수도 있다. 탄핵절차에서 이런 것이 가능할 리가 없다.

그런데 왜 이들은 법관들에게 그런 두려움을 심으려 하는가. 만약에 최근 사회적으로 관심을 받은 정경심 교수의 판결, 윤석열 검찰총장의 두 차례에 걸친 집행정지신청의 인용, 서울시 공무원의 성폭행 사건 판결문에서 박원순 전 서울시장의 성추행 사실을 적시 , 최강욱 열린민주당 대표의 유죄 선고 등과 같은 사건에서 모두 범여권에게 유리한 판결을 하였더라면 그때도 과연 여권은 법관탄핵을 얘기하였을까 하는 궁금증이 생긴다. 그것도 판결에 방론으로 적시된 표현 하나를 근거로 말이다. 물론 가정한 일이라 그 결과가 어떨지는 모르겠다. 그렇지만, 대중들에게 이러한 질문을 던지면 대중들은 어떻게 답변할까? 아마 다들 가슴 속에 나름의 답을 가지고 있을 것이다.

이제 한 달도 임기가 남지 않은 법관이다. 사퇴를 한 것도 아니고 법관 임기 10년을 다 채우고 재임용을 신청하지 않아 자연스럽게 직(職)에서 물러나야 하는 법관이다. 굳이 탄핵을 말하는 이유를 모르겠다. 탄핵이라는 것이 공직에서 퇴출시키고, 향후 5년간 공직 취임을 제한하는 것이다. 조만간 공직에서 자동으로 퇴출되고, 공직에 다시 취임될 가능성도 분명하지 않다. 게다가 탄핵이 가결되더라도 헌법재판소에서 탄핵 심판이 이루어지고 그 결론이 나올 때까지는 몇 개월에서 몇 년의 세월이 걸릴 수도 있다.

대통령 탄핵으로 정권이 바뀌니 탄핵이라는 칼이 아주 유용하고 잘 드는 칼이라 자주 쓰고 싶은 유혹을 느끼는 것인가라는 데까지 생각이 미친다. 예리한 칼일수록 조심해서 다루어야 한다. 대통령에 대한 탄핵도 불행한 일이지만 그래도 대통령은 선거를 통해 선출되는 정치의 영역에 있다. 관료로 임명되고 정치와 가장 먼 영역에 있는 법관에게 탄핵의 칼날을 들이대는 것은 이제 이것을 아주 편하게 쓰겠다는 선언에 지나지 않는다. "대통령도 탄핵했는데 그까짓 법관

탄핵 정도야!"라는 식으로 접근할 일이 아니다.

이렇게 탄핵이 정치적으로 남용되기 시작하면, 앞으로 국민의 지지를 잃은 대통령은 언제든 탄핵의 칼날을 두려워하며 임기를 마쳐야 하고, 법관들도 탄핵의 공포를 품고 눈치를 보며 재판과 업무에 임해야 한다. 법은 존재하지 않고, 그런 정치만이 난무하는 대한민국을 정말 원하는지 반문하고 싶다.

법관탄핵을 하려면 법제사법위원회의 조사와 의회 차원에서의 충분한 논의를 하고, 판결문에서 방론으로 언급되는 정도의 비위가 아닌 충분한 비위를 찾은 다음, 그다음에야 탄핵 의결로 나아가야 한다. 그래야 정치적이라는 의심을 거둘 수 있다. 그런데 의회 절대 다수의석에 기대어 판결문 표현 하나만 증거로 제시하면서 형식적 정의와 적법절차 따위는 무시하고 밀어붙이면, 이것을 어떻게 이해해야 할지 난감하다.

전국법관대표회의의 절대 침묵

앞서 '전국법관대표회의와 국제인권법연구회의 해산'이라는 주제에서도 살폈듯이, 전국법관대표회의든 국제인권법연구회든 자주 법원과 법관의 독립에 대하여 외쳐왔지만, 그것은 항상 선택적 외침이었다. 전 대법원장과 동료 법관들에 대한 수사를 요구하고, 2018년 동료법관들에 대한 탄핵을 요구할 때는 득달같이 일어나 목소리를 높이던 전국법관대표회의가 지금은 존재를 확인하기 어렵다. 좀 더 올라가면 2008년 법원장이 촛불시위와 관련한 재판을 좀 더 신속하게 진행하라는 이메일을 보냈다는 이유만으로도 법원장의 사퇴를 요구하던 특정 성향의 판사들이 있었다. 그런데 무죄를 받은 동료법관을 여당이 나서서 탄핵으로 압박하고, 결국에는 탄핵을 가결해도 흔적이 보이지 않는다. 나아가 대법원장이 한 법관의 기본권을 침해하고, 그 법관의 인사에 정치적 고려를 하며, 무엇보다 거짓말을 하여 법원의 권위를 통째로 무너뜨렸는데 이들은 절대 침묵으로 일관하고 있다. 여론의 압력에 향후 적당한 모양새를 취하는 태도를 보일지 모르지만 이미 늦었다.

국제인권법연구회는 말할 것도 없고, 전국법관대표회의가 정파적으로 움직이는 사법부 수뇌부의 전위대 내지는 특정 성향의 법관들이 주로 활동하는 정치노조라는 평가는 이번에도 다시 확인되었다. 법관들의 방패막이가 될 것으로 생각했던 대법원장은 오히려 뒤에서 정치권에 법관을 내어주는 행위를 하였다. 그런데 법관 스스로 사법부의 독립을 지키겠다는 명분으로 조직된 전국법관대표회의는 자신들의 정파적 이해에 맞지 않는지 도통 움직이지 않는다. 결국 법과 정의를 위해 일하는 대부분 법관은 정치적 외압도 스스로 감내하며 업무에 임해야 하는 거친 환경에 서 있다.

06

적폐청산의 원동력,
촛불시위와 대통령 탄핵

아! 촛불시위

2016년 11월 무렵이었을까. 같이 근무하는 동료 판사들과 함께 점심 먹는 자리에서 어느 판사가 지난 주말에 서울 광화문에서 촛불집회에 참가한 것을 자랑스럽게 이야기를 하고, 다른 동료가 그 말에 맞장구를 치며 서로 이야기를 이어가는 모습을 보고 내심 적지 않게 당황했다.

이것이 촛불시위의 어지러운 바람이 내게 다가온 첫 모습이다. 당시 그 촛불시위를 바라보는 시각은 처음엔 그리 특별할 게 없었다. 이 나라에서 대규모 시위가 있었던 것이 한두 번이 아니고, 또 시위대가 대규모로 모이고 때로는 폭력적인 시위로 발전하는 것이 그리 드문 일이 아니라서 의레 그러려니 했다. 2008년 미군장갑차 사고를 계기로 시작된 촛불시위가 그 이후 광우병 사태나 세월호 사태와 같이 사회적으로 중요 이슈가 발생하면 으레 반복되었기 때문에 2016년 말에 찾아온 촛불도 그저 그런 촛불의 하나라 여겼다. 대한민국의 거의 모든 대통령이 정권의 말기에는 주변 인물들의 비위로 홍역을 치렀으니, 박근혜 대통령이라고 하여 그 주변 인물들의 잘못으로 어려움을 겪는 일이 없을 리 없다 생각했다.

대통령의 지지율이 떨어졌지만, 역대 대통령들의 임기말 지지율은 항상 처참한 수준이었으니 그 역시도 문제가 될 것은 없었다. 정권은 힘이 빠져 뭘 제대로 추진하지 못할 것이고, 이러한 현상은 모든 정권의 말기에 일반적 현상이니 어찌 피하겠나, 그럭저럭 1년을 유지하면서 가다가 새로운 정부가 들어서면 또 '개혁이다, 정의다'하면서 새로 시작하겠지. 이 정도로 생각했다.

정치에 큰 관심이 없었고, 더욱이 정치 상황의 분석에는 전혀 의욕이 없었으니, 그 정도 수준의 판단에 이르는 것은 어찌 보면 당연하였다. 주위에서 이번에는 분위기가 다르다는 둥, 하야하는 것으로 갈 거라는 둥 이런저런 이야기를 들으면서, 군인 출신들이 대통령이 되었을 때도 지켜진 대통령의 임기이고, 그렇게 임기를 지키면서 정권을 교체한 것이 30년 이상인 나라에서 대통령이 하야하는 수준의 정치적 혼란을 겪는다는 것은 쉽게 상상이 되지 않았다. 그러할 정도로 우리나라의 정치적 성숙도가 미숙하지 않다고 적어도 그 당시는 그렇게 생각하였다.

탄핵이라는 말이 처음 나왔을 때도 거의 혼자만 영 다른 진단을 하고 있었다. 모두 탄핵이 국회에서 가결되고 헌법재판소에 소추가 되면 탄핵이 인용될지도 모른다고 할 때도, 혼자만 탄핵이 그렇게 쉽겠느냐고 생각했다.

박근혜 대통령이 잘했건 잘못했건, 그런 문제를 떠나 분명히 대통령제를 시행하고 그 임기를 준수하면서 선거를 통해 대통령을 교체하는 전통이 이제 어느 정도 궤도에 올랐는데, 이러한 정치체제의 성격을 무시하고 헌법재판관들이 탄핵을 인용하기가 쉽지 않을 것이고, 또 탄핵 사유가 있다고 하더라도 임기가 얼마 남지 않았는데 그 짧은 1년 정도 기간에 대통령의 비위를 모두 증명하여 탄핵을 가결할 시간적 여유가 없다고 생각했다. 또 증거법 원리에 충실한 헌법재판관들이 설익은 사실관계에 기초하여 탄핵할 것이라고도 상상하지 않았다. 대한민국의 정치 수준에 대한 지나친 신뢰와 대한민국 법조인에 대한 무한한 자긍심으로 사태들 안이하게 바라보았다. 적어도 탄핵 심판 무렵의 촛불시위를 바라볼 당시의 심정은 그러하였다. 그런데 좌익단체들이 총동원되어 대중을 선동하고 모아낸 에너지가 처음으로 제대로 작동해 정권을 무너뜨리는, 의미가 나름 큰 사변이 일어났다.

촛불시위로 잉태된 인적 청산

촛불시위로 만들어진 광장의 열기는 결국 박근혜 대통령을 그 직에서 물리는 결과를 초래했고, 그 후 이 나라에는 대단한 광풍이 불었다. 박근혜 대통령 탄핵은 단지 대통령을 교체하는 데 그치지 않았다. 정권을 바꾸고, 나아가 전례없이 오랜 기간 동안 전 정권의 인사들을 국정을 농단한 적폐라는 명분으로 청산하는 결과를 초래했다. 이러한 현상은 정치권에 한정되지 않고, 사법부로 확장되었으며, 종국에는 검찰개혁이라는 명분으로까지 이어지면서 정권과 검찰의 힘겨루기 모양새까지 만들어 내었다. 그리고 이러한 과정을 거치면서 정권은 국가의 모든 기관에 대한 지배력을 견고히 하는데 노력을 기울였다.

정치권과 법원 그리고 검찰을 때린 그 강한 타격은 대통령을 탄핵할 때의 그 방식과 다르지 않았다. 애초 그 에너지가 촛불로 잉태되었고, 탄핵으로 발판을 마련한 다음, 정치권과 법원 그리고 검찰로 번져나갔다. 그런다음 다시 법원을 때리고 있다.

이러한 과정을 거쳐 박근혜 대통령은 탄핵되고 구속되었으며, 이명박 대통령도 구속되었고, 조윤선, 우병우, 김기춘 등 수많은 전 정권의 고위직 공무원이 구속되었다. 그리고 건국 이래 정치와 가장 무관한 국가기관으로 여겨지던 사법부까지 범위를 확대하여 양승태 전 대법원장이 구속되는 초유의 사태가 발생하였다. 탄핵과 함께 시작한 국정농단 수사, 전 정부에 대한 적폐청산, 사법부 적폐청산까지 검찰이 핵심적인 역할을 담당하였다. 그러던 검찰이 촛불로 만들어진 정권의 주요 인사에 대하여 수사를 시작하면서 정권에 부담이 되자 정권은 이번에는 검찰개혁을 기치로 내걸며 검찰의 무력화를 시도하고 있다. 이런 모든 에너지가 촛불시위에서 발원하였고, 이런 사정으로 정권은 스스로 촛불정권이라 표현하기를 자랑스러워하는 것인지도 모르겠다.

　촛불시위의 에너지가 정당하든 부당하든 그것은 별론으로 하고 그렇게 모인 에너지가 폭발하여 최초의 결과물을 만들어 낸 것이 탄핵이다. 탄핵을 기점으로 해서 새로운 정권이 등장하고, 새로운 정권은 전 정권에 대한 보복뿐만 아니라 사회시스템 전체에 대한 대대적인 부정과 수정을 감행하였다. 그중 가장 타격을 입은 부분 중의 하나가 사법부와 검찰과 같은 법집행기관이다. 그러므로 새로운 정권을 만들어 낸 그 탄핵에 대하여 살펴보는 것이 필요하다.

　법률가로서는 당연히 그 탄핵 결정문이나 그 후 이루어진 이른바 국정농단에 대한 법원의 판단에 대하여 법적 의미를 살펴보는 것이 순리이다. 그러나 탄핵 결정문의 내용을 소개하는 것만으로도 범위가 방대하고, 나아가 평석까지 더하면 그것만으로도 충분히 한 권의 논문이 작성되어야 할 수준이다. 나아가 그 후 박근혜 대통령, 이명박 대통령이나 과거 정권의 고위공무원에 대한 법원의 판단 결과도 이 글에서 다루기에는 너무 범위가 넓다. 그래서 여기에서는 탄핵결정문이나 이른바 국정농단이라는 명분으로 처리된 사법부의 판결에 대하여서는 평석을 달지 않고 훗날을 기약하려 한다. 다만 그러한 결정문이나 판결문에서 한발 벗어나 그래도 아쉬웠던 점, 그리고 무엇보다도 절차가 위법하거나 부당하였다고 생각되었던 점들을 잠시 언급하고자 한다.

대통령의 하야와 탄핵 중 어느 것을 선택해야 했나

촛불시위가 격해지고 대통령의 하야가 언급될 무렵 그 사태를 지켜보면서 의아하였다. 무슨 확정된 대통령의 비위가 나타난 것이 아니고 이런저런 언론을 통하여 의혹이 제기되는 상황에서 하야라는 단어가 나오는 것은 너무 섣부르다 생각되었다. 적어도 하야라는 말이 나올 정도라면 선명한 위법이 보여야 하는데 당시는 아직 본격적인 수사에도 나아가지 않은 상황이었다. 이런저런 확인되지 않은 소문만 난무할 뿐이었다.

'하야'라는 단어를 더 수용하기 어려웠던 것은 그것이 가지는 법률적인 의미가 있다. 하야라는 것은 종국에는 대통령 스스로 용퇴한다는 의미이므로 대통령의 자의가 있다고 할 수 있으나, 그러한 형식적인 자의의 이면에는 여론과 정치적 압박이라는 상당한 물리력이 작용하고 있으므로 그것을 두고 온전히 대통령의 의사에 따라 이루어진 것이라고 위안으로 삼기는 어렵다. 결국 압력으로 대통령이 자신의 직에서 물러나는 것으로 이해될 수밖에 없는데, 그것은 헌법이 예상하는 대통령의 궐위 모습이 아니다. 헌법 어디에서도 하야라는 단어를 찾아볼 수 없고, 그래서 이것은 다분히 비헌법적이고 정치적인 현상으로 이해되었다. 이러한 이유에서 오히려 탄핵의 방법이 바람직하다고 생각했다. 그래서 적어도 탄핵으로 논의가 옮겨가는 것 자체는 이해했다. 그것이 헌법과 법률의 질서 안에서 문제를 해결하는 것이라 보았다. 우리 현대사에서 다수의 대통령이 비헌법적인 방법으로 퇴진하였던 점을 감안하면 그나마 헌법 질서 안에서 다루는 것이 맞다고 생각했다.

헌법재판소가 정치적 사법기관이라고는 하지만, 그것은 심판대상이 정치적 사안이라는 의미이지 그 판단을 정치적으로 하라는 의미는 아니다. 정치적으로 판단한다면 그 사법기관은 여론에 민감하게 되고, 정치적 세력에게 굴복하게 되어 진실을 왜곡한다. 진실이 왜곡된 사법기관은 사법기관일 수 없다.

이런 사정으로 헌법재판소가 판단한다면 적법한 절차를 거치고 증거법칙에 충실하게 판단하여 사실관계의 확정이 선명해진 후에야 비로소 대통령의 퇴진 여부를 결정할 것이라고 기대하였다. 결론부터 말하자면 그 결정은 절차와 형식의 측면에서 기대에 미치지 못하였다.

재판 기간을 정해둔 재판의 공정성에 대한 회의

　형사재판을 하다 보면 피고인들로부터 "판사님 연기 좀 태워주세요"라는 말을 자주 듣는다. 공판기일을 연기시켜달라는 말이다. 기소된 공소사실이 정해져 있고, 판사도 같은 판사인데 굳이 재판기일은 늦추어서 무슨 득이 있으려나 생각할 수도 있지만, 정작 피고인은 절체절명의 이해관계를 가지는 경우가 많다.
　이미 죄를 지어 집행유예 기간 중에 있는 피고인에 대해서는 무조건 실형을 선고해야 한다. 그런데 이런 피고인이 재판을 받는 중에 집행유예 기간이 도과(徒過)하게 되면 이 피고인에 대해서는 결격사유가 없어져 다시 집행유예를 선고할 수 있게 된다. 당연히 피고인은 재판기간을 늘리고 싶어한다.
　반면 피고인에 따라서는 비록 구속재판을 받고는 있지만 기소 이후에 피해자와 합의가 되어 석방 확률이 높아진 경우, 재판이 길어진다는 것은 그만큼 구금 기간이 늘어나는 것을 의미하기 때문에 재판을 빨리 끝내고 싶어 한다. 민사재판이라고 다르지 않다. 건물 명도를 구하는 소송에서는 원고는 재판을 빨리 끝내서 건물을 넘겨받고 싶지만, 피고는 재판을 최대한 끌어서 가능한 한 그 건물에 오랫동안 머물고 싶어 한다. 대표적인 예만 들었을 뿐이고 재판절차나 입증방법 등과 관련하여 재판의 기간은 소송당사자에게 다양한 방법으로 큰 이해관계가 있다.

이처럼 재판 기간을 늘리거나 줄이는 것뿐만 아니라, 재판 기간을 못 박는 것은 더 치명적인 결과를 초래하게 된다. 그래서 보통 재판절차에서 특정 일자를 정해놓고 재판한다는 건 상상하기 어렵다.

너무 오랫동안 재판이 지연되어 사건이 장기 미제가 되면 판사들은 내부적으로는 그 사유를 적어 보고하여야 한다. 그리고 그런 절차가 아니더라도 재판이 오래가는 것은 재판의 경제성 측면에서 바람직하지 않다. 그래서 판사들이 재판을 빨리 끝내기 위해서 노력하는 경우들이 있다. 그러나 이것은 재판기일을 정했다기보다는 재판의 신속을 위해 노력하는 정도의 의미이다.

형사재판에서 구속사건의 경우에는 피고인에 대한 구속기간이 1심의 경우에는 6개월로 한정된다는 등의 사정이 있어서 사실상 그 기간 내에 재판을 끝내려고 노력하는 경우가 있기는 하지만, 그렇다고 해도 재판기일을 미리 정하지는 않는다. 어쩔 수 없이 구속기간을 넘기게 되면 그냥 석방하고 불구속 상태에서 재판을 이어가면 그만이다.

재판기일을 정하게 되면 당연히 재판에 왜곡된 결과를 초래할 수 있다. 소송당사자는 정해진 재판의 종료 시점을 고려하여 자신에게 유리하게 재판을 이끌려고 노력할 것이라서 실체적 진실의 발견보다는 절차적 꼼수의 활용에 더 매달릴 수 있다. 그래서 재판기일을 미리 정해놓고 재판 할 수 없고, 그렇게 재판기일을 정해놓고 재판을 한다는 것 자체가 재판의 공정에 대한 심대한 침해가 될 수 있다.

박근혜 대통령 탄핵 심판 당시 박한철 헌법재판소장은 2017년 1월 25일 탄핵변론 과정에서 "심판 절차가 지연되면 정족수를 충족하는 7명의 재판으로 심리해야 해서 심각히 우려된다.", "재판관 1인이 추가로 공석이 되면 한 사람의 공백을 넘어서 심판 결과를 왜곡하는 막대한 결과를 가져올 가능성도 있다."라고 말하면서 2017년 3월 13일 이전을 탄핵심판에 대한 선고 시한으로 제시한 적이 있다. 이날은 이정미 재판관의 임기 마지막 날이고 실제 탄핵 선고는 그날에서 토요일과 일요일을 빼면 그 직전 날이 되는 같은 달 10일 선고되었다.

'심판 결과를 왜곡하는 막대한 결과'라는 표현 자체가 재판관이 어떠한 재판결과를 상정하고, 그것을 부정적인 것으로 표현한 것으로 비칠 수 있어 재판관으로서는 금기시하여야 할 말이었는데, 그러한 것에 대한 제대로 된 경계심도 없었다.

대통령 권한대행이 포기한 직무

　재판관이 7인이 되어 어느 한 쪽에겐 유리하게 또 다른 쪽에겐 불리하게 판단될 가능성이 엿보여 이를 바로잡아야 한다면, 그냥 결원된 재판관을 추가로 임명해서 9명을 채워서 판단하면 될 일이다.
　추가로 재판관을 임명하는 것을 거부한 이유는 당시 탄핵을 원하는 정치세력이 정치적 고려를 통해 대통령 권한대행이던 황교안 국무총리에 의한 재판관의 임명을 원치 않았기 때문이다. 당장 황교안 권한대행을 통해 정원을 채워도 불리하다고 생각하고, 또 정원을 채우지 않고 2017년 3월 13일을 넘겨도 불리하다고 생각하였다. 재판부를 구성하면서 공정성이나 객관성에 대한 고려보다는 자신들의 정치적 고려만을 우선에 두었다.
　이렇게 재판관의 추가 임명도 재판기일의 연기도 모두 피하면서 무리하게 재판을 진행한다는 것은 결국 그 재판이 특정 결론을 위해 달려가고 있다는 인상을 주게 된다. 실제 그 재판이 정당했는지 아닌지는 그다음 문제이다. 재판의 최종적인 판단이 정당하기 이전에 그 절차가 정당해야 한다. 그것을 놓치고 재판의 판단은 정당했다고 아무리 강변하여도 그 재판으로 인해 불이익을 당하는 당사자는 당연하고, 아무런 상관이 없는 제3자도 그 재판의 공정성을 수긍하지 못하다.

당시 황교안 권한대행에 의한 헌법재판관 임명을 거부하였던 이유가 대통령이 아닌 대통령 권한대행이 헌법재판관을 임명하는 것은 부적절하다는 것이었다. 결론부터 말하면 동의하기 어렵다. 대표적인 대통령제 국가인 미국에서는 탄핵 절차가 진행된다고 하더라도 대통령의 직무가 정지되지 않는다. 그러니 대통령이 자신의 직무를 그대로 처리하는데 아무런 문제가 없다. 또 혹여 대통령이 특별한 사정으로 궐위가 되면 부통령이 대통령으로 바로 직무를 수행하므로 여전히 문제가 없다. 그러나 그러한 제도적 장치가 없는 우리나라에서는 대통령이 직무가 정지된 상태에서 국무총리의 권한도 제한하게 되면 국가조직과 기능의 정상적인 수행이 불가능해지는 결과가 발생한다. 가정하여 대통령이 직무정지되거나 궐위되어 권한대행으로 움직이는 상황에서 헌법재판관 3인 이상의 임기가 함께 도래한다면 헌법재판소는 그 기능을 중지하여야 한다.

대통령 권한대행의 권한을 두고 그 권한에 제한이 없다는 학설과 현상유지에 그쳐야 한다는 학설 등 논의들이 많으나, 제한을 두어야 할 헌법이나 법률상의 근거를 전혀 찾아볼 수 없고, 양보해서 현상유지에 그쳐야 한다는 학설을 취한다고 하더라도 헌법재판관 임명 정도의 사안은 현상 유지의 영역에 포함되어 대통령 권한대행이 하지 못할 아무런 이유가 없다.

국무총리의 대행 권한의 범위에 대하여 제한적으로 접근하려고 하는 학설은 미국의 부통령제와 우리나라의 국무총리제는 그 민주적 정당성에서 차이가 있다는 논거를 제시한다. 즉 미국의 부통령은 국민의 선거를 통하여 선출되는데 반하여, 우리의 국무총리는 국회의 동의만 있다는데 그 근거를 두는 듯하다.

그러나 이 부분은 참 동의하기 어렵다. 미국의 부통령이 선거를 통해 선출되기는 하지만 그 선거가 부통령의 선거인가 보면 그렇지 않다. 대통령의 선거이다. 미국인 누가 대통령 후보를 보고 투표를 하지 부통령 후보를 보고 투표하지 않는다. 부통령 후보의 선정은 대통령 후보들이 자신의 득표수를 제고하기 위해 사용하는 소재 정도에 지나지 않는다. 미국인들이 트럼프에 열광하였지 펜스 부통령에게 환호했다고 할 수는 없다. 그저 펜스의 청교도적인 이미지, 안정적인 분위기는 트럼프의 득표를 위한 많은 재료 중에 하나에 지나지 않는다. 그러한 부통령의 선거를 통한 민주적 정당성의 정도가 우리의 국무총리보다 높다는 것에 선뜻 동의가 안 된다.

더욱이 미국의 대통령 선거는 간선제라서 미국 국민의 의중이 그대로 반영되었다고 보기도 어렵다. 각 주별로 선거인단의 승자독식 방식을 채택하고 있어 실제 득표수가 더 많은 후보가 패하기도 하는 게 미국의 선거제도이다.

의원내각제를 선택하고 있는 나라에서는 의회에서 선출된 총리나 수상이 모든 국정을 책임지고 처리하는 막강한 권한을 가지고 있다. 대통령제에 의원내각제를 가미하고 있는 우리나라에서 총리의 민주적 정당성의 정도가 결코 적다고 볼 수 없다. 그러한 총리의 권한을 제한할 필요가 없는 것이다.

그렇지만 대통령의 탄핵 과정에서는 대통령 권한대행이 차마 헌법재판관을 임명하겠다고 말할 수 없을 정도의 사회적 분위기와 정치적 압력이 있었다. 법의 원칙이 정치적 힘의 논리에 굴복하는 모습을 아무도 이상하게 생각하지 않고 그저 지켜만 보고 있었다.

헌법재판소장 권한대행의 헤어롤

 2017년 3월 10일 헌법재판소가 박근혜 대통령에 대하여 탄핵을 선고하던 날, 모든 국민이 방송을 통해 그 결과를 숨죽여 볼 때 나 역시도 그 방송을 지켜보았다. 그날 법정이 개정하기 전부터 온갖 방송사들이 헌법재판소 경내 및 대법정을 생방송으로 중계를 하였는데, 그 방송된 영상 중에서 유독 내 머리에 아직도 잔영이 남아 있는 부분이 이정미 헌법재판소장 권행대행을 포함하여 8명의 헌법재판관이 헌법재판소의 대법정으로 들어오는 가운데, 어느 한 재판관이 보인 묘한 미소이다.
 대개 법관들은 재판 중에 그 공정성을 의심받을 만한 행동하기를 가장 꺼린다. 그 존재의 근거가 공정성에 기초하니 당연한 현상이다. 이런 사정으로 법정에서 때로는 미소를 짓기도 하고, 웃기도 하며, 또 때로는 화를 내기도 하지만 그 어떤 경우에도 이러한 감정의 표현을 통해 공정성에 의심을 줄 만한 내색은 하지 않으려는 것이 그 본성상 어느 정도 체질화되어 있다.

특히 판결을 선고하는 순간은 재판의 최종판단을 고지함으로써 그 판단이 대외적으로 선언되는 과정이므로 그 성격상 엄숙할 수밖에 없고 또 공정성이 담보되었다는 것이 선고하는 그 행위를 통해서도 자연스럽게 현출되어야 한다. 그런 순간에 자신도 인식하지 못하고 웃음을 보였다는 것은 재판의 결과에 재판관의 감정이 이입되어 있다는 오해를 사기에 충분하다.

헌법재판소장 권한대행이 탄핵선고일에 머리에 헤어롤을 말고 출근하는 모습도 이상하다. 이를 두고 멋있다는 등의 찬사를 하는 이들도 있었지만 참 안타까운 모습으로 비칠 뿐이었다. 판사의 판단은 지극히 큰 내심의 눈으로 자신의 마음을 찬찬히 살펴보며 무한한 평정심을 갖춘 상태에서 일어나야 한다. 재판하는 과정에서야 판사도 개개의 쟁점과 사안에 대하여 하나하나 반응하면서 기민하게 대응해야 할 필요가 있다. 그렇지만 모든 변론이 종결되고 마지막 판단하는 그 결단의 순간에는 감정에 치우치지 않고 안정된 평정심으로 결론에 다다라야 한다.

그리고 최종적인 판단의 순간에 그러한 평정심이 느껴져야지 그 결론에 대한 신뢰를 담보할 수 있다. 재판관이 시간에 쫓긴 듯한 이미지를 노출하는 것은 그 결론에 대한 불안감을 내비친 것으로 이해될 수 있다. 당일 그 상황을 만들어 낸 것이 이정미 헌법재판관의 실수였는지, 아니면 의도한 것이었는지 알 도리가 없다. 실수였다면 초조하고 다급했거나 긴장했을 수 있겠다.

2016년 12월 9일에 시작해서 2017년 3월 10일까지 불과 92일 만에 아무런 조사도 없는 무(無)의 상태에서 대통령 탄핵이라는 결론에 이르기까지 몰아쳐 왔고, 자신의 임기 마지막 날 직전에 선고하는 것이니 초조하고 다급했을 수 있다. 만약 조급하고 다급한 마음으로라도 그 재판을 끝내야 할 필요가 있었다면, 그렇게까지 재판을 몰아붙인 추동력은 무엇이었을까 의문을 가져야 한다. 오로지 객관적인 진실을 밝혀내고 그렇게 밝혀진 사실관계 위에 합당한 헌법과 법률을 적용하여 판단하는 재판관 본연의 임무만으로 그렇게 다급한 심리를 만들어 내기는 어렵다. 재판관 스스로가 다급하게 무언가를 달성하겠다는 내심의 갈망이 있었을 수 있다. 단지 긴장한 것이라 해도 헌법재판소 수장에 대하여 당연히 기대되는 대범함을 놓친 아쉬운 대목이다. 그러지는 않았겠지만, 만약에라도 바쁘고, 고민했다는 모습을 연출하기 위해 그런 행동을 한 것이라면 그것은 그냥 나쁜 것이다.

변론 중에 다소 오해됨직한 재판진행도 자주 노출되었다. 사안의 특이성에 비추어 이해될 부분도 있겠지만, 재판관들의 이러한 이상한 행동이 애초 재판관들이 예단을 가지거나, 아니면 언론 등을 통해 만들어진 선입견에 기초하여 실체진실의 발견에 필요한 모든 귀를 열어 놓는 데에 실패한 것이라는 의문을 가지게 되는 대목이다.

주심 재판관이 변호인들에게 변론 준비를 독촉하면서 몰아붙이는 장면도 보기에 안타까웠다. 이런 모습은 재판을 판관의 독점물로 본다는 인상을 준다. 재판이란 입장이 서로 다른 재판당사자들이 대립구조를 유지하면서도 함께 진실을 향해 나아가는 조절과 타협의 장이다. 그 일방을 구성하는 중요한 당사자인 변호인의 변론권을 무시하는 것은 그 자체로 재판의 공정성 시비를 일으킬 수 있다. 아마 3

월 13일까지 결정을 마쳐야 한다는 박한철 소장의 발언과 무관하지 않았을 것이라는 생각인데, 그렇게 날을 정하고 변론에서 고압적인 태도를 보이며 재판을 밀어붙이면, 그것으로 공정성이 의심받는다.

박근혜 대통령의 변호인단이 세월호 사고 당일 대통령의 동선을 10분 단위로 밝혔음에도 불구하고, 일부 재판관이 이를 부족하다며 더 세분해서 밝히라고 언급한 것도 쉽게 수긍하기 어려웠다. 아래에서 말하겠지만, 세월호 사고가 탄핵의 사유가 된다고 보기 어려운데, 그 경위를 밝히는 것이 무슨 의미가 있으며 더욱이 그것을 왜 10분 단위보다도 더 세밀하게 밝혀야 하는지 이해가 되지 않았다. 여성 대통령의 사생활에 대한 과한 호기심을 대중은 충분히 가질 수 있는데, 재판관이 오히려 이것을 부추겼다는 의심을 받기 쉬운 태도였다.

박한철 헌법재판소 소장이 탄핵 선고일자와 관련하여 "늦어도 3월 13일까지는 최종결정이 선고돼야 한다."라고 변론 중에 발언한 것은 사실상 선고일을 공표한 것으로, 그 자체로 예단을 표출한 것이거나 불공정을 미리 노정(露呈)한 것이다. 재판이란 생물과 같아서 미리 그 최종일을 정해놓고 처리할 수 있는 성질의 것이 아니다. 앞서도 이미 재판날짜를 정해놓고 재판하는 것이 얼마나 불공정을 초래하는지에 대하여 살펴보았다. 당연히 날을 정해두고 재판하여서는 안 되고, 혹여 피치 못할 사정으로 재판관들 사이에 내부적으로 정해두었다고 하더라도 그것을 일반에게 공표하는 일은 더욱이 하지 말았어야 한다. 그렇게 소송의 종기를 알려 그 일정에 맞추어 재판을 준비하라고 소송당사자들에게 독려하는 모양새는 그 자체로 재판관이 사실상 어느 한 편을 편들고 있는 것으로 보일 수 있다.

나중에 당시 탄핵재판에 참여하였던 재판관들이 헌법재판소 소장의 물망에 오르거나 실제 소장이 되고, 또 훈장이 서훈되는 등의 모습이 실상은 별일이 아님에도 불구하고 대중들에게 곱게 비추어지지 않은 것은 재판관들이 절차를 공정하게 이끌어 갔다는 인상을 대중에게 못 준 탓도 있다.

대통령 탄핵과 같이 민감한 사안이, 그리고 그 사유에 대하여 다툼이 첨예한 사건이 재판관 전체의 만장일치로 판결난 것도 그 진실성과 공정성에 의심을 유발한다.

많은 사람은 일부 재판관이 촛불시위대의 위세에, 그리고 탄핵에 적극적인 동료 재판관의 회유에 밀려 결정하였다고 말한다. 확인되지 않은 소문이라 거기에 터 잡아 말할 수 없고 믿지 않는다.

만약에 그러한 위하(威嚇)나 회유에 자신의 결정이 변경되었다면 판관의 자격을 의심하여야 한다. 법관의 판단이 위하되어 이루어진다면, 그것은 재판이 왜곡되고 진실을 제대로 밝히지 않았다는 것을 의미한다. 그렇기에 어떠한 판관이라도 위압에 대하여 결연히 맞설 마음가짐이 있어야 한다. 그것을 감당할 자격이 없다면 판관이 되지 말아야 한다. 자신의 머리를 전문지식으로 무장하고, 입신영달(立身榮達)을 추구하는 자리가 아니다. 그 판단으로 작게는 일개인의 인생이, 크게는 국가의 명운이 갈리기 때문이다.

법조인이 헌법재판관으로 임명이 될 정도이면 그 법률지식이나 인품에 대하여 의문을 가지기 힘들다. 그래서 당시 헌법재판관들이 가진 법률지식이나 인품에 대하여 의문을 제기하고자 하는 것은 아니다. 헌정사의 중대한 사태가 벌어졌고, 날짜에 맞추어 재판해야 한다는 생각이 앞서다 보니, 소송관여자들에 대한 배려가 부족하고 행동이나 표정의 관리에 미흡했을 수 있다. 그렇지만 대통령 탄핵과 같은 사안은 대통령 당사자뿐만 아니라 그 지지자들과 반대자들 모두에게 상당한 영향력을 미친다.

그리고 그들은 지지하건 반대하건 모두 대한민국 국민이다. 판결의 결과로 어떤 국민은 환호할 테지만 어떤 국민은 울분을 느낄 수도 있는 것이다. 그렇게 국민의 마음이 크게 상할 수 있다는 사실에 대한 고민이 있다면 재판과정에서도 재판관으로서의 행동과 표정을 다른 어떤 사건보다도 조심하여 그들의 마음에 상처가 덜할 수 있도록 배려하는 것이 바람직하다. 이것은 앞으로 대한민국의 역사가 이어지고 다시 탄핵과 같은 불행한 사태가 올 때, 그 불행한 미래의 어느 대통령과 그를 지지하는 국민을 위해서도 한 번은 짚어두고 갈 필요가 있다.

죄를 물을 것인가, 사람을 잡을 것인가

박근혜 대통령의 탄핵과 그 이후의 적폐청산 수사를 거치면서 수사와 사법 처리가 특정인의 과오(過誤)에 대하여 책임을 묻는 게 아니라 특정인 자체를 무너뜨리기 위한 공격수단으로 이용되는 경우가 많아졌다는 인상을 받는다. 누가 죄를 지으면 그 죄 하나에만 집중하여 그 성립 여부를 판단하는 것이 아니라 누군가를 공격할 필요가 생기면 일단 그 사람을 포착해 두고 그다음에 그 사람을 이 잡듯이 뒤져서 죄를 찾아내는 듯한 느낌이다.

탄핵 당시만 생각해보면, 처음 소용돌이를 만들었던 것은 태블릿 PC에서 시작한다. 최서원이라는 사람이 사용하던 것이라고 주장되면서 시작되었고, 그 속의 내용은 그 사람이 박근혜 대통령의 국정 전반에 관여하였다는 것인데, 이것이 대중의 분노를 자극하였다.

최서원이 박 대통령의 연설문 작성 과정에서 의견을 내는 것이 죄가 되는지 애매하고, 국정농단이라는 형법전에 구성요건도 없는 죄를 박 대통령이 저질렀다는 것이 모호하였다. 어떻든 이른바 국정농단으로 시작된 사태는 나중에는 손으로 꼽기 힘들 정도의 다른 죄과로 번져나갔다.

이미 사법처리가 다 끝난 세월호 사건이 부상하더니, 대통령의 사고 당시 7시간을 분초 단위로 밝히라고 요구한다. 나오는 답이 성에 차지 않자, 그다음부터는 온갖 억측으로 사태를 확장시킨다.

대통령이 그 시간에 정ㅇㅇ이라는 남성을 만나 밀회를 즐겼다. 굿판을 벌였다. 프로포폴을 맞고 잠에 취해 있었다. 성형수술을 받았다. 주요 언론들이 이러한 근거 없는 보도를 쏟아내고, 대중들도 그 자극성에 현혹되어 그러한 보도에 매몰되어 갔다.

그러고 나서는 삼성과 짰다거나, 롯데, 대한항공 등등 많은 기업을 압박했다거나, 말을 뇌물로 받았다거나, 옷을 뇌물로 받았다거나, 뇌물로 미르재단을 만들었다거나 하는 등(물론 이 중에서 일부는 유죄 인정되어 사법처리 되었음)으로 온갖 강요, 권한남용, 부패로 이어 가더니 결국 탄핵사유를 정리할 즈음에는 거의 대통령은 오로지 범죄를 위해서 태어난 사람처럼 자리매김되어 있었다. 그리고 여기에 이르렀을 무렵에는 사람들은 더는 애초 무슨 잘못을 찾아내어 책임을 물으려 했는지조차 기억하지 못하게 되었다. 그냥 나쁜 박근혜만 잡으면 될 일이었다.

언론이 여론을 형성해 사법기관에 필요한 수사의 방향을 제시하고, 정유라와 같은 피의자나 증인이 어디에 있는지 직접 찾아가 해당 국가에 그 신병 처리에 관하여 요청하며, 자신이 취재한 자료들을 임의대로 모으고 작출해서 결론을 도출하였다. 수사기관이나 사법기관은 언론의 기사에 쫓아 자신들의 의사를 결정하고, 언론이 무엇을 말하는가만 관심을 가졌다. 일부 언론은 지극히 편협하였다. 시위에 참여하는 사람들도 임의로 왜곡하였다. 촛불시위 참가자는 최대한 그대로 보여주면서 정당성을 옹호하고, 박 대통령 지지자들의 집회는 아예 방송하지 않거나 참가자들의 한 부분만 보여주며 부정적으로 표현하였다. 언론의 태도를 믿지 못해 아예 네이버 지도에서 제공하는 교통용 CCTV를 봐야지만 시위 참가자들의 수나 움직임을 정확히 확인할 수 있었다. 당시 언론이 교통용 CCTV 수준에도 미치지 못하였다.

대통령에 대한 공격이 그러했으니 최서원 따위는 굳이 머뭇거릴 필요가 없다. 그냥 특별법으로 온통 그 사람의 모든 것을 탈탈 털어 내면 된다. 최서원을 굳이 좋아할 리 없고, 오히려 그 사람의 행위에 대해 반감이 있었다 하더라도 평가는 공정해야 한다. 그녀와 관련해서 만들어진 특검법은 거의 누더기 수준이고 문명국가의 법이라고 보기 힘들다.

그 사람을 잡기 위해 만들어진 이른바 "박근혜 정부의 최순실 등 민간인에 의한 국정농단 의혹 사건 규명을 위한 특별검사의 임명 등에 관한 법률"은 우선 그 법률의 제목부터 부적절하다. 공적 표현인 법률에서는 당연히 그 사람의 현재 공부상 등록된 이름을 사용해야 마땅하다. 그리고 최서원은 당시 공부상 최순실이 아닌 최서원이었다. 그럼에도 최순실이라는 이름을 사용하였다. 예민한 반응이라고 말할지 모르지만, 최서원과 최순실이 가지는 어감의 차이는 한국인이라면 누구나 알 수 있다. 부정적인 이미지를 극대화하기 위해 등록되지도 않은 이름을 법률명에 사용하였다고 의심한다.

특별검사의 수사대상을 규정한 부분에 이르면 이 법은 특별히 어떤 사람의 특정 위법행위를 수사하기 위한 것이 아니라 그냥 그 사람을 대상으로 포착하고 죄가 나올 때까지 수사해 보라는 의미로 이해된다. 관련 법률조항은 다음과 같은데, 비록 세부 항목으로 나눴지만, 그 각 항목이 무색할 정도로 '최순실'이라는 이름만 들어가면 모두 수사대상으로 해도 좋게 되어 있다. 그러면서 마지막에는 그렇게 광범위한 수사대상에도 만족하지 못하고 그 수사 과정에서 인지되는 것도 수사대상에 포함시키는 포괄규정을 추가로 두고 있다. 달리 해석하면 무엇을 조사해도 좋으니 최서원 나아가 박근혜 대통령과 관련되는 것이기만 하면 모두 조사해도 좋다는 의미로도 이해될 수 있도록 규정되어 있다.

박근혜 정부의 최순실 등 민간인에 의한 국정농단 의혹 사건 규명을 위한 특별검사의 임명 등에 관한 법률 제2조(특별검사의 수사대상) 이 법에 따른 특별검사의 수사대상은 다음 각 호의 사건 및 그와 관련된 사건에 한정한다.

1. 이재만·정호성·안봉근 등 청와대 관계인이 민간인 최순실(최서원)과 최순득·장시호 등 그의 친척이나 차은택·고영태 등 그와 친분이 있는 주변인 등[이하 '최순실(최서원) 등'이라 한다]에게 청와대 문건을 유출하거나 외교·안보상 국가기밀 등을 누설하였다는 의혹사건
2. 최순실(최서원) 등이 대한민국 정부 상징 개편 등 정부의 주요 정책결정과 사업에 개입하고, 정부부처·공공기관 및 공기업·사기업의 인사에 불법적인 방법으로 개입하는 등 일련의 관련 의혹사건

3. 최순실(최서원) 등, 안종범 전 청와대 정책조정수석비서관 등 청와대 관계인이 재단법인 미르와 재단법인 케이스포츠를 설립하여 기업들로 하여금 출연금과 기부금 출연을 강요하였다거나, 노동개혁법안 통과 또는 재벌 총수에 대한 사면·복권 또는 기업의 현안 해결 등을 대가로 출연을 받았다는 의혹사건
4. 최순실(최서원) 등이 재단법인 미르와 재단법인 케이스포츠로부터 사업을 수주하는 방법 등으로 국내외로 자금을 유출하였다는 의혹사건
5. 최순실(최서원) 등이 자신들이 설립하거나 자신들과 관련이 있는 법인이나 단체의 운영과정에서 불법적인 방법으로 정부부처·공공기관 및 공기업·사기업으로부터 사업 등을 수주하고 씨제이그룹의 연예·문화사업에 대하여 장악을 시도하는 등 이권에 개입하고 그와 관련된 재산을 은닉하였다는 의혹사건
6. 정유라의 청담고등학교 및 이화여자대학교 입학, 선화예술중학교·청담고등학교·이화여자대학교 재학 중의 학사관리 등에 있어서의 특혜 및 각 학교와 승마협회 등에 대한 외압 등 불법·편법 의혹사건
7. 삼성 등 각 기업과 승마협회 등이 정유라를 위하여 최순실(최서원) 등이 설립하거나 관련 있는 법인에 금원을 송금하고, 정유라의 독일 및 국내에서의 승마훈련을 지원하고 기업의 현안을 해결하려 하였다는 의혹사건
8. 제5호부터 제7호까지의 사건과 관련하여 안종범 전 청와대 정책조정수석비서관, 김상률 전 청와대 교육문화수석비서관, 이재만·

정호성·안봉근 전 비서관 등 청와대 관계인, 김종덕 전 문화체육관광부 장관, 김종 전 문화체육관광부 차관, 송성각 전 한국콘텐츠진흥원 원장 등 공무원과 공공기관 종사자들이 최순실(최서원) 등을 위하여 불법적인 방법으로 개입하고 관련 공무원을 불법적으로 인사조치하였다는 의혹사건

9. 제1호부터 제8호까지의 사건과 관련하여 우병우 전 청와대 민정수석비서관이 민정비서관 및 민정수석비서관 재임기간 중 최순실(최서원) 등의 비리행위 등에 대하여 제대로 감찰·예방하지 못한 직무유기 또는 그 비리행위에 직접 관여하거나 이를 방조 또는 비호하였다는 의혹사건

10. 이석수 특별감찰관이 재단법인 미르와 재단법인 케이스포츠의 모금 및 최순실(최서원) 등의 비리행위 등을 내사하는 과정에서 우병우 전 청와대 민정수석비서관이 영향력을 행사하여 해임되도록 하였다는 의혹사건

11. 최순실(최서원) 등과 안종범 전 청와대 정책조정수석비서관, 이재만·정호성·안봉근 전 비서관, 재단법인 미르와 재단법인 케이스포츠, 전국경제인연합·기업 등이 조직적인 증거인멸을 시도하거나 이를 교사하였다는 의혹사건

12. 최순실(최서원)과 그 일가가 불법적으로 재산을 형성하고 은닉하였다는 의혹사건

13. 최순실(최서원) 등이 청와대 뉴미디어정책실에 야당의원들의 SNS 불법사찰 등 부당한 업무지시를 하였다는 의혹사건

14. 대통령 해외순방에 동행한 성형외과 원장의 서울대병원 강남센

터 외래교수 위촉과정 및 해외 진출 지원 등에 청와대와 비서실의 개입과 특혜가 있었다는 의혹사건

15. 제1호부터 제14호까지의 사건의 수사과정에서 인지된 관련 사건

이러한 방식의 특정 범죄보다는 특정 대상에 중점을 둔 듯한 수사는 비단 탄핵 이후에 일어난 일련의 수사들, 즉 김기춘, 조윤선, 우병우, 원세훈, 김관진 등과 같은 정치인, 이재용, 신동빈, 조양호 등과 같은 기업인뿐만 아니라 박찬주 대장과 이재수 장군과 같은 군인에게도 이어졌고, 급기야는 법원에 대한 수사에도 그대로 연결되었다.

양승태 대법원장이나, 임종헌 법원행정처 차장에 대한 수사 역시도 그들의 임기 내 거의 모든 법원 내에서의 행적을 샅샅이 조사해서 그중 죄로 보일 만한 내용은 모두 블랙리스트 작성, 직권남용 등의 죄목으로 수사를 했다. 수사에 참여한 검사가 약 80명, 수사기간 약 8개월, 공소장의 페이지 수가 300페이지, 수사기록이 18만 페이지, 이상은 양승태 대법원장이 법정에서 그 수사의 부당성을 지적하면서 적시한 수사의 규모와 관련한 수치들이다.

박근혜 대통령에 대한 특검 당시의 수사인력의 규모도 '슈퍼특검'으로 불리면서 역대 최대 규모로 형성되었다. 특검보 4명, 파견검사 20명 등 최대 수사인력 105명으로 구성된 특검이었다. 탄핵심판 초기에 특검이 국회 소추위원단의 요청에 따라 헌법재판소에 보낸 수사기록의 양도 3만 2,000페이지를 넘었고, 탄핵심판이 종결될 무렵에는 5만 페이지를 넘었다고 한다.

특검의 인력을 보면 특검과 특검보 및 파견검사를 합하면 약 25명 정도 되는 인력인데 이 정도면 검찰청의 지청이 아닌 지방 본청 정도의 인력이 아닐까 생각된다. 거의 지방검찰청 하나를 빼서 이 사건에만 매달리게 한 것이다. 특검의 수사가 이루어지고, 탄핵심판이 진행되고 있을 당시 동료들과 대화 중에 했던 말이 이렇다. "굳이 검사가 25명이나 필요 없다. 만약에 감옥에 보내고 싶은 사람이 있으면 내게 한 3~5명의 검사와 그들을 보좌할 적당한 수준의 수사 인력, 그리고 여론과 자동발매기 수준으로 움직여 주던 법원의 영장발부만 있다면, 비록 수사를 전혀 해보지 않는 나라도 그 대상이 된 피의자를 한 몇 년은 감옥에 넣어둘 수 있는 수사를 할 자신이 있다"라고 말이다. 검사 한 명이 처리하는 사건의 무게와 양은 엄청나다. 검사 한 명이 한 해에도 수많은 거물을 수사하고 수백, 수천의 사건을 처리한다. 법원의 업무를 통해 추론해보면 그렇다는 것이다. 그런 검사가 25명이나 붙어서 여론을 등에 업고, 법원의 지원을 받으면서 수사를 하는데 뭐든 나오게 된다. 직권남용, 직무유기, 비밀누설, 강요 등 한계가 불분명한 형사처벌은 얼마든지 가능해지는 것이다.

그냥 대상만 있으면 된다. 박근혜 대통령, 양승태 대법원장이 최종적인 목표였고, 그들에게 붙일 수 있는 죄목을 촘촘한 그물망으로 저인망식으로 훑어가는데 안 걸리는 게 오히려 이상하다.

조국 교수와 그 가족에 대한 수사도 보기에 따라서는 적시된 하나의 위법이 아니라 그 대상자를 목적으로 하고 수사의 범위를 넓힌 사례로 볼 수 있다. 그런 면에서는 당사자나 그 가족은 충분히 억울하게 느꼈을 수도 있겠다. 다만 차이가 있다면 살아있는 권력을 구성하는 인사이다 보니 적폐 놀음으로 공격당한 사람들보다는 그래도 상대적으로 나았을 것이라는 생각이다. 어떻든 그가 봉사한 정권이 탄생할 당시에 만들어진 잘못된 관행이 자신에게 화가 된 것으로 볼 여지가 있다.

그 이후에 윤석열 검찰총장에 대하여 법무부가 무리하게 징계를 시도한 것도, 그 사람의 비위가 실제 중해서 징계를 시도하였다는 것보다 그 사람을 몰아내겠다는 잘못된 의도에서 징계를 시도하였다가 실패한 사례로 보인다.

박근혜 대통령 탄핵 결정문에서 느껴지는 언론의 영향력

변론에 관여하지 않았으니 탄핵 심판의 전 과정을 제대로 이해했다고 할 수 없다. 간간이 언론 보도를 보거나 헌법재판소의 심판 중계 동영상을 보면서 흐름을 파악해갔다. 그리고 탄핵 결정문을 통해 전체적인 내용을 파악하는 수준이다.

'(소송)기록 보기 전에는 말하지 말라'라는 말이 판사들 사이에는 하나의 법격언처럼 되어 있다. 배석판사 시절에 언론에서 너무 터무니없는 판결이 언급되어 한마디 하려고 하면 부장님께서 이 격언을 말씀해 주셨다. 소송기록을 통해 거기에 담긴 양 당사자의 주장과 관련 증거를 살펴보지도 않은 사람이 그러한 것들을 모두 살피고 고심을 거친 다른 판사의 판결문에 대하여 쉽게 비난을 퍼붓는 것을 나무란 것이다.

헌법재판관들이 법원의 판사라고는 할 수 없지만, 여전히 사법부의 중요한 축인 헌법재판소의 판관이라는 점에서 그들이 한 헌법재판소 결정에 대하여 쉽사리 그 판단의 당부를 언급하는 것은 부적절할 수 있다. 그래서 탄핵과 관련하여 헌법재판소에서 판단한 사실관계에 대하여 충분한 자료의 채집과 연구가 없는 위치에서 섣부르게 의문을 제기하는 것은 가능한 한 자제하려 한다.

다행히 이 부분에 대해서는 소송대리인으로서 실제 변론에 참여한 변호사 등에 의한 비판과 의견이 제시되고 있어 굳이 의견을 더하지 않아도 될 듯하고, 가능하다면 앞으로도 탄핵 결정에 대한 의견의 제시는 계속되기를 희망한다. 국가적으로 역사적으로 엄청난 의미가 있는 사건으로 먼 미래를 위해서라도 바른 제도의 정비와 운영이 필요한 것인 만큼 그러한 비판과 이해가 쌓이는 것은 그 자체로 충분히 의미가 있다.

판사들은 판결문을 작성할 때는 '판결 자체의 완결성'을 추구한다. 판결문만 보더라도 사실관계를 파악할 수 있고 사용된 법리와 그에 따른 결론을 알 수 있게 작성한다는 말이다. 비록 충분한 자료의 채집과 연구는 없지만, 그러한 자체 완결성을 추구하는 헌법재판소의 결정문이 있으니 그 결정문의 범위 내에서 분석은 가능할 텐데, 여기서는 그중에서 헌법재판소의 결정에 언론의 영향력이 얼마나 강하였던가를 살피는 정도로 그치려 한다.

헌법재판소 결정문을 보면 주문(主文) 다음에 이유(理由)를 설시(說示)하면서 이유의 첫 부분에 '사건의 발단'이라는 항목이 나온다. 그런데 이 항목의 첫 문장이 "(어떠어떠한) 언론보도가 2016년 7월경 있었다"라는 표현으로 되어 있다. 그리고 그 문장 이후에도 '언론보도', '취지의 보도'라는 표현이 계속되고 있다. 언론보도라는 것은 박근혜 대통령의 탄핵사건과 관련하여 그 절차를 일으키는 하나의 단초에 지나지 않는 것이라 수사로 치면 첩보 수준에 지나지 않는 것이다. 첩보는 검찰이 형사소송을 제기하면서 공소장에 적지는 않는다. 그냥 그 피고인의 위법사실을 범죄의 구성요건에 맞추어 기술하면 되는 것이다. 탄핵 역시도 언론의 보도는 법률절차 밖의 행위에 지나지 않으므로 그냥 탄핵 사유만 기술하면 되지 굳이 탄핵이 일어나는데 단초가 되었던 언론의 보도를 결정문의 첫머리에 그리 강조해서 언급할 필요가 없다. 그런데 헌법재판소는 그 부분을 큰 거부감 없이 결정문에 기술하였다. 헌법재판소가 당시 언론 기사에 상당 부분 의존하여 소송절차를 이끌어갔다는 오해를 불러일으킬 위험이 있다.

상당수의 국민이 탄핵의 소용돌이와 관련하여 '언론의 난'이라는 표현을 사용하고, 언론의 불공정과 편파 선동으로 탄핵에 이르렀다고 지적하고 있는 상황에서 헌법재판소가 스스로 그러한 비난에 대한 큰 문제의식 없이 언론의 입장을 그대로 수용한 듯한 인상을 남긴 것은 부적절했다.

언론은 어떠한 형태로든 판결에 영향을 미치면 그 판결은 판결의 요체인 중립성에 상처를 입는다. 언론은 법원과 달리 언론 그 자체의 목적에 따라 움직이는 것이고 그것이 법원의 판단을 고려하고 이루어지는 것이 아니다.

언론은 제 기능을 하면 사회현상에 대한 건전한 비판의 공기(公器)로 사용될 수 있고, 또 제 기능을 상실하면 정권의 선전매체로 전락할 수 있다. 그리고 언론의 이러한 선전이 법원의 판단에 독이 되는 것은 말할 필요가 없다. 또 때로는 언론의 정상적인 비판조차도 법원의 바른 판단에 장애가 되는 경우가 있을 수 있다. 법원은 판단 자체의 공정성에 토대를 두는 데에 반하여, 언론은 대상에 대하여 잘못을 지적하고 비판하는 기능을 최대로 하기 위하여 노력하기 때문이다. 존재의 목적과 기능이 다르다.

재판소의 결정문이 그 첫머리에 언론보도를 언급하는 자체가 결정문의 공정성뿐만 아니라 엄격한 증거조사를 놓쳤다는 의심까지 야기할 수 있다. 사법기관의 판단에 있어서 언론의 평가는 어째도 상관없다. 그것이 증거에 기초한 바른 판단이면 그 정당성은 헌법과 법률, 법관으로서의 사명감 그리고 역사와 신으로부터 부여받으면 충분한 것이다.

헌법재판소는 사실 확정의 근거가 되는 증거의 설시와 관련하여, 오히려 '이 사건 심판과정'이라는 항목에서 "청구인이 제출한 갑 제1호증부터 제174호증까지, 피청구인이 제출한 을 제1호증부터 제60호증까지 서증 중 채택된 서증에 대하여 증거조사를 실시하였다"라든가, "청구인과 피청구인이 함께 신청한 증인 3명, 청구인이 신청한 증인 9명과 피청구인이 신청한 증인 14명에 대한 증인신문을 실시하였고, … 사실조회를 하여 …답변을 받았다"라는 정도로 간단히만 언급하고, 그 이후 사실확정은 구체적으로 어떠한 증거를 통하여 어떠한 사실을 확정하였는지에 대하여 표시하지 않고 있다. 왠지 증거에 기초한 재판에 소홀하였다는 인상을 줄 수 있는 서술 방법을 택한 것이다.

언뜻 읽기에 따라서는 '나는 이렇게 많은 증거를 모두 보았으니 이제부터는 나를 믿으라고 한 다음, 그 이후의 구체적인 사실관계에 대하여서는 자신들의 임의대로 작성하였다.'는 인상을 줄 수 있다. 적어도 한 나라의 명운을 가르는 중요도를 가진 탄핵 결정문이라면, 각 탄핵 사유를 구성하는 개별 사실관계마다 해당 증거를 대응시켜 사실인정을 할 정도의 성의가 있어야 한다. 혹여 그러한 정도에 미치지 못하더라도 적어도 탄핵 사유별로 따로 해당 증거자료를 특정하는 정도의 애는 썼어야 한다.

문명국가에서 가장 경계하여야 할 것이 여론에 의한 재판이고, 가장 추구하여야 할 것이 단단한 증거들의 토대 위에 구축되는 재판이다. 박근혜 대통령의 탄핵 결정문의 사실관계 확정이 옳고 그름을 떠나 공정한 재판을 거쳤다는 외관은 당연히 갖추어야 하는데 그 부분이 아쉽다.

여론재판으로 비추어질 만한 흔적은 판결 모두(冒頭)에서 계속되는데, 위와 같은 '언론보도'라는 표현에 이어서 '… 취지의 보도에 많은 국민이 충격을 받았고 이를 허용한 피청구인을 비난하는 여론이 높아졌다'라는 문장이 등장하는 것이 그것이다. 헌법재판소야 큰 고민 없이 당시의 현상이 그러했다고 생각하고 기술한 것일 수 있지만, 문명국 최고법원의 판단을 선언하는 것이라면 그것이 줄 수 있는 의미와 더불어 그로 인해 유출될 이미지도 생각하는 것이 바람직하다. 판결의 얼굴이 될 수도 있는 모두에 언론보도를 언급하고 그러한 언론보도에 영향을 받은 국민의 충격 즉 여론을 언급하는 것은 판결 전체를 일관하는 이미지에 손상을 줄 수 있다. 게다가 그러한 내용이 포함된 '사건의 발단'이라는 제목의 항목이 재판서를 구성하는 데 꼭 필요한 항목도 아니다. 오히려 그 이후에 언급되고 있는 개별 탄핵사유가 재판서의 핵심을 이루는 부분이다.

국민의 충격을 언급하는 것은 지극히 부적절한데, 이것은 구체적인 판단이 있기도 전에 이미 모두(冒頭)에 피청구인인 대통령이 국민의 신뢰를 훼손하고 배신했다는, 그래서 나쁘다는 재판관들의 잠재적인 판단이 판결문 전체에 일관하고 있음을 암시하는 것이다. 참으로 불편한 사실 인식일 수 있는데, 국민 중에서 그리 충격을 받은 국민이 많이 있은 반면에 그렇지 않은 국민이 숫자도 적지 않았다. 이를 간과하고 언론이 보여주고 제시해주는 국민의 모습에만 눈을 두고 마치 그것이 모두인 것처럼 인식하여 판단해 가면, 나머지 국민은 자신의 국가 안에서 자신이 철저히 소외되었다고 느끼게 된다.

주제를 다소 벗어나지만, 편의상 여기서 하나 더 부연하면 헌법재판소가 탄핵심판을 진행하면서 채택한 절차 및 증거법칙 중에 아직도 이해되지 않는 부분이 있다. 헌법재판소법 제40조 제1항은 '헌법재판소의 심판절차에 관하여는 이 법에 특별한 규정이 있는 경우를 제외하고는 헌법재판의 성질에 반하지 아니하는 한도에서 민사소송에 관한 법령을 준용한다. 이 경우 탄핵심판의 경우에는 형사소송에 관한 법령을 준용하고, 권한쟁의심판 및 헌법소원심판의 경우에는 「행정소송법」을 함께 준용한다'라고 규정하고 있다.

쉽게 정리하면 헌법재판소의 일반 심판절차는 민사소송처럼 처리하지만, 탄핵심판은 형사소송처럼, 권한쟁의심판 및 헌법소원은 행정소송처럼 처리하라는 의미로 이해하면 된다. 무슨 차이가 있느냐면, 형사소송절차를 따르면 절차와 증거채택 방법이 더 엄격해지고, 입증의 정도도 더 높은 단계를 요구하게 된다. 그렇게 되면 전문증거라고 볼 수 있는 언론기사 등은 증거로 채택되지 않을 가능성이 있다. 헌법재판소가 적시한 증거들의 상당 부분이 증거에서 제외될 수 있는 것이다. 그런데 헌법재판소는 탄핵심판절차를 민사소송이나 행정소송처럼 처리하였다. 그냥 일반공무원 징계절차처럼 처리한 것이다. 잘 납득이 가지 않는다. 단순 절도의 범행을 저질러도 엄격한 형사소송절차에 따르고, 증거의 채부(採否)도 엄격히 하여 전문증거를 배제하며, 합리적 의심이 들지 않을 정도의 입증이 있어야 그제서야 겨우 유죄로 인정하는데, 국가의 명운이 결정될 수 있는 탄핵심판을 일반공무원의 징계절차와 유사하게 처리하는 것은 절차적 형평에 맞는 것인지 의문이다.

헌법재판소법의 법문도 그러한 사정을 고려하여 탄핵은 형사절차에 따르라고 하였는데, 왜 헌법재판관들은 이 조항을 가볍게 본 것인지 아직도 모른다. 다소 비약이지만, 앞으로 대통령들은 자신의 지위가 9급 공무원의 지위와 비슷하다는 불안감을 가지고 국정에 임해야 한다. 대통령이 힘이 있으면 문제 되지 않겠지만, 힘을 잃으면 언제든 그리될 위험을 각오해야 한다.

언론과 여론이 허물을 왕에게 돌린다

 한반도에 고대국가가 형성될 무렵 몇 개의 읍락(邑落)이 모여 국(國)를 만들고, 그 읍락들 중에서 중심이 되는 곳을 국읍(國邑)이라 하고 그 장이 되는 자를 신지(臣智)라고 불렀다. 신지는 별도로 궁궐을 만들어 사는 것이 아니라 그 읍락민과 섞여 살았고, 또 제사와 정치가 일치하였다. 그러한 초기 국가형태 중에서 비교적 큰 국가에 해당하는 부여와 고구려에서는 재해가 발생하면 그 허물을 왕에게 돌려 왕을 교체하거나 죽였다고 한다.
 어떤 사람에 대하여 책임을 묻기 위해서는 그 사람의 행위와 결과 사이에 인과관계가 있어야 한다. 이것은 사람에 대하여 법적인 책임을 묻는데 출발이 된다. 사람의 생명이 상하는 사고가 발생하더라도 그 원인에 사람의 행위가 개입되지 않으면 책임을 물을 수가 없다. 길을 가다가 벼락에 맞아 사망에 이른 사람이 있더라도 그냥 하늘을 원망하고 마는 것이다.
 그리고 그런 인과관계라는 것도 상당한 정도로 예상이 되는 범위에서 일어나야 한다. 피해자가 살인자의 칼에 사망하는 결과가 나타났을 때, 그 살인자의 부모가 그 살인자를 출생하지 않았으면 그 피해자가 사망하는 일은 없었을 것이다. 그 살인자의 부모가 피해자의 사망 원인 중 하나가 되었다. 그렇지만 그 살인자의 부모에게 법률적 책임을 묻지 않는다. 굳이 그 누가 나서서 주석을 붙이고 싶다면 불교의 인연법 정도에 그친다. 전생에 서로 간에 쌓인 업보 정도를 탓할지 모르겠다.

과학이 없고 문명이 미숙하던 그 시절에는 상당한 인과관계가 없어도 사람의 생명을, 그것도 자신들의 지도자의 생명마저도 쉽게 빼앗을 수 있었을지 모른다. 천재지변으로 피해가 발생하여 마음속에 억울한 심정은 깊이 쌓이는데 그 원인을 찾아 원망할 데가 없으니 그 국(國)이나 읍락(邑落)의 집단적 원망이 자신들의 지도자에게로 향하였을 것이다. 과학 이전에 신(神)이 세상을 지배하던 시기이니 그 고대인들의 행동을 오늘의 잣대로 무지하고 터무니없다고 탓하기는 어렵다. 그러나 그러한 행동이 오늘을 사는 우리에게 일어난다면 그것은 비난을 그대로 받아야 하는 행동이다.

세월호 사건이 발생하고 대통령에게로 향하는 일단의 원망을 보면서 머릿속에 떠오르는 이미지는 고대국가 시대에 일어난 천재지변의 책임을 물어 왕 내지 신지를 처단하는 모습이었다.

서해 훼리호 사건, 대구 중앙로 지하철역 화재 사건, 삼풍아파트 붕괴사건 등등 우리 사회에 많은 사람의 생명이 상하는 사건이 참으로 많았다. 그러한 사건을 두고 대통령의 진퇴를 운운하지는 않았다. 그런데 참으로 특이하고 퇴행적인 현상이 우리 사회에 나타난 것이다.

처음 세월호 사고를 집권하고 있는 대통령을 공격하기 위한 정치적 이슈로 끌고 나올 때 황당했던 것이 솔직한 심정이었다. 다소 매정하게 표현하면 박 대통령이 했다는 그 모든 행위가 진실이라 하더라도 박 대통령에게 그 책임을 물을 수는 없는 것이었다. 세월호 그 7시간에 박 대통령이 정○○을 만나 부적절한 관계를 가지든, 오방색을 펼쳐놓고 굿판을 벌이든, 프로포폴에 취해 있든, 성형수술을 하든, 올림머리를 하든 그 무엇을 하더라도 그것이 세월호 희생자들의 사망에 직접적인 원인을 제공한 것은 아니다. 다만 지도자로서 부적절한 처신이었다는 정치적 책임이 문제될 뿐이다.

부모를 잃고, 아들·딸을 잃고, 가족을 잃은 이들의 아픔은 인간의 본성으로 충분히 이해되고 공감되는 부분이다. 사회가 성숙되어 있다면 그들의 답답하고 원망스러운 마음을 온 구성원들이 나서 보듬고 다독여 아픔을 함께하고 그들의 손을 함께 끌어 새로운 희망을 보아 앞으로 나아갈 수 있도록 도와주어야 한다. 이것은 어쩌면 모든 공동체 구성원들의 의무일 수도 있다.

그런데 이 사건을 정치적으로 이용하고 싶은 사람들은 나아가서 그들의 헤어진 상처를 더 헤집어 거기에다 원망을 심고 적개심을 심었다. 그리고 이것을 자신들의 정치적 목적을 달성하기 위한 에너지원으로 사용하고자 했다. 원망과 적개심을 에너지로 해서 성장한 정치세력이 집권하여, 사회 전체가 그러한 에너지로 덮인다면 결코 그 사회가 건강할 수 없다. 다분히 과거 회귀적이고 미래 지향적일 수 없다.

정말 실망하는 대목은 여기에 그치지 않는다. 법적 책임이야 어떠하든 마음속에 응어리는 남으니 그 누군가를 원망하는 사람, 이것을 이용하고 싶은 충동을 참지 못하는 정치인까지는 그래도 양보하지 못할 정도는 아니다. 비록 틀리더라도 세상의 이치가 법이 정하는 원리로만 움직이는 것은 아니기 때문이다.

그러나 절대 문을 열어 줄 수 없는 것은 법의 영역이다. 상당인과관계가 없는 사실을 법적인 판단의 무대에 올릴 수는 없다. 국회에서 세월호를 탄핵 사유의 하나로 올릴 때, 법을 만드는 입법기관이 법 원리를 무시하는 것으로 보여서 실망하였다. 그러나 탄핵심판 과정에서 헌법재판관이 세월호 사건 당시 대통령의 행적에 관하여 탄핵사유로 적시한 것을 아무런 지적 없이 판단의 대상으로 수용하는 것을 보고 놀랐다. 나아가 헌법재판관이 적극적으로 세월호 7시간 동안 대통령의 동정을 몇 분 단위로 정리하라고 소송지휘하는 것을 보고는 그냥 할 말을 잃었다.

법률가라면 인과관계로 설명할 수 없는 사건을 탄핵심판의 범위에서 당연히 제외하였어야 한다. 혹여 그 시간 동안의 대통령 행적을 알고 싶다고 하더라도, 그리고 사건과의 관련성을 굳이 찾고 싶다고 하더라도, 그것은 대통령이 그 시간에 그 사건과 관련하여 하였어야 할 행위를 하였는지 물으면 그만이다. 그리고 죄를 묻는 쪽에서 책임이 있다는 것을 입증하여야 한다. 즉 탄핵심판청구인이 대통령이 사고대처에 미흡하였다는 것을 입증하여야 한다. 그런데 당시 헌법재판관은 그러한 원리를 지키지 않고 피청구인측에 자신의 무죄를 입증하라는 태도를 취하는 듯했다.

대형사고가 나면 대통령의 행적을 추적해야 한다는 관행이 만들어지면, 모든 사고에서 대통령의 행적을 공개해야 한다. 우리 공무원이 북한 해역 인근에서 표류하다가 북한군에 의하여 총살과 시신 소각을 당할 당시 대통령은 무엇을 했는지 밝혀야 한다. 많은 사건 사고가 있는데 그때마다 대통령의 동선을 공개해야 한다. 왜 당시에는 하던 동선 공개요구를 지금은 별말 없이 무시하는지 납득할 이유를 대지 않는다.

대형 사고가 나면 언론들이 때로는 대통령을 칭찬하기도 하고 때로는 비난하기도 한다. 그런데 평가는 이렇게 극명하게 갈리는 반면, 정작 대통령 자신이 하는 일은 별반 차이가 없다. 현장 방문하기, 현장 실무책임자에 희생자 구하기에 최선을 다하라고 당부하기, 실의에 빠진 희생자의 가족들을 위로하기 등등 어느 지도자나 하는 행위이다. 그런데도 평가가 극명하게 나뉘는 이유를 살펴보면 그러한 소식을 전하는 언론이 대통령에 대하여 어떠한 태도를 취하는가가 더 결정적일 때가 많다. 정권이 언론을 장악하거나, 언론이 정권에 우호적일 때에는 긍정적으로 평가하다가, 그렇지 못하면 혹독한 평가가 따르는 경우가 많다.

2014년 발생한 세월호 사건은 8회에 걸쳐 진상규명을 위한 조사를 하였고, 최근에는 그 사건의 수사과정에서 외압이나 불법사찰은 없었다는 조사결과도 나왔다. 그렇지만 여전히 이 사건은 진행형이다. 또 세월호 진상규명 특검이 진행될 모양이다. 신정(神政)정치의 원시성을 끝낼 의사가 전혀 없다.

에필로그

　나는 이 글을 쓰면서 특별히 체계나 이론을 생각하지 않았다. 그냥 그때그때 떠오르는 단상이나 주제로 생각이 가는 대로 적어보았다. 가능하면 형식에 매이기보다 떠오르는 생각을 많이 쏟아내려고 하였다. 그게 가지고 있는 생각을 더 많이 상대에게 전달할 수 있는 방법이라 생각했다. 그러다 보니 다소 혼잡스럽게 보이게 된 점은 아쉽지만, 그 속에 담긴 의미를 이해해주길 바라는 마음 간절하다.
　혹자는 또 글의 내용이 다분히 정치적이라거나 정권의 공격에 중점을 두었다고 말할는지 모르겠다. 그렇지만 이 글을 통해 전하고자 한 내용은 특정 이념이나 권력이 싫어서 그것을 표현하기 위해 적은 글은 아니다.
　법을 말하고자 하였고, 그 법을 침해하는 것을 지적하고자 하였다. 다만 그러다 보니 그 법을 훼손하고 무시하는 반대편에 권력과 정권이 있었던 것이고, 결과적으로 그들에 대한 비판이 되었다. 그렇지만 여기에 담는 내용은 현재의 권력과 정권만을 비판하기 위한 것이 아니다. 비록 이념과 가치를 달리하는 정권이 들어선다고 하더라도 그 비판은 그대로 그들에게 향할 수 있다. 법치주의가, 적법절차의 원리가 유독 어느 특정 정권에게만 적용되는 원리일 수는 없다. 새로운 정권이 등장하여 6·25역사왜곡금지법, 천안함 역사왜곡금지법, 광주사태 북한군개입설 인정법을 만든다면 그때도 여기서 한 비판은 그대로 그리로 향할 것이다. 절차적 정의를 등한시하고 법원리를 완화시키면서, 미래 그 어느 대통령에 대한 탄핵을 시도한다면 여전히 반대할 것이다. 새로운 정권이 공수처로 야당이나 정권을 반대하는 인사를 탄압하기 위하여 무리한 수사를 한다면 그 역시 반대할 것이다. 새로운 정권이 들어서고 대통령이 대법원 한가운데 서서 태극기 집회의 정신을 받들라고 한다면 그 정치적 함의가 무엇이든 법원의 심장부에서 정치적 표현이 된 데 대하여 여전히 반대할 것이다. 이렇게 거시(擧示)되는 모든 예에서 보듯이 이 글의 본지(本旨)는 권력과 정권 또 어떤 정치적 세력이 법과 원칙 그리고 적법절차를 위협하고 침해하는 것을 비판한 것이다. 그 비판은 그 어떤 정치적 이념적 성향을 가진 개인이나 집단의 행위에도 그대로 적용된다. 이글에 대한 정치적 평가를 경계하고자 함이다.

 글을 마치면서 아쉬움이 많다. 짧은 필력이 주는 아쉬움이 가장 크다. 그리고 아직 머릿속에 명멸하는 많은 법률적 의견들을 충분히 전달하지 못한 아쉬움이 크다. 기회가 된다면 건국 이후 대한민국의 정치적, 사회적, 경제적 변화에 큰 영향을 미친 판결들을 모두 모아 검토해보고 싶은 욕심이 있다. 기회가 닿을지는 모르겠다.

 제대로 언급하지 못한 주제도 많다. 아쉬움에 간단히 몇 개만 언급하면 다음과 같다.

국회가 대중의 여론이 강하다고, 분노가 폭발한다고 법을 함부로 만든다. 법의 전체적인 체계는 고려하지 않고, 그냥 분노를 만족시킬 만큼 범죄의 구성요건을 완화하고 형량을 대폭 올려 버린다. 그러다 보니 형사법체계 내에서 구성요건 해석의 통일성을 기하기 어렵고, 범죄 사이의 형벌의 균형성이 깨어진다. 이런 현상은 비단 형사법에 한정되지 않는다. 민사법, 행정법 등 법률 전분야에서 헌법질서와 맞지 않는 법률이 큰 고려 없이 의회 다수의 힘을 빌려 무자비하게 만들어진다. 입법부인 국회가 마구 쏟아내는 엉터리 법률들을 생각하면 폐법부(廢法府)라도 설립해야 균형 잡힌 법률체계를 만들 수 있겠다는 생각이 들 지경이다.

법원이라고 해서 자유롭지 못하다. 형사법에서 범죄의 구성요건은 엄격하게 해석하여야 하고, "의심스러울 때는 피고인의 이익으로"라는 형사법의 대명제는 법의 해석에서도 그대로 지켜져야 한다. 그런데 일반 대중의 인구(人口)에 사실상의 강요, 묵시적 청탁, 경제공동체 등등 형사법의 구성요건을 현저히 완화시키는 것으로 오해될 만한 용어들이 쉽게 회자(膾炙)된다. 법은 도덕의 최소한이라고, 그리고 범죄 구성요건은 최대한 엄격하게 해석되어야 한다고, 불편하더라도 그렇게 대중에게 메시지를 주어야 한다. 대중의 요구가 있다고 구성요건을 현저히 완화 시켜서, 가능하면 대중이 원하는 판결을 해주겠다는 인상을 주면 안 된다. 민사법에서도 대중의 요구가 있다고 해서 상대가 밉다고 해서, 징용공 판결과 같이 소멸시효나 다른 법의 원칙을 편한 대로 완화시켜 해석하면 안 된다. 법원이 법의 대원칙보다는 정권이나 일부 정치세력과 여론의 눈치를 보는 판결을 한다는 인상을 주면 안 된다.

정부의 정책 중에도 우리 헌법이 예정하고 있는 헌법원리나 기본권의 본질적 내용에 대한 침해로 이해될 만한 내용이 너무 많다. ① 과거 개인이 사유지를 매각하는데 국가의 허가를 얻으라는 토지거래허가제를 처음 도입할 때 그 입법이 과하다고 생각했는데, 이제는 이것을 이유로 아예 주택거래허가제를 시행하고 있다. ② 주택소유에서 1가구는 1주택만 가져야 하고, 이것이 고위공직자 선정의 기준이 되는 이유가 분명하지 않다. 능력에 따라 몇 채의 집을 가지든 어디에 집을 가지든 그것은 개인의 자유로운 판단에 맡기면 되는데, 이러한 부분까지 정부가 참견하고 싶어 한다. ③ 토지를 공유하자는 말이 공공연히 나오더니, 이제는 이익공유제라는 이상한 용어를 소개하면서 사기업의 이익까지 공유하여야 한다는 말이 나온다. ④ 개인이 온전히 소유하고 자유롭게 처분할 수 있는 일반 아파트를 공급하기보다는 정부의 영향력이 미치는 그리고 개인이 함부로 처분할 수 없는 공공임대주택의 공급을 더 선호한다. 모두 위헌이라고 단정하지 못해도 부적절하거나 본질적인 침해가 되는 내용이 많다. 시장에 자유를 주지 않고 개인의 자유를 말하는 것은 기망이다. 원칙적으로 '시장의 보이지 않는 손'에 의한 자정작용을 믿고 그 시장의 실패가 일어나는 부분에 대하여 보완하는 것이 사유재산제도와 계약자유의 원칙 그리고 시장경제질서를 헌법과 민사법의 원리로 채택하는 대한민국의 법질서에 부합한다. 물론 정권의 성격에 따라 시장의 자유를 더 선호하거나 시장의 규제를 더 선호하는 경우가 있을 수 있어 정부의 간섭은 정권에 따라 정도의 차이를 보일 수 있다. 그렇지만 그러한 간섭이 개인의 사유재산권(私有財産權), 사적자치(私的自治)의 원칙을 본질적으로 부인하는 내용이면 안 된다. 그런데 현재 정부가 제시하고 있는 정책들을 보면 시장경제질서를 인정하는 사람이 착상하기 어려운 경제정책들을 쏟아낸다. 정부가 추구하는 가치에 따라 경제에 대한 규제의 강도에 차이가 있을 수는 있지만, 그 규제가 시장경제를 부정하는 정도에까지 이르게 할 권한은 정부에게 없다. 안보에 직접적인 위협인 북한의 도발은 애써 외면하고, 전체주의 정치체제를 취하는 국가들과는 그 거리를 좁히지 못해 답답해 하는 인상을 주면서 자유민주적 법치질서를 추구하는 국가나 동맹과는 역사적 이유, 막연한 적개심으로 거리를 두는 것도 잠재적으로는 헌법질서에 대한 위협이 된다.

지금으로부터 35년 전쯤에 법과대학에서 법학을 공부하면서부터 정치보다는 법이 우선되는 사회를 꿈꾸었다. 어린 눈에도 정권이 바뀌면 법을 남용하고 함부로 쓰는 모습이 안타까워 정치 깃발보다는 법의 안정감이 지켜지는 나라를 바라왔다. 그리고 먼 훗날 한 세대 이상 지나면 우리나라도 그런 나라가 되어 있지 않을까 기대했다. 그런 기대의 아련한 기억을 간직한 채 한 세대 이상이 흘렀는데, 체감하는 법치주의는 오히려 후퇴했다. 그 당시의 권력도 법을 함부로 썼지만, 그들이 사용할 수 있는 도구는 경찰력이었다. 현재도 그 수단은 여전히 사용된다. 그런데 팬심이나 박수에 기댄 유사민주주의가 발전하면서 정권의 친위세력들이 득세하여 이들이 정권 보호에 극성이다. 시민이나 시민단체라는 외양을 쓰고 있다. 그들의 극성에 대한 비판은 정권에 대한 비판이 아니라 일반 시민에 대한 비판으로 비추어져서 언론이나 건전한 양식을 가진 시민, 지식인들의 비판이 잘 먹히지 않는다. 그리고 이들은 이 점을 최대한 활용하여 집권자나 정권을 방어하고, 그들에 대한 정당한 비판은 법과 원칙, 적법절차에 기한 것이라도 모두 거부한다. 국민의 뜻이라는 모호한 개념만 내세운다. 그렇게 함으로써 자신들을 이 사회의 새로운 지배계급, 신종 양반으로 자리매김하려 한다는 인상을 받는다. 세월이 흘렀는데 법치주의를 가로막는 훼방꾼만 늘어난 셈이다.

   원하는 것은 대단한 상상속의 이상국가가 아니다. 원래 모자란 것이 인간이고, 자신의 이익을 추구하는 것이 인간의 본성이라, 그런 상상속의 나라를 꿈꾸지 않는다. 그냥 누구든지 자유를 누리고, 막연히 추상적인 가치로 집단이 개인을 공격하지 않으며, 시장에서 내가 말하고 싶은 것을 말하고, 내가 필요한 것을 얻으며, 서로 정해놓은 법과 원칙, 절차만 지키며 살아갈 수 있으면 충분하다. 그것이 소망하는 현실적인 이상국가이다.

주요 참고문헌

서적

강승식, 미국 헌법학 강의, 궁리출판, 1판, 2007년
권녕성, 헌법학원론, 법문사, 개정판, 2009년
김영구, 한국과 바다의 국제법, 효성출판사, 1999년
김정건 외 3명, 국제법, 박영사, 초판, 2010년
김철수, 헌법학개론, 박영사, 제19전정 신판, 2007년
김평우, 탄핵을 탄핵한다, 조갑제닷컴, 증보판, 2017년
김평우, 탄핵정변 구속정변, 조갑제닷컴, 초판, 2018년
민경국, 자유민주주의란 무엇인가?, 백년동안, 초판, 2018년
민경국, 자유주의의 도덕관과 법사상, 북코리아, 초판, 2019년
박지향, 근대로의 길, 세창출판사, 초판, 2017년
사법연수원, 미국 헌법, 성문인쇄사, 1997년
오경식, 미국 형사소송법 개요, Fides 도서출판, 2판, 2009년
오현수, 일본 헌법, 진원사, 2014년
이재상, 형법각론, 박영사, 중판, 1998년
이재상, 형사소송법, 박영사, 중판, 2004년
이효원, 통일법의 이해, 박영사, 2018년
조갑제외, 언론의 난, 조갑제닷컴, 초판, 2017년
채명성, 탄핵인사이드아웃, 기파랑, 초판, 2019년
최석윤, 미국의 특별검사제도, 형사정책연구원 연구총서 11-196., 1998년
프리드리히 하이에크(저), 김이석(역), 노예의 길, 자유기업원, 초판, 2018년
한상수, 박근혜 대통령 탄핵결정 대해부, 세종출판사, 초판, 2017년
허영, 한국헌법론, 박영사, 전정 15판, 2019년
허영, 헌법이론과 헌법, 박영사, 제7판, 2015년
헌법주석서 1Ⅰ, 법제처, ㈜ 휴먼컬처아리랑, 2015년
헌법주석서 Ⅳ, 법제처, 아미고디자인, 2010년
후쿠다 모리토시(저), 박덕영(역), 미국법과 법률영어, 박영사, 중판, 2010년
GD편집부, 헌법재판소가 헌법을 파괴하는 대한민국?!, 도서출판 글도, 초판, 2017년

논문

김종덕, 특별검사제에 관한 소고, 법학연구 제15집(2004. 6.), 한국법학회 2004년
김진현, 북한 형사재판에 대한 소고, 공군법률논집 3집 17호 1998년 공군본부 공군법무감실

노명선, 검찰의 중립성제고를 위한 상설특검의 신설방안 연구, 성균관법학 제26권 제1호, (2014년 3월)
박광섭, 한국전쟁전후의 북한 형사법제, 법학연구(송촌 박영우 교수 화갑기념논문집) 제4권 1호 충남대학교 법학연구소 1993년
법무부 법무실, 북한법의 체계적 고찰(II)-형사관계법- 1993년
신광휴, 사회주의 국가의 법이론 소고, 법학논총 제14집 단국대학교 법정대학 1987년
안준홍, 2014년 국제규범의 현황과 전망: 2008년 국제규범연구반 연구보고 및 국제회의 참가보고 제38권 제4호(2014년 11월)
안진, 칼 맑스(Karl Marx)의 법이론에 대한 일고찰, 전남대학교 법학연구소 2017년 법학논총 제37집 제1호(2017년 2월)
이영훈(전 서울대 경제학부 교수)의 한국경제 2018년 6월 1일 기고문, 한국경제사 3000년 (3) 족장사회 참조
임병규, 한국과 미국의 특별검사제도, 인권과 정의 2008년 3월
자유주의자들의 법치주의관, 한국외국어대학교 법학연구소
장진화, 북한형사소송법에 관한 연구, 경남대학교 행정대학권 석사학위 논문 1990년
정긍식, 조선시대의 권력분립과 법치주의, 서울대학교 법학연구소 법학 제42권 제4호(121호) (2001년 12월)
최종고, 사회주의 일반이론에서 본 북한법 사상, 북한법률행정논총 제9집 1992년
함재학, 국민주권과 정치신학: 헌법이론의 탈주술화는 요원한가?, 법철학연구 제19권 제2호, 한국법철학회 2016년

기사

머니투데이 2016. 7. 12.자 기사 "PCA '중 남중국해 구단선 법적근거 없어' … 필리핀 승"
문화일보 2019. 6. 26.자 기사, "별건 압수수색 증거물 위법수집 증거에 해당"
문화일보 2019. 6. 26.자 기사, "靑 '공무원 휴대전화 감찰' '사실상 별건 압수수색'"
연합신문 2017. 5. 19.자 기사 트럼프에 30분 전 통보된 특검임명… '대통령이 임명' 韓과 달라
NewDaily 2018. 10. 15.자 기사, "'직원 이메일 사찰' KBS 전산자료 압수 … MBC 수사는?"
WhyTimes 2018. 3. 28.자 기사, "한국당, MBC 직원 이메일 열람 논란 국정조사 추진" 참조

판결 등

대법원 1999. 7. 23. 선고 98두14525 판결
대법원 2019. 8. 29. 선고 2018도14303 전원합의체 판결
대법원 2019. 11. 28. 선고 2019도11766 판결
대법원 2021. 1. 14. 선고 2020도9836 판결
헌법재판소 1997. 1. 16. 선고 92헌바6.26, 93헌바34.35.36(병합)
헌법재판소 2000. 7. 20. 선고 98헌바63 결정

헌법재판소 2006. 7. 27. 선고 2004헌바46 결정
헌법재판소 2017. 3. 10. 선고 2016헌나1 결정
In re World War II Era Japanese Forced Labor Litigation 114 F. Supp. 2d 939 (N.D. Cal. 2000)

※ 그 밖에 다수의 문헌과 기사 및 판례를 참고하였음

표현의 자유가 신음하는 나라
법복은 유니폼이 아니다

지은이 | 김태규
만든이 | 하경숙
만든곳 | 글마당
책임 편집디자인 | 정다희

(등록 제02-1-253호, 1995. 6. 23)

1쇄 | 2021년 2월 17일
2쇄 | 2021년 2월 19일

주소 | 서울시 송파구 송파대로 28길 32
전화 | 02. 451. 1227
팩스 | 02. 6280. 9003
홈페이지 | www.gulmadang.or.kr
이메일 | vincent@gulmadang.com

ISBN 979-11-90244-15-2(03300)   값 18,000원

◆ 허락없이 부분게재나 무단 인용은 저작권법의 저촉을 받습니다.
◆ 잘못된 책은 바꾸어 드립니다.